Nil
ERITREA
SUDAN
Weißer Nil
Blauer Nil
DJIBOUT
SÜDSUDAN
ÄTHIOPIEN
Turkana-see
UGANDA
KENIA
Äquator
Viktoria-see
Kigali
Mwanza
Bujumbura
Arusha
BURUNDI
DEUTSCH-OSTAFRIKA
Tanga
Dodoma
Bagamoyo
Daressalam
TANSANIA
Iringa
SEYCHELLEN
Aldabra
Providence-I.
Malawisee
KOMOREN
MALAWI
Mayotte
(Franz.)
MADAGASKAR
MOSAMBIK
Limpopo
MAURITIUS
Réunion
(Franz.)
SWASILAND
INDISCHER
OZEAN

Bartholomäus Grill

WIR HERRENMENSCHEN

Unser rassistisches Erbe:
Eine Reise in die deutsche Kolonialgeschichte

Bartholomäus Grill

WIR HERRENMENSCHEN

Unser rassistisches Erbe:
Eine Reise in die deutsche Kolonialgeschichte

Siedler

MIX
Papier aus verantwortungsvollen Quellen
FSC® C014496

Verlagsgruppe Random House FSC® N001967

3. Auflage 2019

Neumarkter Str. 28, 81673 München
Karten: Peter Palm, Berlin
Bildbearbeitung: Lorenz & Zeller, Inning a. A.
Umschlaggestaltung: Favoritbuero, München
Umschlagabbildung: © Shutterstock/olegganko
Satz: Uhl + Massopust, Aalen
Druck und Bindung: GGP Media GmbH, Pößneck
Printed in Germany
ISBN 978-3-8275-0110-3
www.siedler-verlag.de

Dieses Buch ist auch als E-Book erhältlich.

Inhalt

Heia Safari! 7
Die Mär vom deutschen Kolonialidyll

Die Welt sei unser 20
Das koloniale Vorspiel an der Goldküste und der Wettlauf um Afrika

Hundert Jahre Einsamkeit 29
Deutsch-Ostafrika, die Perle des kaiserlichen Kolonialreichs

Unsere treuen Askari 51
Schwarze Hilfssoldaten und ihre Rolle bei der Unterwerfung Afrikas

Willkommen im Disneyland 62
Wie wir die Kolonialzeit verklären und was die Afrikaner davon halten

Der Geisterbaum 72
Auf der Suche nach einem Schädel, den deutsche Kolonialsoldaten raubten

Frohes Leben überall 90
Togoland, die kleinste deutsche Kolonie in Afrika

Sechs Pullen Rum 118
Die Gewaltexzesse und Plünderungen in Deutsch-Kamerun

Gewisse Ungewissheiten 153
Deutsch-Südwestafrika, das dunkelste Kapitel der deutschen Kolonialherrschaft

Heimat, deine Sterne 180
Deutsche in Namibia und die Frage des Völkermords

Heil Dir im Siegerkranz! 204
Kiautschou, der imperiale Seestützpunkt in China

Ungleich sind die Stunden 224
Das Sonnenreich in der Südsee, ein wilhelminisches Verlustgeschäft

Wir Herrenmenschen 251
Wie uns der koloniale Blick gefangen hält

Dank 275
Bildnachweis 277
Ausgewählte Literatur 279
Register 287

Heia Safari!

Die Mär vom deutschen Kolonialidyll

Das Buch lag ganz oben in der grünen Holzkiste. Auf dem sandgelben Deckel war eine unheimliche Gestalt abgebildet, ein schwarzer Soldat mit grimmiger Miene, der sich in leicht geduckter Haltung auf seinen Karabiner stützt und mit ausgestrecktem Arm in die Ferne deutet. Darunter stand in kräftigen Lettern »Heia Safari!«. Ich las den Namen des Autors, der mir, dem zehnjährigen Jungen, wenig sagte: Paul von Lettow-Vorbeck. Ich wusste nicht, dass ich die afrikanischen Abenteuergeschichten des berühmtesten deutschen Kolonialkriegers in der Hand hielt.

Abenteuer Afrika:
Die Erinnerungen des Kolonialkriegers Paul von Lettow-Vorbeck

In der Kiste, die ich zwischen dem Gerümpel auf dem Dachboden unseres Bauernhofes entdeckte, hatte mein 1958 verstorbener Großvater Bartholomäus seine kolonialhistorische Hinterlassenschaft aufbewahrt: Bücher, Broschüren, Festschriften, Erinnerungsstücke. Die meisten Werke waren viel zu komplex, um sie in meinem Alter verstehen zu können, aber die Titel schlugen mich gleich in ihren Bann. »Volk ohne Raum« stand da in Frakturschrift. Oder »Peter Moors Fahrt nach Südwest«. Ein Buch hieß »Wir ritten für Deutsch-Ostafrika«. Darunter lagerten Stapel von teilweise zerfledderten Groschenheftchen aus der Reihe »Kolonial-Bibliothek«; auf den Deckblättern waren furchterregende Szenen zu sehen, weiße Männer in khakibraunen Uniformen, die mit Krokodilen kämpften, brüllende Buschkrieger, Karawanen von Sklavenjägern. Zwischen den Druckerzeugnissen fand ich eine mit winzigen Muscheln und Perlmutt verzierte Schatulle und das feuerrote Gehäuse einer faustgroßen Flügelschnecke. Ich hielt es ans Ohr und konnte das Rauschen des Indischen Ozeans hören. Mehr als alle anderen Fundsachen aber hat mich der Erzählband »Unter Wilden und Seeräubern« des Jugendschriftstellers Ludwig Foehse begeistert; er schilderte das gefahrvolle Leben in der Fremde, und die Orte, die darin auftauchten, wirkten auf mich wie Zauberformeln: Sansibar. Bagamoyo. Serengeti. Kilimandscharo.

An diesen unendlich langen Kindheitsnachmittagen auf dem Dachboden betrat ich eine untergegangene Welt: das deutsche Kolonialreich, dem mein Großvater bis zu seinem Tod nachgetrauert hatte. Der alte Grill, geboren 1895, war ein leidenschaftlicher Anhänger der Kolonialbewegung, die in der Weimarer Republik für die Rückgabe der deutschen Kolonien kämpfte und das Rad der Geschichte zurückdrehen wollte. Eine richtige Weltmacht musste schließlich überseeische Besitzungen haben, so wie Frankreich oder das Vereinigte Königreich. Die Revisionisten sprachen von der »kolonialen Schuldlüge«, sie empfanden es als tiefe Schmach, dass die Siegermächte des Ersten Weltkriegs den Deutschen die moralische Eignung als Kolonialherren abgesprochen und ihnen die »Schutzgebiete« in Afrika, China und der Südsee weggenommen hatten – sie hätten aufgrund des Missmanagements und der Misshandlungen der Bevölkerung das Recht darauf verwirkt, stand im Friedensabkommen, das am 28. Juni 1919 im Spiegelsaal des Schlosses von Versailles unter Protest der Unterhändler aus Berlin besiegelt wurde. Großvater konnte die entsprechende Mantelnote und den Artikel 119 des Vertrags auswendig hersagen. Die Kolonien waren Deutschland quasi amputiert worden, mein Opa litt wie viele seiner nationalistisch gesinnten Zeitgenossen an einer Art Phantomschmerz. Doch in seinen Vorstellungen lebte das kaiserliche Großreich fort, und er sammelte alles, was die imperialen Sehnsüchte nährte. Auch mein Vater, Jahrgang 1928, sprach bis ins hohe Alter vom »Schandfrieden von Versailles«. Schon als fanatischer Hitlerjunge hatte er inständig gehofft, dass der »Führer« die verlorenen Gebiete zurückerobern würde.

So wuchs auch ich im kindlichen Glauben auf, dass das alte Kolonialreich noch immer existierte. Wie heißt der höchste Berg Deutschlands? Fragte mich der Vater. Die Zugspitze? Falsch! Vielleicht der Großglockner? Auch falsch, dummer Bub! Es die Kaiser-Wilhelm-Spitze, international bekannter unter dem Namen Kilimandscharo. Die kolonialen Besitztümer konnten also in meinen Augen keine Illusion sein. Außerdem gab es in unserem Dorf einen Lebensmittelladen, über dessen Schaufenster »Kolonialwarenhandlung« stand. In der »Buschtrommel«, einer Jugendzeitschrift der katholischen Mission, las ich fesselnde Geschichten aus Afrika. Und in der Adventszeit sammelten wir Spenden für die »armen Negerlein«. Irgendwie waren wir für ihre Länder nach wie vor zuständig, dachte ich. Und dann die sensationelle Entdeckung auf dem Dachboden! Sie weckte eine unstillbare Sehnsucht nach Afrika, nach diesem wundersamen, aber auch unheimlichen Kontinent, von dem ein Teil, wenn auch nur ein kleiner, einmal deutsch gewesen war.

--

Die Sehnsucht sollte mich nie wieder loslassen und meine berufliche Zukunft vorherbestimmen: Ich wurde Korrespondent in Afrika, reiste dreißig Jahre lang kreuz und quer durch den Erdteil und stieß immer wieder auf Spuren der deutschen Kolonialzeit. Sie waren stumme Zeugen einer angeblich glorreichen Epoche, und von Anfang an fiel mir auf, dass die Afrikaner und Afrikanerinnen in dieser Erzählung keine Stimme hatten. Sie waren sprachlos wie der tragische Held in »Foe«, einem Roman von John Maxwell Coetzee. Der südafrikanische Literaturnobelpreisträger hatte »Robinson Crusoe«, einen Klassiker der Aufklärung, umgeschrieben; in seiner Version war Freitag die Zunge abgeschnitten worden, er konnte seine Geschichte nicht mehr erzählen. Der weiße Mr. Foe (das bedeutet im Englischen »Feind« und ist eine Anspielung auf Daniel Foe, der seinen Namen durch ein Adelsprädikat veredelt hatte) sagte in einem Anfall von Schuld und Reue: »Wir müssen Freitags Stimme zum Sprechen bringen und die Stille, die Freitag umgibt.« Das Abschneiden der Zunge war eine Grausamkeit, die auf den Baumwollplantagen im Süden der USA bis ins 20. Jahrhundert praktiziert wurde. Und bis heute liegt ein gespenstisches Schweigen über den Verbrechen, die wir, der weltbeherrschende Westen, den Afrikanern und anderen Völkern angetan haben. Landraub? Unterdrückung? Mord und Terror?

Institutionalisierter Rassismus? War da was? Kolonialismus – was ist das überhaupt? In einem deutschen Lexikon der historischen Grundbegriffe sucht man diesen Terminus vergeblich.

In den Nachkriegsjahren erschien die deutsche Kolonialära als kurze und vergleichsweise harmlose Episode, und dass sie so früh endete, wurde als historischer Glücksfall gesehen: Deutschland hatte einfach zu wenig Zeit, um größeren Schaden anzurichten. In der Bundesrepublik war die Mehrheit ohnehin damit beschäftigt, die Verbrechen des Nationalsozialismus zu verdrängen oder zu leugnen, und selbst die wenigen kritischen Geister nahmen die koloniale Epoche nur oberflächlich wahr, die Ungeheuerlichkeit des Holocaust und der Nazi-Barbarei verstellte auch ihren Blick auf die dahinterliegende Zeit. Erst ein 1966 ausgestrahlter Dokumentarfilm von Ralph Giordano sollte die Legende entzaubern, dass die Deutschen eigentlich gute und anständige Kolonialisten gewesen waren. Die Empörung der Ewiggestrigen war groß, und sie wurde noch größer, als die 68er-Studentenbewegung mit den restlichen Mythen aufräumte: Sie prangerte das koloniale Unrecht an, verurteilte den Neokolonialismus und unterstützte Befreiungsbewegungen in der Dritten Welt, von Vietnam bis Mosambik.

Auch ich verteilte in den frühen 1970er-Jahren Flugblätter der maoistischen »Liga gegen den Imperialismus«, meine Heroen hießen Ho Chi Minh, Che Guevara, Amilcar Cabral, Julius Nyerere und Nelson Mandela. Die Unterdrückten dieser Erde hatten sich erhoben und waren zu Vorboten der erträumten Weltrevolution geworden. Es ist eine Ironie der Geschichte, dass unsere grenzenlose Solidarität nicht nur den Blick auf die Verbrechen im Namen des Freiheitskampfes verbaute, sondern auch auf die Wiederkehr kolonialer Machtstrukturen: Die schwarzen Herren sprangen nach der Unabhängigkeit ihrer Staaten in die Seidenbetten und Schwimmbäder der weißen Herren und plünderten ihre Völker genauso aus wie diese, schreibt Frantz Fanon, der Vordenker des antikolonialen Widerstands.

Unsere Historiker trugen zunächst wenig zu einem besseren Verständnis des Kolonialismus und seiner politischen, ökonomischen, sozialen, kulturellen und mentalen Langzeitwirkungen bei. Das liegt sicherlich auch daran, dass diese Epoche fast ausschließlich von weißen europäischen Männern analysiert wurde. Mittlerweile liegen zwar einige kritische Werke vor, die eine andere Perspektive abbilden – Fallstudien aus einzelnen Ländern, mikrohistorische Untersuchungen, Befragungen von Zeitzeugen im Rahmen der *Oral history*, Abhandlungen über die Ursprünge des Rassismus oder den kolonialen Blick. Aber die meisten Standardwerke zur Geschichte des deutschen Kolonialismus bewegen sich in den alten eurozentrischen Deutungsmustern. Manchmal wirken diese sogar in Rückschauen nach, die aufklären wollen. Ein Beispiel lieferte die eigentlich recht lehrreiche Kolonialismus-Ausstellung, die 2016/17 im Deutschen Historischen Museum in Berlin zu sehen war: Im Fachbeirat saß kein einziger Afrikaner, nur zwei Curators-in-Residence aus Tansania und Namibia durften ein bisschen mitgestalten.

In unserer geschichtsvergessenen Gegenwart ist die Kolonialära nur einer von vielen blinden Flecken. So konnte sich auch die Mär vom deutschen Kolonialidyll und von den Zivilisationsleistungen unserer Vorfahren halten. Hören wir dazu Aimé Césaire, den großen afrokaribisch-französischen Poeten: »Man erzählt mir vom Fortschritt und geheilten Krankheiten. Ich aber spreche von zertretenen Kulturen … von Tausenden hingeopferten Menschen … Ich spreche von Millionen Menschen, denen man geschickt das Zittern, den Kniefall, die Verzweiflung eingeprägt hat.«

Es sollte lange dauern, ehe die »Verdammten dieser Erde« ihre Sprache wiederfanden. Unter diesem Titel erschien 1959 ein bahnbrechendes Werk des schon erwähnten Frantz Fanon, das heute als Gründungsdokument der *Postcolonial Studies* gilt: Diese intellektuelle Bewegung wechselt die Perspektive erstmals radikal, sie dekonstruiert die westliche Deutungshoheit und erzählt die Kolonialgeschichte aus der Sicht des globalen Südens. Freitag kann wieder reden. Die Bewohner der Kolonien erscheinen nicht mehr als wehrlose Objekte und ewige Opfer, sondern als eigenständig denkende und handelnde Subjekte, die die Auslegung ihrer Vergangenheit zurückerobern. Die Leitgedanken von Edward Said, Stuart Hall, Achille Mbembe und anderen postkolonialen Philosophen waren meine Wegweiser auf der Reise in die koloniale Vergangenheit.

--

Nun könnte man einwenden, dass sich schon wieder ein weißer Mann anmaßt, über die koloniale Erfahrung zu schreiben. Natürlich bin auch ich durch europäische Weltbilder geprägt, und ich stelle immer wieder fest, dass ich selbst nach drei Jahrzehnten in Afrika das rassistische Erbe nicht einfach abschütteln kann. Ich habe versucht, die Blickrichtung zu ändern, um Klischees und Zerrbilder zu überwinden. Das ist mir vermutlich nicht immer gelungen. Und die Toten konnte ich auch nicht mehr zum Sprechen bringen. Ich habe nur einen Menschen getroffen, der diese Zeit noch erlebt hat, einen uralten Mann aus Tansania. Das ist schon über zwanzig Jahre her. Unterdessen sind die letzten Zeitzeugen verstorben, zwei Generationen von Historikern haben es versäumt, sie ausführlich zu befragen. Ihre Geschichten hätten erklären können, warum Afrika bis heute mit den Folgen der europäischen Fremdherrschaft kämpft. Vielleicht würden wir dann besser verstehen, warum so viele Afrikaner ihren Kontinent verlassen wollen: Sie sehen keine Zukunftschancen in ihren Heimatländern, die erst von ausländischen Mächten kannibalisiert und nach der Unabhängigkeit von einheimischen Räuberregimen geplündert wurden. Hunderttausende junger Männer und Frauen fliehen in diesen Tagen vor Armut, Gewalt und Hoffnungslosigkeit, sie träumen von einem besseren Leben, aber in ihren Traumländern – in Amerika, Frankreich, England, Italien oder Deutschland – sind sie nicht willkommen. Im Zeitalter der Globalisierung zirkulieren Waren, Kapital, Dienstleistungen und Informationen ungehindert um die Welt, doch die Menschen sollen bleiben, wo sie sind, jedenfalls die Armen, Hungrigen, Ungebildeten. Für uns, die Wohlhabenden, Satten, Privilegierten, gelten selbstverständlich andere Regeln. Und so bleibt den meisten jungen Afrikanern nur der »back way«, der Hintereingang ins gelobte Land. Im Beamtendeutsch spricht man von illegaler oder irregulärer Einwanderung; in der Umgangssprache werden Ausdrücke aus dem Wörterbuch unwägbarer Naturereignisse verwendet: Flüchtlingswelle, Asylantenschwemme, Migrationsströme.

Während historische Darstellungen geschundener Sklaven oder Bilder von verhungernden Kindern mit Empathie betrachtet werden, lösen die aktuellen Fotos von Afrikanern, die zu Tode verängstigt auf überfüllten Schiffen im Mittelmeer dahintreiben, nur noch Furcht und Abscheu aus. Man nimmt sie nicht als Menschen wahr, sondern als bedrohliche schwarze Masse. Sie werden wie in der Epoche des Kolonialismus ihrer Individualität beraubt und dehumanisiert. »Absaufen! Absaufen!« skandierte der Mob, als bei einer fremdenfeindlichen Demonstration in Dresden Fernsehbilder von in Seenot geratenen Afrikanern gezeigt wurden. Ausländer, »Asylanten«, Flüchtlinge seien unerwünscht, schreit die rechtsradikale »Alternative für Deutschland«, und in der aufgewiegelten Bevölkerung dröhnt ein vieltausendstimmiges Echo. *Sie* nehmen uns Wohnraum und Arbeitsplätze weg. *Sie* drücken die Löhne und missbrauchen den Sozialstaat. *Sie* vergewaltigen unsere Frauen. *Sie* bedrohen die abendländische Leitkultur. Und am Ende führen *sie* jenen multikulturellen Zustand herbei, den die Mehrheit der »Biodeutschen« angeblich nicht will: die »durchrasste Gesellschaft«. Diese Kampfformel aus der NS-Zeit hat der ehemalige bayerische CSU-Ministerpräsident Edmund Stoiber schon lange vor Thilo Sarrazin wieder eingebürgert. Sie war vor allem an den extremen Rändern der Gesellschaft verbreitet, doch unterdessen dringt sie immer weiter in die bürgerliche Mitte vor, und das hängt mit der zeitweiligen Öffnung der deutschen Grenzen und der Aufnahme von rund 800 000 Kriegs- und Armutsflüchtlingen im Jahr 2015 zusammen. »Wir schaffen das«, erklärte Bundeskanzlerin Angela Merkel – und natürlich sollte eine reiche Nation mit über 80 Millionen Einwohnern diese Herausforderung bewältigen können. Doch die Folgen der Willkommenskultur wurden von der Regierungschefin und allen wohlmeinenden Politikern, die ihren Kurs unterstützten, sträflich unterschätzt: Der beispiellose humanitäre Akt hat die politische Landschaft grundlegend verändert und wie in vielen europäischen Ländern auch in Deutschland den Aufstieg rechtspopulistischer Bewegungen beschleunigt. Mittlerweile gefährden die xenophoben Exzesse in manchen Regionen der neuen Bundesländer den sozialen Frieden. Im Sommer 2018 schaute die ganze Welt angewidert auf die Horden, die mit zum Hitlergruß hochgerissenen Armen durch Chemnitz marschierten. Und auf die Wutbürger, die den Glatzköpfen hinterherliefen und »Wir sind das Volk!« grölten. Manchmal fragen mich afrikanische Freunde, ob sie um ihr Leben fürchten müssen, wenn sie nach Deutschland reisen.

Wir leben in einer Zeit, in der die moralischen und ethischen Grundregeln unseres demokratischen Gemeinwesens bedroht sind. Begriffe wie Volk, völkisch, Lebensraum, Rasse und Rassenkampf sind in den Sprachgebrauch zurückgekehrt. Weiße Europäer zeigen wieder öffentlich, dass sie sich für höherwertige Geschöpfe halten und glauben, dass das Leben schwarzer Menschen weniger wert sei – angeblich zähle es ja auch in deren Heimatländern nicht viel. Richtig gefährlich wird die ethnonationalistische Hetzerei allerdings dann, wenn sie auch in demokratische Parteien einsickert. Wenn etwa Spitzenpolitiker der CSU den »Asyltourismus« und die »Anti-Abschiebe-Industrie« geißeln und im Kampf um rechte Wählerstimmen das bisschen christlich-humanistischen Anstand aufgeben, mit dem sie sich gerne brüsten. Neuerdings wird sogar darüber diskutiert, ob man afrikanische Migranten unbedingt vor dem Ertrinken retten müsse. In derart obszönen Gedankenspielen brechen wieder ungehemmt jene rassistischen Weltbilder durch, die in der Kolonialära geprägt wurden. Aus dem Alltagsleben waren sie ohnehin nie ganz verschwunden. Dunkelhäutige Menschen werden vielerorts ganz unbefangen »Neger« genannt – das haben wir schon immer gesagt, heißt es in meinem Heimatland Bayern. Mitunter kriege ich dort auch zu hören, dass die meisten Afrikaner nur Asylbetrüger, arbeitsscheue Parasiten oder Drogendealer seien. Wenn danach gefragt wird, was sie denn, bitteschön, zum Fortschritt der Menschheit beigetragen und wie viele Nobelpreisträger sie hervorgebracht hätten, ist das ein versteckter Hinweis auf ihre vermeintliche geistige Beschränktheit, die schließlich auch von renommierten Wissenschaftlern bestätigt werde: Der amerikanische Medizinnobelpreisträger James D. Watson behauptet allen Ernstes, dass Schwarze weniger intelligent seien als Weiße. Diese rassistische Überzeugung schlummert auch im

Staunen darüber, dass es Afrikaner gibt, die Shakespeare und Goethe lesen, Opern lieben oder erfolgreiche Quantenphysiker sind.

Wenn über Afrika berichtet wird, bleibt uns kein Klischee erspart, im Guten wie im Schlechten. Es ist entweder ein traumschöner Erdteil, ein Naturparadies, dessen fröhliche Bewohner immerzu singen und trommeln und beneidenswert gut tanzen. Oder es ist ein Ort der Gewalt und des Schreckens, der Fiebersümpfe, des mörderischen Chaos, eine Bluthölle, in der Warlords und Kindersoldaten wüten und himmelschreiendes Elend herrscht. Der kenianische Schriftsteller Binyavanga Wainaina hat europäischen Kollegen ein paar Tipps gegeben, wie sie über Afrika schreiben sollten: »Auf keinen Fall darf die hungernde Afrikanerin fehlen .... Ihre Kinder haben Fliegen in den Augenwinkeln und Hungerbäuche, ihre Brüste sind leer. Sie hat keine Geschichte, keine Vergangenheit ...« Unbedingt müssten auch die nackten verwesenden Leichen erwähnt werden. »In Ihrem Text sollten Sie Afrika wie ein einziges Land behandeln ... Beenden Sie Ihr Buch mit einem Nelson-Mandela-Zitat, am besten mit irgendetwas über Regenbögen oder Wiedergeburt.« Man könnte hinzufügen, dass sich als Überschrift stets der Titel des düsteren Romans von Joseph Conrad eignet: »Herz der Finsternis«.

Afrika, der Kontinent der Kriege, Krisen und Katastrophen, immerzu begegnet uns dieses Zerrbild, als gäbe es dort kein normales Leben mehr, sondern nur den permanenten Ausnahmezustand. Nach dem Ausbruch der Ebola-Epidemie in Sierra Leone und Liberia schrieb der kenianische Gelehrte Ali Mazrui: »Dem, was in Afrika geschieht, begegnet man mit Gefühllosigkeit, weil man davon überzeugt ist, dass es sich am Rande der menschlichen Existenz zuträgt, und selbst wenn Hunderttausende dabei umkommen, geht man mit bösartiger

Nachlässigkeit darüber hinweg.« Die Lage auf dem Nachbarkontinent würde uns Europäer also gar nicht so genau interessieren, wenn da nicht diese untergründige Angst wäre: die Angst, dass in den kommenden Jahrzehnten Millionen von armen Afrikanern die Wohlstandsfestung Europa »überrennen« könnten, die Angst vor »Überfremdung« und schleichender »Umvolkung«. In den öffentlichen Debatten über diese Bedrohungsszenarien taucht plötzlich wieder jenes Herrenmenschentum auf, das sich in der Kolonialära herausgebildet hat: Afrika und die Afrikaner, überhaupt Migranten und Flüchtlinge aus dem globalen Süden, würden sich vermehren wie die Schildläuse und seien so ganz anders als wir, heißt es, ihre Kultur, ihre Religion, ihre Moralvorstellungen würden nicht in unseren Wertekanon passen.

In einem Zeitungsinterview war zu lesen, warum afrikanische Gesellschaften einfach anders funktionieren; der befragte »Experte« führte den Unterschied auf Clan-Strukturen, die Rolle von Stammesführern, die Vielzahl der Ethnien und auf tradierte Verhaltensweisen zurück. Außerdem wachse die Bevölkerung viel zu schnell. Auch die Arbeitsproduktivität der Afrikaner sei eine andere als hier, sie stellten nur ganz wenig selbst her. Auf die Frage, ob die Missstände in Afrika eine Folge der Kolonialzeit seien, antwortete der Gesprächspartner: »Es gibt schon Nachwirkungen. Schlimm waren die Sklaventransporte nach Nordamerika. Auf der anderen Seite hat die Kolonialzeit dazu beigetragen, den Kontinent aus archaischen Strukturen zu lösen.« Die Sätze lesen sich, als hätte sie ein Beamter des Reichskolonialamts vor über hundert Jahren ausgesprochen. Aber weit gefehlt: Sie kamen im Oktober 2018 aus dem Mund von Günter Nooke, dem Afrika-Beauftragten der Bundeskanzlerin. Er gab bei dieser Gelegenheit auch ein altbekanntes Rezept zum Besten, um unseren Nachbarkontinent vor sich selbst zu retten: »Vielleicht ist der eine oder andere afrikanische Regierungschef bereit, gegen eine Pacht ein Stück territoriale Hoheit abzugeben und dort für 50 Jahre eine freie Entwicklung zuzulassen.« Merkels Berater sprach von »Wirtschaftssonderzonen«, in denen man Migranten ansiedeln könne, die dann nicht mehr zu uns kommen würden. Das hieße nichts anderes, als Teile Afrikas wieder unter Kuratel zu stellen; man müsste nur die Bezeichnung ändern und »Schutzgebiet« durch »Sonderzone« ersetzen.

Nookes Ansichten zeigen wie in einem Brennglas die paternalistische Haltung eines deutschen Politikers gegenüber Afrika und den Afrikanern. Er verwendet Denkfiguren der Kolonialära, allerdings scheint er sich dessen nicht bewusst zu sein. Aber warum sollte ein hochrangiger Regierungsvertreter anders urteilen als ein Durchschnittsbürger, der sich einbildet, in einer Gesellschaft zu leben, die sich auf dem höchsten Stand der menschlichen Entwicklung befindet? In einer Wohlstandsfestung, in der man sich das Recht herausnimmt, den Rest der Menschheit zu belehren, zu bevormunden und zum eigenen Nutzen abzurichten? Früher hieß das: An unserem Wesen möge die Welt genesen. Heute sprechen wir von Entwicklungshilfe und Kooperation auf Augenhöhe. Das weltweite Ausbeutungssystem, das im Zeitalter des Kolonialismus etabliert wurde, aber bleibt bestehen – und macht alle Hilfsanstrengungen zunichte. Wir sehen die außereuropäische Welt nach wie vor mit dem imperialen Auge und behandeln ihre Bewohner nicht viel besser als in der Kolonialzeit. Auch darum geht es in diesem Buch: Es ist der Versuch, unser rassistisches Erbe zu ergründen.

Die Welt sei unser

Das koloniale Vorspiel an der Goldküste und der Wettlauf um Afrika

»Ihr Deutschen habt euch nichts vorzuwerfen«, versichert Joseph Mensah, »eure Kaufleute haben nur mit Gold und Elfenbein gehandelt, nicht mit Menschen.« Wie ein Burgherr steht er hinter einer Schießscharte der Feste Großfriedrichsburg und lässt den Blick von der sanft geschwungen Meeresbucht zu seinem Heimatort schweifen. Auf den Landkarten ist die Siedlung an der Atlantikküste von Ghana als Princes Town eingezeichnet, die Einheimischen nennen sie Pokesu. »Das gehörte alles mal den Preußen«, sagt Mensah. Er ist der Kustode des Forts, führt Besucher herum, vermietet spartanische Schlafkammern und tischt eine recht eigensinnige Version der Vorgeschichte auf. Während er mich durch das erstaunlich gut erhaltene Kommandantenhaus, in den Seitentrakt und auf den Wehrturm geleitet, lobt er die Erbauer der Anlage in den höchsten Tönen. Die Begegnung mit Joseph Mensah liegt nun schon einige Jahre zurück, aber sein Freispruch für die deutschen Sklavenhändler bleibt unvergesslich, denn so etwas hört man selten in Afrika.

Sie kamen aus Brandenburg, ausgesandt vom absolutistischen Herrscher Friedrich Wilhelm, der als Großer Kurfürst in die Geschichtsbücher einging. Er hatte nach den Verheerungen des Dreißigjährigen Krieges die Fundamente der europäischen

Großmacht Brandenburg-Preußen gelegt. Um als rückständiges Agrarland diesen Status zu erlangen, forcierte er schon früh eine expansive Handelspolitik, die weit über die Grenzen Europas hinausging. »Seefahrt und Handlung sind die führnehmsten Säulen eines Estats«, befand Friedrich Wilhelm in einem Edikt. Sein Vorbild waren die Niederlande, ein kleines Land mit einer gewaltigen Schiffsflotte, das im Laufe des 17. Jahrhunderts ein globales Wirtschaftsnetz geknüpft hatte und die Hälfte des Welthandels kontrollierte; holländische Konglomerate wie die Vereenigde Oostindische Compagnie (VOC) stiegen seinerzeit zu den größten Handelsunternehmen der Welt auf. Die Niederländer machten Milliardengewinne mit Gold, Elfenbein, Gewürzen – und mit Sklaven. An diesem Geschäft mit dem »Näger« wollten auch die Preußen unter Friedrich Wilhelm teilhaben. Es lag also nahe, sich von holländischen Großkaufleuten und Reedern beraten und das Startkapital beschaffen zu lassen. Die ersten Expeditionen waren nicht von Erfolg gekrönt, doch im Mai 1681 gelang es erstmals einem brandenburgischen Kapitän, ein paar Häuptlingen an der Goldküste, dem heutigen Ghana, ein Abkommen aufzunötigen, in dem diese die kurfürstliche Oberhoheit über ihr Gebiet anerkannten. Dieses Datum markiert in den Werken mancher Historiker den Beginn des deutschen Kolonialismus.

Ein paar Versuche, in den aufblühenden Welthandel einzusteigen, hatte es schon früher gegeben. Deutsche Handelsreisende, Forscher, Abenteurer und Hasardeure schlossen sich spanischen, portugiesischen oder holländischen Unternehmungen in Übersee an. Landsknechte verdingten sich als Konquistadoren in Brasilien und brachten wie Hans Staden Schauergeschichten von »wilden, nacketen, grimmigen Menschenfresser-Leuten« mit. Großkaufleute und Geldjongleure wie die Fugger finanzierten Handelsflotten. Die Patrizierfamilie der Welser investierte in den Gewürzhandel in Indien, mischte im transatlantischen Sklavenhandel mit und ließ in Venezuela schon Mitte des 16. Jahrhunderts Bodenschätze ausbeuten. 1654 nannte Herzog Jakob von Kurland die Insel Tobago und ein Fort am westafrikanischen Gambia-Fluss sein Eigen. 15 Jahre später erwarb Reichsgraf Casimir von Hanau im heutigen Französisch-Guyana eine Art Kolonie. Die Fürsten waren Merkantilisten, die am frühkapitalistischen Welthandel mitverdienen wollten, um ihre Heere, ihre Verwaltung und ihr Luxusleben zu finanzieren. Aber sie waren nur kleine Fische im Haifischbecken der damaligen Handelsmächte.

Friedrich Wilhelm wollte richtig groß einsteigen. Er schickte eine brandenburgisch-preußische Expedition los, zwei Fregatten, die unter dem Kommando von Otto Friedrich von der Groeben Richtung Goldküste segelten. Der Major und Kammerjunker vermerkt in seinem Logbuch, wie die Flagge des Kurfürsten »den 1. Januarii, Anno 1683« zum ersten Mal mit »Pauken und Schallmeyen aufgeholet« wurde. Er findet auf einer Anhöhe über dem Meer, die die Dorfbewohner Manfro nennen, einen idealen Standort für eine Festung und notiert weiter: »Und weil Sr. Churfl. Durchl. Nahme in aller Welt Groß ist, also nennete ich auch den Berg: Den Großen Friedrichs-Berg.«

Von der Groeben hatte auch gleich Baumaterial für das Fort mitgebracht, Dachplatten, Holzbalken, Eisen, Nägel, Werkzeug. Und womöglich auch die erste Ladung der kleinen gelben Normziegel, mit denen Wände, Gewölbe, Säulen und Türlaibungen aufgemauert wurden. Joseph Mensah ist felsenfest davon überzeugt, dass sie aus Königsberg stammen. Er steht am verschütteten Eingang eines unterirdischen Tunnels, durch den die Sklaven an den Strand getrieben und in die Schiffe verladen wurden. »Aber nicht von den Preußen«, wiederholt er. Dann treten wir in einen dusteren Keller unter dem linken

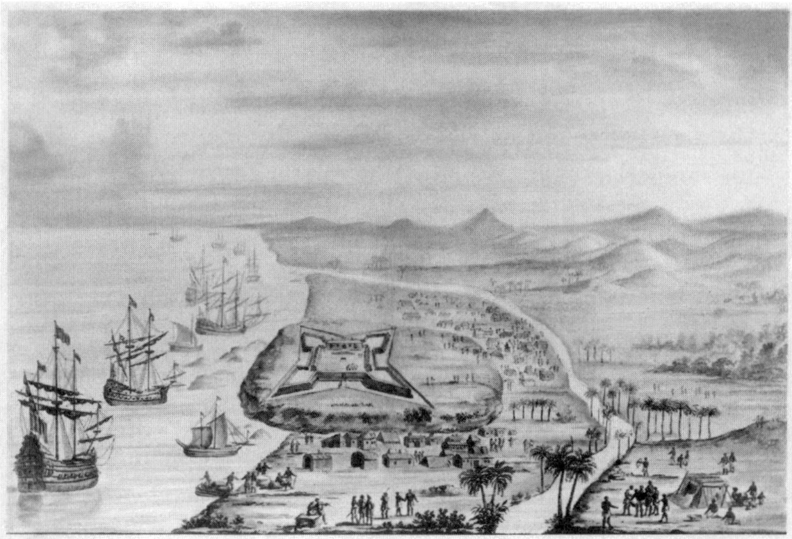

Sklavenhändler aus Preußen: Die Feste Großfriedrichsburg im heutigen Ghana

Seitenflügel, in dem aufgeschreckte Fledermäuse herumflattern; hier wurde das »schwarze Elfenbein« zwischengelagert. »Es waren die Holländer, die mit dem Menschenraub anfingen«, sagt Mensah. Das stimmt. Aber wahr ist nach neueren Erkenntnissen auch, dass die Preußen zwischen 20 000 und 30 000 Sklaven von der Goldküste nach Amerika verschifften. Und dass Friedrich Wilhelm der erste Deutsche war, der den Menschenhandel förderte.

Aber Joseph Mensah wacht unbeirrbar über die Unschuld des Großen Kurfürsten. In seinem Büro hat er allerlei Nippes gesammelt: kleine Fähnlein mit dem roten Preußenadler auf weißem Grund, einen Aschenbecher mit Schloss Sanssouci, den Alten Fritz auf Bierdeckeln, Krüge mit Weltkugel, Kurhut und Zepter, die Insignien der Kurwürde. Nein, auf seine Preußen lässt er nichts kommen!

Das brandenburgisch-preußische Abenteuer blieb eine Episode in der Geschichte des Sklavenhandels. Es war ein Verlustgeschäft, was auch daran lag, dass zwischendurch die Preise für die Menschenware einbrachen. 1717 verkaufte der Soldatenkönig Friedrich Wilhelm I. die unrentablen Besitzungen in Westafrika an die Holländer, für 7200 Dukaten und »zwölf Mohren«. Es sollten eineinhalb Jahrhunderte vergehen, ehe die Deutschen wieder vor den Küsten Afrikas aufkreuzten, und beinahe wären sie wieder zu spät gekommen.

Die Engländer, Franzosen, Portugiesen und Belgier hatten in der zweiten Hälfte des 19. Jahrhunderts bereits weite Teile des Kontinents vereinnahmt. Die Deutschen fühlten sich abgehängt, das passte nicht in ihr Selbstbild. Sie sahen sich nach der Reichsgründung 1871 als wirtschaftliches Schwergewicht im Zentrum Europas, das sich anschickte, zu einer politischen Großmacht aufzusteigen. Die Vordenker der organisierten Kolonialbewegung warben für die Expansion nach Übersee, aber so richtig in Schwung kam die öffentliche Diskussion erst 1879, als der vaterländische Prediger Friedrich Fabri eine Broschüre mit dem Titel »Bedarf Deutschland der Colonien?« veröffentlichte. Es verwundert nicht, dass er die Frage mit einem uneingeschränkten »Ja« beantwortete. Fabri war Inspektor der Rheinischen Missionsgesellschaft in Barmen und als Missionar weit herumgekommen. Sein Hintergedanke war natürlich die Christianisierung des gesamten Erdballs, aber er stellte wie die meisten Fürsprecher der kolonialen Idee politische und ökonomische Argumente in den Vordergrund. In Europa fanden damals gewaltige Umwälzungen statt. Die industrielle Revolution stand im Zenit, der Kapitalismus entfaltete durch technologische Innovationen (Eisenbahn, Dampfschifffahrt, Elektrizität, modernes Nachrichtenwesen) eine weltumspannende Dynamik. Gleichzeitig erlebten die führenden Wirtschaftsmächte die ersten Überproduktionskrisen. Sie suchten nach neuen Absatzmärkten und Rohstoffquellen. Überdies erhoffte man sich von der globalen Expansion die Lösung der sozialen und der demografischen Frage; sie sollte neuen Lebensraum für die im 19. Jahrhundert explosionsartig wachsende Bevölkerung erschließen, vor allem für das stetig anschwellende Heer der Arbeitslosen. Die Massenauswanderung verarmter Proletarier in Siedlerkolonien sei »eine Art Sicherheitsventil«, schrieb Fabri, denn sie dämme »die rasche, mächtige Ausbreitung der Social-Demokratie« ein. Das war ganz nach dem Geschmack der herrschenden Eliten, die das revolutionäre Potential der Arbeiterbewegung fürchteten. Für den reaktionären Historiker Heinrich von Treitschke wurde die Kolonisation sogar zur »Daseinsfrage«. So dachten viele seiner Zeitgenossen: Der Export von Waren, Kapital und Menschen – ein Königsweg, um die Probleme des Bevölkerungsdrucks und der Überproduktion zu bewältigen.

Doch ausgerechnet Reichskanzler Otto von Bismarck war zunächst nicht von der Sache überzeugt, obwohl unter seinen Vertrauten einige Kolonialpropagandisten waren, tatendurstige Männer wie der Chefmissionar Friedrich Fabri, der hanseatische Großkaufmann Adolph von Woermann oder der Bankier Gerson von Bleichröder. 1881 beschied er kategorisch: »Solange ich Reichskanzler bin, betreiben wir keine Kolonialpolitik.« Er wollte das fragile politische Gleichgewicht in Europa nicht gefährden, abgesehen davon waren ihm überseeische Abenteuer einfach zu kostspielig. Der Fürst, notiert Kaiser Wilhelm II. in seinem selbstherrlichen Rückblick »Ereignisse und Gestalten«, habe nicht gesehen, dass er durch den Erwerb der Kolonien »seinen Blick über Europa hinaus zu richten hatte«. Noch 1888 erklärte Bismarck einem Forschungsreisenden: »Ihre Karte von Afrika ist ja sehr schön, aber meine Karte von Afrika liegt in Europa.« Historiker rätseln bis heute über die eigentlichen Motive seiner ablehnenden Haltung – und warum er schließlich doch einlenkte.

In jenem Jahr 1888 war längst ein Prozess in vollem Gange, für den die britische *Times* eine griffige Parole gefunden hatte: »The Scramble for Africa« – der Wettlauf um Afrika. Bereits vier Jahre vorher, vom 15. November 1884 bis zum 26. Februar 1885, hatten sich in Berlin die Gesandten aus 14 Staaten versammelt, um unter dem Vorsitz des deutschen Reichskanzlers handels- und machtpolitische Streitfragen in West- und Zentralafrika zu klären, und nicht, wie oft fälschlicherweise behauptet wird, den Kontinent aufzuteilen. Die eigentliche Zerstückelung Afrikas hatte schon vorher begonnen; sie wurde durch die sogenannte Kongo-Konferenz legitimiert und danach vollendet. Die Signatarmächte präzisierten in ihrer Schlussakte quasi nur die Spielregeln des Wettrennens. Am Verhandlungstisch in Berlin saßen die europäischen Groß- und Möchtegern-Großmächte Frankreich, Vereinigtes Königreich, Deutschland, Belgien, Portugal und Österreich-Ungarn, außerdem Unterhändler aus Spanien, Italien, Russland, den skandinavischen Staaten, dem Osmanischen Reich sowie den Vereinigten Staaten von Amerika. Heutzutage gebrauchen wir einen anderen Ausdruck für derartige Veranstaltungen: Gipfeltreffen der Globalisierer.

In der Ausstellung »Who Knows Tomorrow«, die ich 2006 im Rahmen der Initiative »Partnerschaft mit Afrika« im Auftrag von Bundespräsident Horst Köhler mitorganisierte, persiflierte der nigerianische Künstler Yinka Shonibare die Kongo-Konferenz. Auf der Empore der Friedrichwerderschen Kirche in Berlin installierte er einen Tisch mit den Umrissen Afrikas, an dem 14 kopflose Herren saßen; sie trugen barocke Kostüme, die aus afrikanischen Stoffen geschneidert waren. Gerade in dieser vom klassizistischen Meisterarchitekten Karl Friedrich Schinkel gebauten Kirche entfaltete das Kunstwerk eine besondere Wucht: Es stand wie ein Fremdkörper über den Statuen und Skulpturen von Kant, Goethe, Schiller, Tieck, den Gebrüdern Humboldt und anderen Geistesgrößen der deutschen Aufklärung – und entlarvte den Drang zur Weltunterwerfung, der dem universellen Anspruch ihrer Ideen innewohnte. Alle Menschen sind gleich, aber die Weißen sind gleicher.

Die Vormächte Europas – England, Frankreich, Deutschland – verbanden mit dem kolonialen stets auch den imperialen Gedanken, also die Errichtung von Weltreichen. Sie läuteten ab 1880 das Zeitalter des Hochimperialismus ein. Weltgeltung, Weltunterwerfung, Weltmacht – das waren oft gebrauchte Kraftworte in Deutschland, der verspäteten und von Minderwertigkeitskomplexen geplagten Nation. Die Expansionspläne wurden stets mit humanitären Motiven verbrämt, mit der Abschaffung des Sklavenhandels und der Verbreitung der Zivilisation, darauf hatte man sich schon im Kapitel II, Absatz 6 der Schlussakte der Berliner Konferenz von 1884/85 geeinigt. Das missionarische Sendungsbewusstsein war eng verbunden mit dem Sozialdarwinismus, aus dem die Europäer ihre biologische Höherwertigkeit und geistige Überlegenheit ableiteten – und nicht nur das Recht, sondern auch die Pflicht, »unzivilisierte« Völker zu unterwerfen. Fanatische Vertreter der deutschen Kolonialbewegung riefen sogar einen »Weltkampf der Rassen« aus, den selbstverständlich der weiße Mann gewinnen würde; Frauen galten damals nicht als vollwertige Menschen.

Als das 20. Jahrhundert heraufdämmerte, war die Aufteilung der Erde abgeschlossen, und das wehrlose Afrika hatte es härter als alle anderen Weltregionen erwischt: Erstmals in der Menschheitsgeschichte war ein gesamter Kontinent flächendeckend von fremden Mächten enteignet worden. Die größte Landmasse hatten sich Briten und Franzosen herausgeschnitten, die Belgier holten sich ein Filetstück im Zentrum, Portugal erhielt zwei Flanken, Angola im Südwesten und Mosambik im Südosten, die Italiener schnappten sich Somalia und Eritrea, für die Spanier fielen nur Brosamen an der Westküste ab. Auch die Deutschen bekamen beim großen Fressen ein paar ordentliche Portionen, mussten sich aber mit einer Streukolonie begnügen: Togoland, Kamerun, Deutsch-Südwestafrika und Deutsch-Ostafrika. Hinzu kamen ein Pachtgebiet in China sowie ausgedehnte Territorien in der Südsee. Alles zusammen ergab das viertgrößte Kolonialreich der Welt.

Der erste Leiter des Reichskolonialamts, ein Bankier und Politiker namens Bernhard Dernburg, fasste den Sinn und Zweck des räuberischen Unternehmens recht freimütig zusammen: »Kolonisation heißt die Nutzbarmachung des Bodens, seiner Schätze, der Flora, der Fauna und vor allem der Menschen zugunsten der Wirtschaft der kolonisierenden Nation, und diese ist dafür zur Gegengabe ihrer höheren Kultur, ihrer sittlichen Begriffe, ihrer besseren Methoden verpflichtet.« Man kann das auch kompakter ausdrücken: unterwerfen, berauben, ausbeuten, umerziehen.

Hundert Jahre Einsamkeit

Deutsch-Ostafrika, die Perle des kaiserlichen Kolonialreichs

»Guten Morgen, Herr Lehrer!«, rief ein alter Mann mit fröhlicher Stimme. Ich glaubte nicht recht zu hören an diesem heißen Augustmorgen des Jahres 1980. Ich stand im tansanischen Küstenstädtchen Bagamoyo neben dem verfallenen Gebäude, das den deutschen Kolonialherren einst als Zollamt gedient hatte, und schaute den Fischern zu, die gerade von einer Nacht auf dem Meer heimgekehrt waren und ihren mageren Fang aus den Netzen schüttelten. Da humpelte plötzlich dieser Alte auf mich zu und grüßte auf Deutsch. Er trug einen grauen Kanzu, das traditionelle Männergewand, seine Augen blitzten vor Freude. Ich muss wohl ziemlich verdutzt dreingeschaut haben, als er mir ein vergilbtes Dokument zeigte. Es handelte sich um eine vom Kaiserlichen Bezirksamt zu Bagamoyo ausgestellte Urkunde, die den Freikauf seines Vaters, eines ehemaligen Sklaven, »seitens der Kath. Mission hier« bescheinigte. »Ihr Deutschen habt uns die Freiheit gebracht«, sagte der alte Mann.

Diesen Satz hätte mein Großvater, der alte Kolonialromantiker, gerne gehört. Er wäre aus seiner Sicht ein Beweis dafür gewesen, dass die Kolonisierung eine grundgute Sache war. Weil die Deutschen den Sklavenhandel abgeschafft und ein vorbildliches Protektorat in Ostafrika aufgebaut hatten. Weil

Kaiserliches Gouvernement
Deutsch-Ostafrika.

Bezirksamt J.-No. 910
Register No. 11

Freibrief No. 1034

1. Name des Freigekauften: Mangamakwa
2. Geburtsort: Ukami
3. Geschlecht: weiblich
4. Alter: 55 Jahre
5. Stand: Arbeiterin
6. Wohnsitz: Ukami
7. Beschäftigung: Schambaarbeit
8. Sklave bisher des Mganga
zu Mbwewe
hat heute durch gerichtliches Erkenntnis
ihre Freiheit erhalten, worüber ihr auf Grund der Verordnung vom 1. September 1891 der gegenwärtige Freibrief gebührenlos ausgestellt worden ist.

Bagamoyo den 26. 6. 1901

Das Kaiserliche Bezirksamt.

Ende der Versklavung: Freibrief No. 1034, ausgestellt vom Kaiserlichen Bezirksamt in Bagamoyo

sie ein entwickeltes Land mit Straßen, Bahnlinien, Häfen, Telegrafenleitungen, Krankenhäusern hinterließen. Weil sie die Grundlagen für ein modernes Bildungswesen schufen, was schon allein die Tatsache zeigt, dass die Schreibweise des Kisuaheli latinisiert wurde und das deutsche Wort für Schule in die Verkehrssprache einging: *shule.* Eigentlich müssten die armen Afrikaner für all diese Errungenschaften dankbar sein, hieß es in der Rechtfertigungslehre der Kolonialrevisionisten. Andernfalls würden sie ja noch immer in der Steinzeit leben.

Während ich den Sklavenfreibrief bestaunte, eilte ein Schuljunge herbei. Er bot eine reichsdeutsche Münze an, eine Rupie, Prägejahr 1892, auf der Vorderseite der preußische Adler, hinten Gravuren in arabischer Schrift. Ich kaufte ihm das Geldstück ab und hatte erstmals ein dingliches Zeugnis aus der deutschen Kolonialzeit in der Hand, die bisher nur in meiner Imagination existiert hatte. Dann ging ich weiter zum alten deutschen Friedhof, der schöner gar nicht liegen könnte: direkt am Meer, in warmen Sand gebettet, überschattet von Palmen. Eine Umgebung, in der die Grabinschriften fast unwirklich erschienen. Max Schelle, Unterleutnant zur See, gefallen 1889; Antonie Bäumler, Krankenschwester und Mitglied des Deutschen Frauenvereins, gest. 1889; Reinhold Wonneberger, Feldwebel, gest. 1890; Franz Groucza, Oberlazarettgehilfe, gest. 1894; Emil Hochstetter, Kurfürstl. Württemberg. Bauinspektor, verschieden im neunundreißigsten Lebensjahr; Gretchen Schuller, das geliebte Kind, schon nach sechs Tagen vom Tropenfieber hingerafft: »Dem Auge fern, dem Herzen ewig nah'«.

Da liegen sie in der Erde Tansanias, gestorben für Kaiser und Reich. Im Osten der unermessliche Indische Ozean, im Westen der Riesenleib Afrikas, dazwischen hundert Jahre Einsamkeit. Der »schwarze Kontinent« hat die Weißen verschlungen, die Kolonialbeamten, Baumwollpflanzer und Geometer, die Missionare, Löwenjäger, Naturforscher und Soldaten. Sie kamen mit Bibeln und Kanonen, zogen auf ihren Messtischblättern Grenzen, raubten den »Eingeborenen« das Land – und zerfielen auf dem Friedhof von Bagamoyo zu Staub. Nichts ist geblieben von ihren Peitschen und Psalmen und Porzellanfigürchen. Nichts, außer der Erinnerung an die Begierden der Außenwelt und die Alpträume der Afrikaner.

Im Laufe der vergangenen dreieinhalb Jahrzehnte habe ich Bagamoyo oft besucht, es ist einer jener Orte in Afrika, die mich mit magischer Kraft anziehen. Denn in dieser Stadt, die heute ungefähr 30 000 Einwohner zählt, laufen viele Fäden der Eroberungsgeschichte des Kontinents zusammen. Hier landeten die Schiffe der Inder und Perser, hier herrschten Araber, Portugiesen, die Sultane von Sansibar, Deutsche und Briten, und von keinem anderen Küstenort brachen so viele Europäer ins Innere des Erdteils auf: der Kongoforscher Verney Lovett Cameron; John Hanning Speke, der »Entdecker« der Nilquellen, und sein Kollege Richard Francis Burton, britischer Offizier und Orientalist; der Journalist und Abenteurer Henry Morton Stanley; Eduard Schnitzer alias Emin Pascha, der es bis zum Gouverneur Äquatorias im heutigen Sudan bringen sollte. Zu den Pionieren, die in Bagamoyo Station machten, gehörte auch ein gewisser Carl Peters, der erfolgreichste Landräuber im Namen des deutschen Kaiserreichs, zu dem wir gleich noch kommen werden.

In die Weltgeschichte aber trat Bagamoyo bereits im Zeitalter des Sklavenhandels ein, es war das Ziel der Karawanen aus dem Landesinneren. Bis zu 70 000 Sklaven gingen jährlich durch diese Todesschleuse. Wer auf dem sechsmonatigen Gewaltmarsch von Ujiji am Tanganjikasee zur Küste nicht im wahrsten Sinne des Wortes verreckt oder geflohen war, für den gab es keine Rettung mehr; die Gefangenen wurden mit Dhaus, den für die Region typischen Segelbooten, auf die Nelkeninsel Sansibar übergesetzt und von dort zu den Menschenmärkten in Arabien, Persien und Amerika verschifft. Die Hoffnungslosigkeit hat der Stadt den Namen gegeben. Bagamoyo bedeutet sinngemäß: Leg dein Herz nieder.

--

Hier fing also alles an. Und hier beginnt auch unser Streifzug durch die Kolonialgeschichte von Deutsch-Ostafrika. Oft stieß ich bei meinen Dienstreisen zufällig auf Hinterlassenschaften aus der Kolonialzeit, auf Friedhöfe, Kirchen, Amtsgebäude, Bahntrassen, Telegrafenmasten, Schlachtendenkmäler. Ich fuhr durch Siedlungen, deren deutsche Namen ich erst später herausfand: Kasanga (Bismarckburg), Igulwa (Mariahilf),

Kizarawe (Hoffnungshöh), Tabora (Waidmannsheil), Tukuyu (Neu-Langenburg). Manchmal kam mir die Landschaft wie ein Palimpsest vor, wie eine Schrifttafel, die vielmals überschrieben wurde und unter deren Oberfläche tiefere historische Schichten aufscheinen. Oder war alles nur Einbildung? Eine versunkene Wirklichkeit, die nur in meiner kolonialhistorischen Fiktion existierte?

Bagamoyo hat eine Aura, in der das Vergangene surreal anmutet, aber seltsam gegenwärtig ist. Manche Straßenzüge haben sich seit der »deutschen Zeit« kaum verändert, und einige Bauten erzählen lange Geschichten aus dieser Epoche: das schon erwähnte Zollhaus, das Post- und Telegrafenamt, eine Schule, ein Krankenhaus. Am südlichen Ortseingang steht ein gewaltiger Affenbrotbaum, an dessen Stamm eiserne Klettersprossen angebracht sind, die zu einer Plattform in der Baumkrone führten; sie diente im Ersten Weltkrieg als Ausguck der deutschen »Schutztruppe«, um herannahende britische Kriegsschiffe zu melden. Ein anderer Baum existiert nur noch in der Erinnerung der Alten: der Galgenbaum, an dem rebellische »Eingeborene« erhängt wurden. Bagamoyo war ab 1888 die erste Hauptstadt der Kolonie, davon zeugt das imposante Gebäude auf einer Anhöhe über dem Meeresufer: die Boma, ein grauer Koloss im Stil einer arabischen Zitadelle, die erste Kommandozentrale der deutschen Eroberer. Von hier aus versuchten sie eine Landmasse zu beherrschen, die zum größten Teil der schon erwähnte Carl Peters erschwindelt hatte.

Dieser Mann wurde vom imperialen Wahn getrieben. Er wollte das Deutschtum in alle Welt hinaustragen und das Kaiserreich vergrößern: Deutschland sollte eine Weltmacht werden, auf Augenhöhe mit Briten und Franzosen, und dazu gehörten überseeische Besitzungen. Doch Reichskanzler Otto von Bismarck fand zunächst wenig Gefallen an der Expansionsidee, den forschen Eroberer Peters schimpfte er einen »dummen Kerl«. Der allerdings hatte sich längst selbst ermächtigt und das Hauptziel der 1884 von ihm mitbegründeten »Gesellschaft für Deutsche Kolonisation« ganz unmissverständlich formuliert: »die rücksichtslose und entschlossene Bereicherung des eigenen Volkes auf anderer, schwächerer Völker Unkosten«. Im Herbst selbigen Jahres brachen Peters und seine Gefährten nach Ostafrika auf, denn dort war noch ein schönes Stück vom großen Kuchen für Kaiser und Reich zu holen. Sie starteten die berüchtigte Usagara-Expedition, drangen wie Konquistadoren ins Innere des heutigen Tansania vor und nötigten zahlreichen lokalen Autoritäten Abkommen auf. Wo es keine Führungsfiguren gab, wurden sie kurzerhand erfunden; auf diese Weise hat die Eroberung vielerorts einen neuen Herrschertypus hervorgebracht, der in der präkolonialen Zeit unbekannt war: den Stammeshäuptling. Peters ging mit roher Gewalt vor, wandte aber auch trickreiche Methoden an, um an das Land der Afrikaner zu kommen. Er machte Clanchefs oder Dorfälteste betrunken, ehe sie »Schutzverträge« unterzeichneten, die sie nicht einmal lesen konnten. Oder er köderte sie mit Geschenken, mit Stoffen, Perlen und feschen Husarenjacken. »Es ist natürlich, daß der Eingeborene, geblendet durch ein paar Tuchstücke, Messer, Spiegel und bunten Schmuck sich seiner Rechte für nichts und wieder nichts entäußerte«, schreibt Dr. Alex Haenicke im »Buch der deutschen Kolonien«, einem 1937 veröffentlichten Propagandawerk der Kolonialrevisionisten. Es war ein unbewusstes Eingeständnis des großen Betrugs. Im gleichen Absatz lobt der Autor das Vorgehen des Dr. Peters, denn der habe für das Deutsche Reich »äußerst günstigen Boden mit reicher Ertragsmöglichkeit« sichergestellt, »wenigstens insoweit, als er es dem Zugriff der anderen Nationen entzog«.

Die einheimischen Würdenträger ahnten nicht, dass ihr traditioneller Siedlungsraum schon bald unter Kuratel des Deutschen Reiches stehen würde. »Der Erwerb von Land ist in Ostafrika sehr leicht«, spottete Bismarck. »Für ein paar Flinten besorgt man sich ein Papier mit einigen Negerkreuzen.« Der Eiserne Kanzler zeigte sich wenig beeindruckt von den Raubzügen des Dr. Carl Peters, dennoch empfahl er dem Kaiser, die Ländereien in Ostafrika anzunehmen. Am 27. Februar 1885 unterzeichnete Wilhelm I. einen Schutzbrief für ein Gebiet, welches das in Deutsch-Ostafrikanische Gesellschaft (DOAG) umbenannte Konsortium unter der Führung von Carl Peters verwalten sollte. Banken, Handelshäuser und Spekulanten finanzierten das vielversprechende Unternehmen, auch der greise Monarch Wilhelm I. investierte eine Million Mark. Die DOAG trieb die Landerschleichungen weiter voran und verkaufte schließlich ihre Hoheitsrechte an das Kaiserreich. Ab 1. Januar 1891 herrschte Wilhelm II. über Deutsch-Ostafrika, die größte aller deutschen Kolonien: 995 000 Quadratkilometer, nahezu die doppelte Fläche des »Mutterlandes«. Das Protektorat erstreckte sich von der Grenze zu Portugiesisch-Ostafrika im Süden über die großen afrikanischen Seen im Westen bis hinauf nach British East Africa und umfasste die heutigen Staaten Tansania, Burundi und Ruanda. Peters lehnte den Vorschlag seiner Freunde ab, die Kolonie »Petersland« zu taufen. Stattdessen ließ er sich »Schöpfer von Deutsch-Ostafrika« nennen.

Julius Freiherr von Soden wird als erster Gouverneur der Kronkolonie eingesetzt. Carl Peters ist als Reichskommissar für das Gebiet um den Kilimandscharo zuständig. Sein tyrannisches Regime versetzt die bis dahin friedliche Region in Furcht und Schrecken. Genüsslich beschreibt er, wie die Salven aus den Repetiergewehren »vom Rücken her in die Wadsagga

Inbegriff des sadistischen Herrenmenschen: Pfarrerssohn Dr. Carl Peters

hineinfuhren« und wie er und seine Schergen einmal gleich »sechs Siedlungen verfeuert« haben. Ein Augenzeuge berichtet, dass Peters auf einem Bambusstuhl sitzend zugesehen habe, wie junge schwarze Mädchen ausgepeitscht wurden, bis ihnen das Blut durch den Lendenschurz floss. Oscar Baumann, sein zeitweiliger Adjutant, schreibt in einem Brief an seine Eltern: »Übrigens ist Peters halb verrückt. Alles um ihn herum geht krumm vor Hieben. 100 bis 150 sind an der Tagesordnung. Es ist kaum zu glauben, welche Angst die Leute vor Peters und seinen Leuten haben«.

Die Afrikaner waren für Peters »Viecher«, die »überhaupt

nicht denken« und nur zur »Roharbeit« geschaffen wurden. Den Nachweis ihrer Minderwertigkeit lieferte ihm eine Geschichte aus dem Alten Testament. In Genesis 9, 21–27 wird erzählt, wie Ham seinen betrunkenen Vater Noah nackt sah und dieser deswegen Hams Sohn Kanaan verdammte; der Fluch soll für immer und ewig auf dessen Nachfahren übergegangen sein, auf die Hamiten. Auch afrikanische Völker wie die Tutsi oder die Massai wurden von den weißen Herrenmenschen zu den Hamiten gerechnet; sie standen in ihrer Hierarchie noch über den Bantu, den primitiven »Negern«. Der biblische Mythos war in Verbindung mit den sozialdarwinistischen Lehren des 19. Jahrhunderts unter den Kolonialisten weitverbreitet. Sie sahen sich als Krone der Schöpfung, als biologisch höherstehende Edelmenschen, die von Gott ausgesandt wurden. »Ich behaupte, daß wir die erste Rasse in der Welt sind«, tönte Peters. Bei blutigen Gemetzeln soll ihn die »Negativität des Lustempfindens« angetrieben haben, ein krauser Gedanke seines Lieblingsphilosophen Arthur Schopenhauer. Die mörderische Geilheit beendete schließlich seine Kolonialkarriere. Der Reichskommissar hatte eine Reihe von schwarzen Knechten, die er wie Leibeigene behandelte, dazu hielt er sich einen Harem von »Negerweibern«. Der Diener Mabruk fing ein Techtelmechtel mit Jagodja an, einer von Peters' Beischläferinnen, und der Hintergangene ließ in rasender Eifersucht erst den Nebenbuhler hängen, dann die untreue Konkubine. Der Skandal wurde in Deutschland ruchbar und vom sozialdemokratischen Abgeordneten August Bebel im Reichstag angeprangert.

Dr. Carl Peters, 1856 als Pfarrerssohn in Neuhaus an der Elbe geboren, promovierter Philosoph, Politiker, Journalist und Afrikaforscher, war der Inbegriff des sadistischen Herrenmenschen. Außer Lothar von Trotha, dem Vernichtungskrieger in Deutsch-Südwestafrika, wird kein anderer Deutscher so sehr mit dem Terror jener Epoche assoziiert. Die Philosophin Hannah Arendt wollte sogar Mr. Kurtz in ihm erkennen, den barbarischen Elfenbeinhändler in Joseph Conrads Roman »Herz der Finsternis«. Aber da gäbe es noch zahlreiche andere deutsche Kandidaten, Hans Dominik zum Beispiel, der in Kamerun wütete, oder Paul Reichard, der in Ostafrika die Siedlung Waidmannsheil gründete und wie Mr. Kurtz seinen Vorgarten mit abgeschlagenen Köpfen schmückte.

Im März 1896 entbrannte im Berliner Reichstag eine hitzige Debatte über Peters' kriminelle Exzesse, ein Jahr später ließ sich der Wüterich nicht mehr halten. Die öffentliche Empörung über seine Schandtaten war zu groß geworden, man sprach nur noch vom »Hänge-Peters«. Am 24. März 1897 wurde er unter Aberkennung seines Titels und seiner Pensionsansprüche unehrenhaft aus dem Reichsdienst entlassen. Aber schon 1905 rehabilitierte ihn Kaiser Wilhelm II. 1931 wurde auf Helgoland eine Statue von Peters aufgestellt, die auch an den Helgoland-Sansibar-Vertrag erinnern sollte, jenen Deal zwischen London und Berlin, der oft falsch interpretiert wurde. Die Briten traten zwar Helgoland ab, aber das vermeintliche Tauschobjekt Sansibar war nie in deutscher Hand; es handelte sich vielmehr um ein Abkommen, das die Interessensphären der kolonialen Konkurrenten festlegte.

Da stand der Peters nun auf der Helgoländer Kurpromenade und schaute mit Nibelungenaugen auf die Nordsee hinaus, als hätte er das Eiland höchstselbst ins Reich heimgeholt. Post mortem stellte Adolf Hitler die Ehre dieses Kolonialverbrechers endgültig wieder her. 1942 setzte ihm der Nazi-Schauspieler Hans Albers ein filmisches Denkmal: Dr. Carl Peters, Reichskommissar a.D., arische Lichtgestalt, Leitbild der deutschen Jugend. Das Peters-Standbild wurde im Zweiten Weltkrieg beschädigt, nur eine Büste blieb erhalten. Sie liegt im Garten des Museums Helgoland; die meisten Besucher gehen achtlos daran vorbei, nur wenige wissen, wer dieser Carl Peters war.

—

Kehren wir noch einmal zurück zu den Anfängen von Deutsch-Ostafrika, das wie alle Kolonien zunächst »pazifiziert« werden musste – ein Euphemismus für die exzessive Gewalt, mit der die Herrschaft erzwungen wurde. Es waren kriegerische Gründerjahre mit Dutzenden von Strafexpeditionen, Befriedungen und Unterwerfungen, wie es im Jargon der Kolonialmilitärs hieß. Und natürlich ging es stets um den »Schutz deutscher Belange«. Bei der Niederschlagung des ersten großen Aufstandes der arabisch-stämmigen Küstenbewohner zwischen 1888 und 1890 hatte man zudem eine perfekte moralische Begründung: die Abschaffung des Sklavenhandels.

Die Protagonisten in diesem Kampf waren in meiner Kindheit Haushaltsnamen: Hermann Wissmann, Kommandeur der »Schutztruppe«, und Abushiri ibn Salim al-Harthi, kurz Buschiri, der berüchtigte Rebellenführer und Menschenjäger. Wenn mein Vater den Namen Wissmann aussprach, leuchteten seine Augen. Ein Verwandter aus Hamburg, ein Nachfahre der Grills, die in den 1920er-Jahren aus Oberbayern in die Hansestadt ausgewandert waren, schwärmte vom Standbild Wissmanns, das vor dem Portal der dortigen Universität prangte. Im Oktober 1967 stürzten Studenten im Zuge einer antiimperialistischen Kampagne das Denkmal, irgendwann wurde es im Magazin der Sternwarte Bergedorf eingelagert. Buschiri wiederum hatte mir schon im Jugendbuch von Ludwig Foehse aus der großväterlichen Kolonialbibliothek Angst eingejagt; darin wurde nämlich sehr bildhaft beschrieben, wie er mit einer

Keule den Schädel eines unschuldigen weißen Missionars zertrümmerte. Die »Schutztruppe« schlug den Aufstand nieder, Buschiri endete am 15. Dezember 1889 am Galgen. Und aus dem Soldaten Wissmann wurde der Herr von Wissmann. Man feierte ihn als edlen Kolonialkrieger, der quasi die erste humanitäre Militärintervention in Afrika durchgezogen hatte. Sein Feldzug verfolgte indes ganz andere Ziele: Die neuen Herrscher wollten das Handelsmonopol der Küstenvölker brechen, und sie brauchten Arbeitskräfte für ihr Kolonialprojekt. Sie brauchten Sam, den treuen Neger von Bagamoyo; er war einer der wenigen positiv dargestellten Schwarzen in Ludwig Foehses Geschichten – der deutsche Bruder von Onkel Tom sozusagen.

Es ist schwül und brüllend heiß. Macheten sausen in die fleischigen Blätter der Sisalagaven. Die Blattspitzen, lang und scharf wie Zirkelnadeln, können üble Entzündungen verursachen. In Erdlöchern lauern Giftschlangen. Ein harter Job, Akkordarbeit, sieben Tage die Woche. 30 Blätter ergeben ein Bündel, 110 Bündel einen Festmeter, 2,2 Festmeter einen Tag. Ein flinker Sisalschneider wie William Makinda schafft das. »Ich verdiene 900 Shillinge am Tag.« Im Jahr 1995 sind das umgerechnet knapp drei Mark. Solche Löhne machen in Übersee die Endprodukte – Schnüre, Garn, Seile, Teppiche, Korbwaren – recht preiswert.

Wir befinden uns auf den Ländereien der Amboni Ltd., einer der größten privaten Sisalplantagen Afrikas. Sie zieht sich endlos über die Hügel hinter der tansanischen Küstenstadt Tanga. Makinda erzählt, dass schon sein Vater auf dieser Pflanzung gearbeitet habe und dass sein Großvater unter den ersten Zwangsrekrutierten gewesen sei, die vor über hundert Jahren hier schufteten. Am 28. Juni 1890 gründete Karl Perrot, Besitzer der gleichnamigen Seehandlung in Wiesbaden, Sansibar und Tanga, bei »der Negerstadt Schumbageni« eine Faktorei und ließ Kaffee, Kokospalmen, Sansiverien sowie Gummibäume anpflanzen. Bei der Besichtigung des Unternehmens wird mir Einblick in Originalverträge mit bestochenen Häuptlingen gewährt, in denen sich diese verpflichteten, »jederzeit Arbeiter zu stellen«; gegen die Arbeiter durften mit freundlicher Genehmigung des Kaiserlichen Bezirksamtes »Disziplinarstrafen bis zu 15 Hiebe (mit Ausnahme von Kindern und Weibern)« verhängt werden. Im Verwaltungsgebäude der Amboni Ltd. hängt ein altes Ölgemälde: Direktor Rudolph Schöller, ein Pionier seiner Zeit, porträtiert vom Münchner Malerfürsten Franz von Lenbach. Im Stammbuch des Unternehmens kleben verblichene Fotografien der Gründerväter. George Grosz hätte die fetten, in khakibraunen oder weißen Tropenanzügen steckenden Bäuche, die schweren Zigarren und wilhelminischen Schnäuzer trefflicher nicht karikieren können. Im Salon verdammten sie die Sklaverei, auf der Plantage führten sie sie als Lohnknechtschaft wieder ein.

Nach der Treibhaushitze in der Küstenregion wirkt das Klima in den Usambara-Bergen wie prickelnder Champagner. Astern blühen, die Pflaumen sind reif, von den Bäumen lachen rotbackige Weinäpfel. Es ist kühl und klar, Herbstzeit. Diese Region wurde von deutschen Siedlern als die schönste in der Kolonie beschrieben, weil sie ihrer Heimat ähnelte. Lushoto, der größte Ort, hieß damals Wilhelmstal. Zwei Autostunden weiter nördlich erhebt sich ein mit einer Kappe aus Schnee und Eis gekrönter Bergriese fast 6000 Meter aus der Ebene: der sagenumwobene Kilimandscharo. Der Erstbesteiger Hans Meyer, ein Geograf aus Leipzig, war zwei Mal gescheitert. Am 6. Oktober 1889 erreichte er im dritten Anlauf den Gipfel.

Ohne die Ortskenntnisse von Yohani Kinyala Lauwo hätte er es vermutlich wieder nicht geschafft – der einheimische Führer wurde in den Berichten natürlich nicht erwähnt. Meyer taufte den Berg Kaiser-Wilhelm-Spitze und überreichte Seiner Majestät bei einer Privataudienz die obersten Gipfelsteine, den »höchsten Punkt afrikanischer und deutscher Erde«. Kein anderes Naturwunder im deutschen Kolonialreich wurde so hymnisch als Symbol der wilhelminischen Weltmacht besungen.

Arusha, die drittgrößte Stadt Tansanias. »Bismack Car Wash« steht über einer Autowaschanlage an der Hauptstraße, eine Reminiszenz an den Reichskanzler, wobei man es mit der Schreibweise seines Namens nicht mehr so genau nimmt. In der Stadtmitte, unweit des Uhrturms, thront die Boma, die Festung der deutschen Garnison: ein Wassergraben, dicke Außenmauern, weiße Zinnen, hinter denen zur Abschreckung der »Eingeborenen« ein Maxim-Maschinengewehr montiert war. Von einem Dorfältesten namens Lonyuki Lekichawa sind bruchstückhafte Erinnerungen an die Gründerjahre überliefert: Nachdem die Deutschen 1897/98 sein Volk, die Waarusha, besiegt hatten, seien kräftige Männer wie er zum Bau der Wehranlage gezwungen wurden. Und alle Schwarzen hätten sich fortan vor jedem Weißen, dem sie begegneten, verbeugen müssen.

Auf der Weiterfahrt in die Serengeti durchquert man das Hochland von Karatu, eines der Ackerbaugebiete, die bei Siedlern besonders begehrt waren: weite Flächen, gute Böden, wogende Weizenfelder, idyllisch gelegene Gehöfte. Sogar im schwer zugänglichen Ngorongoro-Krater ließen sich zwei Farmer aus Hannover nieder, Adolph und Friedrich Wilhelm Siedentopf. Die Brüder waren mir schon im Buch »Wir ritten für Deutsch-Ostafrika« aus der großväterlichen Kolonialbibliothek begegnet; der Abenteuerschriftsteller und Kolonialoffizier Otto Inhülsen hatte sie besucht. Er beschreibt den hünenhaften Adolph Siedentopf folgendermaßen: »In Manchesterhose und -joppe gekleidet, saß dieser Kraftmensch mit dem herrlichen Imperatorenkopf in unserer Mitte. Er trug zu jener Zeit einen Vollbart, aus dem seine Adlernase kühn hervorstand.« Ein deutscher Übermensch, der junge Leser meines Alters tief beeindruckt hat. Die Besichtigung der Ruinen seines Farmgehöfts erinnere ich allerdings mit Schaudern: Auf dem Pfad zu den von Agaven umstandenen Steinhaufen schlängelte sich eine tödlich giftige grüne Mamba. Ich deutete es als Omen, Afrika endlich in Ruhe zu lassen.

Jenseits der Serengeti, am Ufer des Victoriasees, liegt die Stadt Mwanza. Unter dem Namen Muansa war sie Sitz eines deutschen Bezirksamtes, das ab 1907 von Theodor von Gunzert geleitet wurde. Er herrschte über ein Gebiet von der Größe Bayerns. Der Weg zu seiner Residenz auf dem Kalbhügel hoch über der Stadt ist nicht leicht zu finden, er führt durch das Gewirr eines Marktes. Hinter dem Verkaufsstand eines Blechschmieds biegt man links ab und erreicht nach ein paar Minuten ein wuchtiges Gebäude mit einem Fachwerk-Giebel. Im Rundfenster am Eingang leuchten noch Segmente der Buntglasscheiben, himmelblau und bordeauxrot, im Treppenaufgang rostet ein schmiedeeiserner Handlauf vor sich hin. In der oberen Etage angekommen, fordern ein paar Massai, die das verwahrloste Gebäude besetzt haben, eine gesalzene »Eintrittsgebühr«. Dann geht man an einer zerbrochenen Steinamphore vorbei und steht an jenem Aussichtspunkt, von dem Gunzert in seinen Memoiren schwärmt: »eine große Terrasse mit einem wundervollen Blick über den See«. Man kann sogar die Bismarckfelsen am Ufer erkennen, das Ensemble aus Granitsteinen, auf dem eine Statue des Reichskanzlers stand. Vor diesem Panorama muss sich der Bezirksamtmann Gunzert gefühlt haben wie ein absolutistischer Herrscher. Er regierte sein Hoheitsgebiet mit eiserner Hand, zerschlug lokale Machtstrukturen, sandte Strafexpeditionen gegen aufsässige Stämme aus, fing Arbeitskräfte für die Plantagen zusammen. Als Jurist hatte er eine strikte Auffassung des Strafrechts, das für die »Eingeborenen« zu gelten hatte. Wer anhaltenden Widerstand gegen das koloniale Gesetz leistete, wurde aufgehängt.

Der Galgenbaum stand vor dem Verkehrskreisel, in den heute die Nyerere Road mündet. Aber der junge Mann, den ich nach der genauen Position frage, hat noch nie etwas von der Richtstätte gehört. Wie auch? Im Schulunterricht wird die deutsche Kolonialgeschichte nur oberflächlich durchgenommen, außerdem war er noch ein kleiner Junge, als der Baum von einem Lastwagen umgefahren wurde. Um Genau-

Residenz des »grimmigen Herrn«: Gunzert-Villa über dem Victoria-See in Mwanza

eres herauszufinden, muss man mit Father Cyprian Tirumanywa reden, der im Altersheim der Erzdiözese Mwanza seinen Ruhestand verbringt. Der 1939 geborene Priester kennt sich aus in der Kolonialhistorie und räumt gleich mit der Legende auf, dass es in seiner Region vergleichsweise ruhig und friedlich zugegangen sei. »Diesen Unsinn hat Gunzert gerne verbreitet, aber in Wirklichkeit gab es viele Aufstände gegen sein Terrorregime. Das Volk nannte ihn Bwana Mkali, den grimmigen Herrn.« Mit seinem Namen habe jedermann die Zahl *hamsaishirini* verbunden, 25. So viele Stock- oder Peitschenhiebe erhielten widerspenstige Afrikaner. »Und dort unten, nicht weit vom Gandhi House, hat Gunzert reihenweise Leute aufknüpfen lassen. Das können Sie auch nachlesen bei Hans Paasche, der als Kolonialoffizier im Bezirk Mwanza im Einsatz war und später zum Pazifisten wurde.« Vom Galgenbaum ist nur noch ein flacher Stumpf übriggeblieben. Aber aus dem vermodernden Holz sprießen grüne Triebe – als wolle die Natur die Erinnerung an die Kolonialverbrechen auffrischen.

Hinter dem Mwanza schräg gegenüberliegenden Ufer des Victoriasees lag der nordwestliche Teil der Kolonie, die Königreiche von Ruanda und Urundi. Hier herrschten die Deutschen nach dem Prinzip des *indirect rule*, also mithilfe einheimischer Statthalter, die ihrer Residentur unterstellt waren. Eine solche wurde 1907 in den Bergen über Kigali, der späteren Hauptstadt Ruandas, errichtet und von Richard Kandt geleitet. Der Arzt und Afrikaforscher war ein kränklicher, feinsinniger Mann, der der gewaltsamen Kolonisierung skeptisch gegenüberstand. Er schrieb empathische Berichte über die Völker und Kulturen seines Amtsgebietes, sein Hauptwerk »Caput Nili. Eine empfindsame Reise zu den Quellen des Nils« wurde zum Bestseller. Kandts ehemaliger Wohnsitz, der heute ein Naturkundemuseum beherbergt, ist eines der wenigen gut erhaltenen Relikte der deutschen Kolonialjahre. Oft aber entdeckte ich in der Region nur kaum noch erkennbare Spuren: Steinhaufen, Ruinen, verfallene Gebäude. In Gitaga, einer Stadt im Herzen Burundis, steht zum Beispiel eine düstere, von schwarzen Schlieren überzogene Verwaltungsfestung. In Buja, einem Badestrand am Tanganjikasee, fand ich Fragmente der Grundmauern einer Militärstation. In Gisenyi am Kivusee führten mich Anwohner zu einem deutschen Grab neben einer Müllhalde; die Inschrift auf dem zerbröselnden Grabstein fehlte. Es kam mir vor wie die letzte Ruhestätte des unbekannten Kolonialisten.

Das verheerendste Erbe der deutschen Kolonialära in dieser Gegend aber ist unsichtbar – und wirkt bis in die Gegenwart nach. Die Eroberer kooperierten eng mit der Aristokratie der Tutsi, denn diese waren nicht nur mächtig, sondern entsprachen auch ihrem Schönheitsideal: hochgewachsene Menschen, hellere Hautfarbe, schmale Nasen, dünne Lippen. Sie herrschten über die bäuerlichen Hutu, die in der Rassentypologie der Europäer dunkelhäutiger und von gedrungener Gestalt waren. Nach der damals weitverbreiteten »Hamiten-Theorie« galten die Tutsi als nilotisches Volk, während die »primitiven« Hutu zu den negroiden Bantu gezählt wurden. In dieser Stammeslehre spielte es keine Rolle, dass beide Gruppen seit Menschengedenken Sprache, Kultur und Sitten teilten und Mischehen eingingen. Sie waren nicht durch ethnische Linien getrennt, sondern durch den ökonomischen und sozialen Status. Der französische Anthropologe Claude Meillassoux hat die koloniale Völkerkunde »imaginäre Ethnographie« genannt. In Ruanda sollten die Belgier sie von den Deutschen übernehmen und institutionalisieren: Ab 1916 stand in den Geburtsurkunden und Ausweisen »Hutu« oder »Tutsi«. Die sich vertiefende Segregation führte im Laufe der Jahrzehnte immer wieder zu wechselseitigen Massakern. In den 1960er-Jahren wurde die Hegemonie der Tutsi gebrochen, fortan lag alle Macht in den Händen der Hutu. Der schweldende Konflikt zwischen den Volksgruppen gipfelte 1994 im furchtbarsten Völkermord der afrikanischen Geschichte: Binnen hundert Tagen schlachtete das Hutu-Regime 800 000 Menschen ab, überwiegend Tutsi, aber auch oppositionelle Hutu. Doch bis heute tun wir so, als hätten wir nicht das Geringste mit diesem Menschheitsverbrechen zu tun. Wir verdrängen, dass die Saat der Gewalt und des Hasses in der Kolonialzeit ausgestreut wurde.

1500 Kilometer südwestlich von Kigali liegt Daressalam, die wirtschaftliche und kulturelle Metropole Tansanias. Sie zählt mit ihren fünfeinhalb Millionen Einwohnern zu den am schnellsten wachsenden Großstädten Afrikas. Aus dem Zentrum schießen moderne Hochhäuser; dazwischen stehen, wie aus der Zeit gefallen, die großen Kolonialkirchen: die schmucklose lutherische Azania-Kathedrale und die katholische St.-Josephs-Kathedrale, 1903 nach dem Modell der benediktinischen Missionszentrale St. Ottilien in Oberbayern vollendet. Sie repräsentierten die geistliche Macht in der einstigen Hauptstadt von Deutsch-Ostafrika. Daressalam hatte 1891 Bagamoyo abgelöst, denn es lag an einem für die Hochseeschifffahrt geeigneten Naturhafen. Das prachtvollste Gebäude der Stadt war das anno 1897 erbaute Kaiserliche Gouvernements-Krankenhaus an der heutigen Ocean Road: eine Gesundheitsfestung, arabischer Baustil, schneeweiße Wände, Ornamente, Zinnenkränze, Wassertürme mit oktagonalen Kuppeln, im beige-weinroten Schachbrettmuster gepflasterte Korridore. Kranke müssen das Gefühl gehabt haben, sofort geheilt zu werden, wenn sie durch die zum Meer hin offenen Wandelgänge spazierten und durch die Lamellen aus Tropenholz eine warme Seebrise hereinwehte. Obwohl das Hospitali ya Ocean Road heute als Tumorzentrum genutzt wird, begegnet mir bei einem kurzen Rundgang keine Menschenseele. Ich steige hinauf bis unters Dach, in einen großen Raum, in dem wild durcheinander Tausende von Krankenakten aus den 1990er-Jahren lagern. Ein Archiv des Todes. Kurze Einblicke in die Hängeordner ergeben, dass viele Patienten an den Folgen der Immunschwächekrankheit Aids gestorben sind. Die verheerende Seuche war noch unbekannt, als ein gewisser Robert Koch in diesem Krankenhaus praktizierte. Sein Name steht am Eingang zur Bücherei im ersten Stockwerk, Zimmer Nr. 102. In diesem Hospital konnte der berühmteste Mediziner seiner Zeit ohne Einwilligung der Patienten Menschenversuche durchführen, die im Kaiserreich seit 1900 verboten waren. Er erforschte unter anderem Cholera, Malaria und die Schlafkrankheit. In der Vita des späteren Nobelpreisträgers wird häufig verschwiegen, wie kaltblütig er das arsenhaltige Mittel Atoxyl an erkrankten Afrikanern erprobte. Viele Patienten sollen geflohen sein, weil die Nebenwirkungen so schwerwiegend waren – sie hatten Angst, zu erblinden. Ein Verbrechen im Namen der Wissenschaft, wie es auch in anderen deutschen »Schutzgebieten« begangen wurde.

--

Zum Abschluss der historischen Rundreise führt der Weg noch einmal zurück nach Bagamoyo, zur ältesten Missionsstation in Ostafrika, 1868 am Nordrand der Stadt gegründet. Das Hauptgebäude, die Heilig-Geist-Kirche, die Grotte für die freigekauften Sklaven, die Allee der Mangobäume – alles noch da. Im ehemaligen Schwesternheim ist ein kleines Museum untergebracht, das den Standort Bagamoyo als bekehrungsstrategische Schlüsselposition ausweist. Auf einer Illustration stechen drei Pfeile ins Fleisch des Kontinents, scharf konturiert, wie Heereskeile auf einer Generalstabskarte. Der Trupp der Spiritaner, der »Missionsgesellschaft vom Heiligen Geist und vom Unbefleckten Herzen Mariens«, stieß Richtung Norden zum Kilimandscharo vor, die Weißen Väter marschierten gen Westen, die Benediktiner südwestwärts zum Fluss Rufiji. Ihren Wegen sollten die Kaufleute, Eisenbahnbauer, Pflanzer und Kolonialbeamten folgen. Und die Soldaten der deutschen »Schutztruppe«. »Die Missionare haben die Schneisen der Eroberung ausgetreten«, erklärt Valentine Bayo, ein scharfzüngiger Pater, der damals, 1995, die Missionsstation leitet. Er lädt mich zum Abendbrot ins Refektorium ein. Schon nach zwei Sätzen wird klar, dass er nicht zu den Gottesmännern gehört, die die Missionsgeschichte so lange klittern, bis darin nur noch gute weiße Christen vorkommen, die arme, heidnische Negerlein aus der ewigen Verdammnis erretten. Vielleicht liegt das ganz einfach daran, dass es ihm als befreiungstheologisch gebildetem Afrikaner leichter fällt, die Mission als Werkzeug der kolonialen Unterwerfung zu erkennen. Selbst das »Dorf der Freiheit«, das die Seelenfischer neben der Station bauen ließen, diente recht irdischen Zwecken. Hier durften die freigekauften Sklaven zum Nutz und Frommen der Kirche für ihr Heil im Jenseits arbeiten. »Die Missionare haben sie bekehrt und zu ihren Sklaven gemacht,« sagt Pater Bayo.

Erst beim Nachtisch spricht er von den positiven Seiten des Christentums, von der Nächstenliebe, vom Gebot, den Reichtum zu teilen, von der Pflicht, den Mühsamen und Beladenen beizustehen. Und von der Bildungsarbeit, die schließlich die geistigen und moralischen Grundlagen für die Emanzipation der unterdrückten Afrikaner legte. Pater Bayo erzählt die Geschichte eines Jungen namens Kambarage, der regelmäßig zu Fuß in ein 14 Meilen von seinem Dorf entferntes Missionszentrum der Weißen Väter ging, um den Katholizismus kennenzulernen. Obwohl er lange Zeit an den Naturgöttern festhielt, ließ er sich schließlich taufen. Im Mannesalter bekämpfte er mit christlich-sozialistischen Prinzipien die Kolonialherrschaft der Briten, führte Tansania in die Unabhängigkeit und übernahm das Amt des ersten Premierministers. Er wurde unter dem Namen Julius Nyerere weltbekannt.

Unsere treuen Askari

Schwarze Hilfssoldaten und ihre Rolle bei der Unterwerfung Afrikas

Unweit der Hauptstraße A7, circa zwölf Kilometer vor der Bezirkshauptstadt Iringa, steht ein einsames Denkmal: eine weiß getünchte, an der Spitze abgeflachte Pyramide, die auf einem breiten Betonsockel ruht. »Es starben den Heldentod am 17. VIII. 91 beim Wahehe-Überfall die Angehörigen der kaiserlichen Schutztruppe«, lesen wir auf der gusseisernen Tafel. Darunter die Namen von zehn Gefallenen, ganz oben Kommandeur Emil von Zelewski und Leutnant Wilhelm von Zitzewitz, am Ende der Lazarettgehilfe Paul Hemprich und der Büchsenmacher Alexander Hengelhaupt. »Zu ehrendem Gedenken gewidmet von den Kameraden 1898.«

Unversehens taucht ein Jugendlicher hinter uns auf, der sich als Christopher Mlawa vorstellt, 16 Jahre alt ist und im Dorf nebenan wohnt. »Meine Ahnen haben Krieg gegen die Deutschen geführt«, sagt er. »Sie haben viele getötet, ihre Leichen lagen überall herum. Man hat sie eingesammelt und hier beerdigt.« Ein gewisser Stolz schwingt in der Rede des Jungen mit, er erhofft sich ein kleines Honorar für seine Erläuterungen. Auf die Frage aber, wie viele Einheimische damals getötet wurden, hat er keine Antwort.

Das Gefecht bei Lugalo kostete nach groben Schätzungen bis zu 1000 Kämpfer der Wahehe das Leben, auf Seiten der

»Schutztruppe« fielen zehn Europäer, 100 Lastenträger und nahezu 300 afrikanische Askari – Askari bedeutet »Soldat« auf Kisuaheli. Es war die erste empfindliche Niederlage der deutschen Kolonialarmee in Deutsch-Ostafrika. Als Hauptmann Tom von Prince drei Jahre später das Schlachtfeld inspizierte, lagen die Überreste der aufgeriebenen Strafexpedition noch immer im Busch verstreut. Er entdeckte auch einen Schädel, der auf einen Stecken gespießt war und aufgrund der Zahnplomben und der markanten Nasenwurzel als Kopf des Kommandeurs Zelewski identifiziert werden konnte. So rächten sich die Wahehe unter der Führung von Chief Mkwawa an einem preußischen Offizier, der seit dem 1. April 1891 Befehlshaber der deutschen »Schutztruppe« in Ostafrika war und sich den Leumund als äußerst rabiater Fremdherrscher erworben hatte. In jenem Jahr führte Zelewski ein Bataillon ins aufständische Waheheland und hinterließ verbrannte Erde, wo immer er durchzog. Akribisch dokumentierte er sein Vernichtungswerk, noch am 16. August rühmte er sich, fünfzig Gehöfte niedergebrannt zu haben. Am nächsten Tag erfolgte der Überraschungsangriff der Wahehe auf seine langgezogene und unzureichend gesicherte Marschkolonne; 3000 mit Stoßspeeren bewaffnete Krieger hatten sich im hohen Gras versteckt, sie entschieden den Nahkampf innerhalb einer Viertelstunde zu ihren Gunsten.

Die getöteten Askari werden in der Inschrift des Denkmals in Lugalo nicht erwähnt. Sie waren namenlose Söldner, Eingeborenenmaterial, Kanonenfutter. Tatsächlich aber hätte das Deutsche Reich seine Herrschaft in den Kolonien ohne die einheimischen Hilfstruppen nicht errichten und schon gar nicht sichern können. Die weißen Besatzungseinheiten waren zwar militärtechnisch hoch überlegen, aber zahlenmäßig viel zu schwach, um die ausgedehnten Raubgebiete zu kontrollieren.

Rund 40 000 bis 50 000 schwarze Soldaten dienten in den deutschen Kolonialarmeen in Afrika, Asien und Ozeanien, und nur in Ausnahmefällen wurde der hohe Blutzoll, den sie bezahlten, von ihren Kommandeuren gewürdigt. Einer dieser Kommandeure hieß Ernst Nigmann; er hat nicht nur eine Geschichte der deutschen »Schutztruppe« in Ostafrika hinterlassen, sondern auch ein historisches Werk über die Kult-, Rechts-, Kriegs- und Jagdgebräuche der Wahehe. Nigmann war 1902 im Rang eines Oberleutnants in die Schutztruppe Deutsch-Ostafrika eingetreten und brachte es zum Bezirkschef von Iringa. Dort ließ er ein Denkmal für die Askari der 2. Kompanie errichten, die im Krieg von 1905/06 gefallen waren. Es steht unbeachtet an einer staubigen Straße, ein mit Feldsteinen aufgemauerter Obelisk, dessen Inschrift alle Opfer auflistet. Nigmann hielt offenbar viel auf die afrikanischen Söldner, die in Schnellkursen militärisch gedrillt wurden, er schrieb sogar eine Anleitung für »Felddienstübungen für farbige ostafrikanische Truppen«. In der Grundausbildung wurden ihnen Disziplin, Gehorsam und all die soldatischen »Tugenden« eingebläut, die sie bei den Massakern an Einheimischen anwandten. Nur eines durften sie nicht lernen: den Umgang mit dem Maschinengewehr. Undenkbar, dass der schwarze Mann auch diese mörderische Waffe bedienen und sie bei der nächsten Meuterei womöglich auf den weißen Herrenmenschen richten könnte.

--

Im Frühjahr 1995 führte mich der Zufall zu einem der letzten noch lebenden Askari in der Nähe der tansanischen Küstenstadt Tanga, und das hatte ich einer alten englischen Lady namens Jane Tamé zu verdanken. Sie war die Witwe eines deutschen Diplomaten und *very british*. Ein Prototyp jener zähen, tropenfesten Kolonialistenfrauen, die ihre Männer überlebt haben und von Afrika nicht mehr loskommen, die Gin Tonic als Malariaprophylaxe trinken, rosarote Rüschen lieben, mit einem Karabiner umgehen können, Plantagen managen und sich nebenbei in der Wohlfahrt engagieren. Mrs. Tamé hatte von ihrem verstorbenen Gatten die Aufgabe übernommen, den Ehrensold an alte Askari auszuzahlen. Es handelte sich um eine Art Kriegsrente aus einem 1963 vom Auswärtigen Amt geschaffenen Härtefonds, der durch Spenden deutscher Veteranenverbände finanziert wurde. Die afrikanischen Mitstreiter sollten bis zu ihrem Lebensende ein jährliches Treuegeld erhalten, in Tansania betrug es nach Angaben von Mrs. Tamé 81 000 Schillinge, 1995 waren das umgerechnet 240 Mark, eine stattliche Summe in einem armen Land. Der Dank der Kolonialkameraden an die Einheimischen, die in ihrer »Schutztruppe« gedient hatten.

Am Zahltag packt Mrs. Tamé ein Bündel Scheine in einen Briefumschlag, klinkt das Jagdgewehr in die Halterung an der Fahrerkabine ihres klapprigen Landrovers und prüft, ob genug Diesel im Tank ist. Und schon rumpeln wir von ihrer Residenz an der Guinea Road in Tanga hinaus in den Busch. Nach einer Stunde erreichen wir das kleine Dörfchen Mapotjomi, wo der Empfänger des Treuegeldes lebt, ein steinalter Mann, der stramm wie ein junger Infanterist auf uns zumarschiert. »Guten Tag, ich bin Malonde Maseru« sagt er auf deutsch und salutiert. Er trägt ein langes, einteiliges Baumwollgewand, das einmal weiß gewesen sein muss, darüber eine helle Weste, an den Füßen Sandalen aus Gummireifen. Auf seinem Kopf sitzt eine Ziegenfellmütze, am Kinn schweben weiße Bartflocken. Die Haut ist straff und wettergegerbt, und drei hirschhorngelbe Zahnstumpen hat er auch noch.

»Erst letzte Nacht habe ich wieder vom Krieg geträumt«, fängt er gleich zu erzählen an. Und wovon genau? »Von der

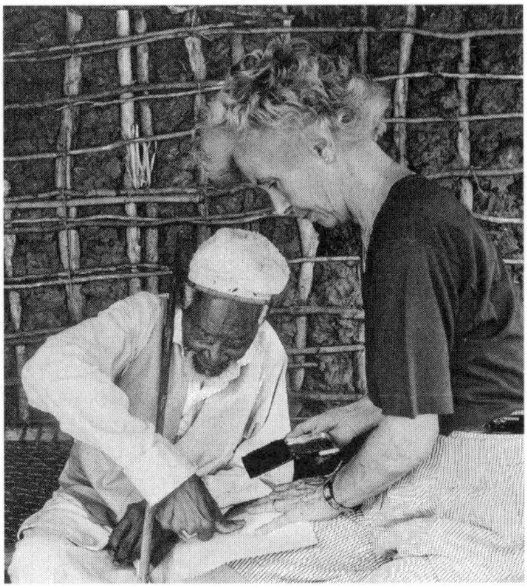

Söldner des Kaisers: der alte Malonde Maseru; Übergabe des jährlichen Treuegeldes durch Jane Tamé

Schlacht bei Tanga, als wir die Engländer zurückgeschlagen haben.« Vom 2. bis 5. November 1914 war das, drei Monate nach dem Ausbruch des Ersten Weltkriegs, der auch die hintersten Winkel der europäischen Imperien erfassen sollte. Bei den Kampfhandlungen in Tanga fielen »48 brave Askaris«. So steht es kaum noch leserlich auf einem verwitterten Kriegerdenkmal an der Eckernforde Avenue (sic!) in Tanga, das an ihren Heldentod erinnert. Sie starben Seite an Seite mit 16 deutschen Kolonialsoldaten, und erst im Tode wurden sie zu gleichwertigen Kombattanten. Die Gefallenen sind in alphabetischer Reihenfolge aufgelistet, ganz oben stehen der Kompanieträger Alimassi und der Stadtpolizist Amdallah Amrira, am Ende der Askari Yalutindi, dazwischen finden sich die Namen der weißen Offiziere. 64 Männer, gestorben bei der Abwehr des britischen Landungsversuchs. Auf die Abseite des Denkmals hat jemand »Germans go home!« gekritzelt.

Malonde Maseru will nichts von solchen Parolen wissen. Seine Augen leuchten, als er erzählt, wie er hinter einem Erdwall lag und der an der Küste gelandete Feind gegen seine Schützenkompanie anrannte. Die Übermacht der Invasionstruppen war erdrückend: den 1100 deutschen und afrikanischen Soldaten standen neun Regimenter gegenüber, ein britisches und acht indische, insgesamt 8000 Mann. Es seien seltsame Angreifer gewesen, sagt Maseru, Männer mit hellbrauner Haut und Wickeltüchern auf dem Kopf, »viele Männer, aber wenige gute Kämpfer«. Unvergesslich auch, dass er zum ersten Mal auf Weiße schießen durfte, auf englische Offiziere, ob er einen getroffen hat, kann er nicht mehr sagen. Die Landetruppen wollten in Tanga einen Brückenkopf installieren, um Deutsch-Ostafrika von Norden her zu erobern. »Aber wir haben sie unter dem Befehl unseres großen Kommandeurs Lettow-Vorbeck besiegt«, sagt Maseru. Seine Stimme hebt sich ehrfürchtig, als er diesen Namen ausspricht.

Paul von Lettow-Vorbeck, »Löwe von Afrika« genannt, lieferte den Briten einen langen Guerilla-Kampf und kehrte schließlich als Held heim ins Reich. Die Berliner jubelten ihm zu, als er mit ein paar Kameraden durchs Brandenburger Tor ritt. Man rühmte ihn als den einzigen unbesiegten deutschen General im Ersten Weltkrieg. Monatelang war Lettow-Vorbeck mit seiner marodierenden Resttruppe von 267 weißen Soldaten und rund 1700 Askari durch Deutsch-Ostafrika und Portugiesisch-Ostafrika gezogen, erst am 25. November 1918, als in Europa bereits die Waffen schwiegen, kapitulierte er im nordrhodesischen Abercorn, einem Ort im heutigen Sambia. Die Zahl der Toten, die Lettow-Vorbecks verrohte Soldateska allein in der ostafrikanischen Kolonie hinterließ, wird auf 300 000 geschätzt; sie starben durch Kämpfe oder infolge von Hungersnöten und Seuchen. Die Afrikaner gaben ihm den Beinamen »der Herr, der unser Leichentuch schneidert«. Seine deutschen Landsleute glorifizierten ihn als ritterlichen Feldherren.

Paul von Lettow-Vorbeck, der berühmteste aller wilhelminischen Kolonialkrieger: Er ist bei der Niederschlagung des »Boxeraufstandes« in China dabei. Er dient während des Herero-Krieges in Deutsch-Südwestafrika im Generalstab des Kriegsverbrechers Lothar von Trotha. Schließlich kommandiert er die »Schutztruppe« in Deutsch-Ostafrika. In der Heimat setzt er den Krieg gegen die inneren Feinde fort. 1919 befehligt er ein Corps der Reichswehr, um die Arbeiterunruhen in Hamburg zu ersticken, ein Jahr darauf mischt er beim rechtsextremen Kapp-Lüttwitz-Putsch mit. In der Weimarer Republik führt er die Kolonialbewegung an, veröffentlicht den Bestseller »Heia Safari!«, zieht mit revanchistischen Forderungen durch die Lande, ruft nach »Lebensraum« im Osten, schwärmt von seinen »treuen Askari«. Die Nationalsozialisten bauen ihn »zum Idealbild eines deutschen Soldaten auf«, schreibt Uwe Schulte-Varendorff in einer kritischen Biografie. Die Farbe und der Schnitt seiner Tropenuniform sollten der SA als Muster des Braunhemds dienen.

Der Lebensweg dieses Mannes spiegelt den deutschen Großmachtwahn jener Zeit. Als Lettow-Vorbeck am 13. März 1964 im schleswig-holsteinischen Pronstorf mit militärischen Ehren beigesetzt wird, erhebt ihn der damalige CDU-Verteidigungsminister Kai-Uwe von Hassel zur Leitgestalt der Bundeswehr: »Der Dank der jungen Generation für das Beispiel, daß er … gegeben hat, kann nur darin liegen, daß wir in der Erfüllung unseres Dienstes uns immer an ihn erinnern.« Malonde Maseru erfährt erst später vom Ableben seines ehemaligen Kommandeurs. Er sagt, er werde ihn immer vermissen, diesen tapferen Mann, der an der Spitze seiner Truppe stand.

Die Schlacht von Tanga war die erste militärische Auseinandersetzung, die meine kindliche Fantasie beflügelte, sie wurde zu meiner »Mutter aller Schlachten«, und das kam so: Eines Tages, als ich wieder einmal auf dem Dachboden in der Bücherkiste wühlte, die Großvater Bartholomäus hinterlassen hatte, entdeckte ich ein Groschenheftchen mit der Überschrift: »Tanga bleibt unser«. Auf dem Titelblatt waren zwei deutsche Späher in Tropenhelmen abgebildet, die auf einer Felsnase über der Bucht von Tanga standen und mit Feldstechern nach britischen Kriegsschiffen Ausschau hielten. Es war das Heft 9 aus der Reihe »Kolonial-Bücherei«, die ab 1940 von der NSDAP herausgegeben wurde, um die Jugend für die »Abenteuer tapferer wagemutiger Deutscher in unseren Kolonien, in fernen Ländern und auf fernen Meeren« zu begeistern. Auch bei mir verfehlte die Schrift ihre Wirkung nicht. Allerdings war ich schon damals irritiert, weil die »Neger«, also die Askari, so schlecht wegkamen, obwohl sie doch maßgeblich zum Sieg beigetragen hatten.

Nun also steht ein Tansanier, der damals dabei war, leibhaftig vor mir – und schwärmt von dieser Zeit. »Die Deutschen haben uns gut behandelt«, sagt Maseru. »Es gab immer *ugali* (Maisbrei) und Sauerkraut zu essen. Wir rauchten Nwota Star. Und wir hatten viele, viele Kugeln, Kaliber 9.3.« Auch die gesundheitliche Versorgung war vergleichsweise gut, Askari wurden regelmäßig geimpft und erhielten kostenlos Medikamente. Sie trugen fesche Uniformen, khakibraun, dazu das lederne Koppel, Leibgurte, an denen Patronen- und Provianttaschen befestigt werden, Beinwickel aus Kattun und robuste Stiefel, auf dem Kopf ein Tarbusch mit dem versilberten Reichsadler sowie ein Nackentuch zum Sonnenschutz. Maseru war sehr stolz auf seine Militärkluft, er durfte sich als etwas Besseres fühlen, als Soldat in Diensten des deutschen Kaisers, herausgehoben aus der anonymen Masse der »Eingeborenen«. Was er nicht sagt und woran er sich vielleicht nicht erinnern will: Männer wie er wurden von den deutschen Offizieren als Soldaten zweiter Klasse behandelt und schon bei kleinsten Verfehlungen gezüchtigt. Das drakonische Militärstrafrecht umfasste Kettenhaft und Prügelstrafen, in der Regel zweimal 25 Peitschenhiebe. Auf schwere Vergehen wie Meuterei oder Fahnenflucht stand die Todesstrafe durch Erhängen oder Erschießen. Das schreckte allein in Ostafrika 2847 Söldner nicht davon ab, bei den Kämpfen im Ersten Weltkrieg zu desertieren, schreibt der Historiker Thomas Morlang in einem lesenswerten Buch über das Schicksal der Askari in den deutschen Kolonien.

Die Hilfssoldaten genossen in ihren Heimatgemeinden einen hohen sozialen Status, sie waren auf dem Heiratsmarkt begehrt, weil sie ein sicheres und vergleichsweise hohes Einkommen bezogen; mancherorts betrug ihr Sold das Zehnfache dessen, was ein Plantagenarbeiter oder Träger verdiente. Andererseits wurden die Söldner von den Einheimischen oft als Verräter oder Kollaborateure angesehen und wegen ihrer Grausamkeit gefürchtet. Sie begingen auf ihren Feldzügen zahllose Kriegsverbrechen, sie brandschatzten, raubten, mordeten, vergewaltigten; es gibt Berichte von Überfällen auf Dörfer, bei denen sie die Opfer verstümmelten und ihre Gliedmaßen oder Köpfe abschnitten, um sie den deutschen Offizieren als Trophäen zu präsentieren.

Zehntausende von Askari waren in den beiden Weltkriegen übrigens auch für Frankreich und das Vereinigte Königreich im Einsatz, man weiß bis heute nicht, wie viele von ihnen gefallen sind. Im Befreiungskrieg in Deutsch-Ostafrika kämpften sie mit den Unterdrückern gegen die eigene Bevölkerung, und sie standen ihren verrohten weißen Kameraden an Grausamkeit nicht nach. Viele stammten aus Nubien im heutigen

Sudan, aus Somalia, Äthiopien und dem südafrikanischen Zululand oder aus anderen Regionen der Kolonie. In den westafrikanischen Protektoraten waren Yoruba, Kru oder Hausa im Einsatz, muslimische Landsknechte wurde besonders geschätzt, weil sie keinen Alkohol tranken. Die Hilfssoldaten hatten keinerlei Beziehung oder verwandtschaftliche Bande zu den aufständischen Völkern. Das erleichterte die Arbeit des Tötens.

Askari seien die »ärgste Landplage, die größten Räuber, die frechste, unverschämteste, schändlichste Sorte von Menschen«, klagte ein Missionar.

Sie waren Opfer und Täter zugleich, zwangsrekrutiert durch Presskommandos oder von Sklavenhändlern gekauft (denen man eigentlich das Handwerk legen wollte), gedrillt, erniedrigt und schließlich ermächtigt, unter den Fahnen einer Terrororganisation, die sich »Schutztruppe« nannte, zu töten. Nach dem Untergang des deutschen Kolonialreichs wurden die Askari wegen ihrer angeblich bedingungslosen Treue zu Helden verklärt, ja zu Leitbildern der deutschen Landser, die ab 1939 über die Welt herfielen. Aber wir wollen dem nächsten Kapitel nicht vorgreifen.

»Den Kaiser Wilhelm mochten wir alle.« Maseru salutiert, wenn er den Namen ausspricht. Er singt ein Marschlied auf Kisuaheli. »Viele rannten weg. Die haben es nicht gepackt.« Es ist der einzige Satz, in dem Maseru die hohe Zahl der Fahnenflüchtigen andeutet. Wie kam er zur Truppe? »Lettow-Vorbeck suchte Rekruten. Ich ging hin und wurde getestet, ob ich ein Gewehr halten kann. Lettow-Vorbeck war ein großer Mann. Und Hauptmann von Brandes auch.« Namen, ins Gedächtnis gebettet wie Perlen in eine Samtschatulle.

In dieser denkwürdigen Begegnung zeigt der Kolonialismus sein Doppelgesicht: Ein Mann wie Maseru sieht ihn als Errun-

Im Dienste der Unterdrücker: Anwerbung von Hilfspolizisten im Togoland

genschaft. Er hat verdrängt, dass er an der Unterwerfung seines Volkes mitwirkte, und je weiter die Ereignisse zurückliegen, desto weniger gibt es zu bedauern. »Es war die beste Zeit meines Lebens«, sagt der greise Mann. Er ist kerngesund – »wegen der deutschen Militärdisziplin« – und schon so alt wie die Baobab-Bäume im Dorf, fast hundert. Genau weiß er das nicht. Sein Kriegskamerad Hamisi ist bereits zu den Ahnen gegangen. »Heute noch sind wir zu Haus, doch morgen geht's zum Tor hinaus«, hatte der immer in bestem Deutsch deklamiert. Jetzt, im Jahr 1995, sind nur noch zwei Askari übrig, fröhliche Zeugen einer finsteren Epoche. Malonde Maseru redet wie die Veteranen aller Länder, und der jährliche Ehrensold versilbert die Vergangenheit. Er nimmt das Geldbündel aus der Hand von Mrs. Tamé mit schwejkschem Grinsen entgegen und dankt – dem Kaiser.

Willkommen im Disneyland

Wie wir die Kolonialzeit verklären und was die Afrikaner davon halten

Hochverehrte Damen und Herren, treten Sie ein in unseren *Kolonialpark! Hier, auf diesem prächtigen Kunstwerk, sehen Sie schwarze Soldaten, die dem weißen Offizier treu ergeben sind. Und das Denkmal dort drüben, die Stele mit dem Reichsadler, ehrt unsere tapferen Schutztruppen in Afrika. Meine Herrschaften, erleben Sie die Zeiten, als Deutschland noch frohgemut die Welt zivilisierte und zu den glorreichen Kolonialmächten gehörte! Reisen Sie mit uns zurück nach Deutsch-Ostafrika, in die allerschönste unserer Erwerbungen. Heia Safari!*

Vergnüglich und lehrreich hätte er werden sollen, der Tansania-Park auf dem Gelände der Kaserne in Hamburg-Jenfeld, die den Namen des preußischen Kolonialkriegers und späteren Kapp-Putschisten Paul von Lettow-Vorbeck trägt. Eine Art kolonialhistorisches Disneyland also, ein bisschen abenteuerlich und exotisch, aber natürlich politisch korrekt, auf gar keinen Fall so wie früher die beliebten Völkerschauen im Tierpark Hagenbeck, als kongolesische »Lippenneger« neben Schimpansen »ausgestellt« wurden. Die Initiatoren des Kulturkreises Jenfeld e.V. hatten geplant, den Tansania-Pavillon, der auf der Expo 2000 in Hannover zu bewundern war, zwischen den kolonialen Ehrenmälern und Skulpturen in der Kaserne aufzustellen. Sie wollten ein »Zeichen der Völkerverständigung« zwischen Deutschland und Tansania setzen. Dabei hätte auch die umgekehrte Frage erlaubt sein sollen, was aus den armen Menschen dort unten geworden wäre, wenn ihnen die Kolonialherren nicht den Fortschritt gebracht und sie mit Bahngleisen und Straßen, Schulen und Krankenhäusern beglückt hätten. Es war doch auch eine Art Entwicklungshilfe, oder?

Es ging also darum, die vielen Facetten der Kolonialzeit zu zeigen, die guten wie die schlechten. Zum Beispiel die Keramikreliefs an den Fassaden der Kaserne, die an die reichsdeutschen Militärführer in Afrika erinnern, an Lothar von Trotha, an Hermann von Wissmann, an Paul von Lettow-Vorbeck, an Emil von Zelewski. Oder das Monument zu Ehren der afrikanischen Hilfssoldaten, das vom Nazi-Bildhauer Walter von Ruckteschell geschaffen wurde. Der erste Terrakotta-Block stellt eine Figurengruppe dar: ein Askari, dicht gefolgt von vier Lastenträgern, alle leicht bekleidet, auf ihren Köpfen Waffen, Rüstzeug und Proviant schleppend. Auf dem zweiten Relief ist ein strammer Kolonialoffizier zu sehen, dem vier Askari folgen, im Gleichschritt, die Karabiner geschultert; ihre Gesichtszüge sind germanisiert, schmale Nasen, feingeschnittene Lippen, wachsamer Blick. Das Denkmal wurde 1939 gegenüber dem Offizierskasino der Kaserne aufgestellt und kurz vor dem Ausbruch des Zweiten Weltkriegs enthüllt; es sollte den Soldaten der Wehrmacht ein Leitbild für den Kadavergehorsam sein.

Nun sollten diese Kunstwerke also in einen kritischen Kontext gestellt werden. Aber die Afrikaner wollten bei dem ehrgeizigen Geschichtsunternehmen des Hamburger Heimatvereines nicht mitmachen. Es hatte einen kolonialrevisionistischen Beigeschmack und schien doch mehr der Verklärung als der Aufklärung zu dienen. Frederick Sumaye, der damalige Premier-

Treu bis in den Tod: Askari-Relief von Walter von Ruckteschell

minister von Tansania, blieb der Einweihungsfeier des Parks im September 2003 fern und zog die Unterstützung für das Projekt zurück. Der Kolonialpark wurde nie offiziell eingeweiht, und das Gelände ist bis heute nicht öffentlich zugänglich.

Im Winter 2005, als Horst Junk das Tor zur Kaserne aufsperrte, waren die Mitglieder des Kulturkreises Jenfeld noch zuversichtlich. Junk, seinerzeit Vorsitzender des Vereins, erzählte noch mal lang und breit die Vorgeschichte des Tansania-Parks und schloss mit der Bemerkung: »Die Afrikaner haben es unter deutscher Herrschaft doch besser gehabt als später unter den Engländern.« Im fernen Dodoma allerdings, in der Hauptstadt Tansanias, sah man die Vergangenheit etwas anders als in Hamburg, das wurde in jenem Gedenkjahr 2005 besonders deutlich: Genau hundert Jahre zuvor hatte sich der Süden der Kolonie Deutsch-Ostafrika gegen die weiße Fremdherrschaft erhoben. In Tansania sprachen die Historiker nicht von einem Aufstand wie hierzulande, sondern von einem *vita vya ukombozi*, einem Befreiungskrieg.

--

Die Kämpfe beginnen im Sommer 1905, am 20. Juli. Es ist der Tag, an dem auf einer Baumwollplantage nahe dem Dorf Nandete die Arbeiter die Stauden aus der Erde reißen. Was zunächst aussieht wie eine ganz gewöhnliche Arbeitsverweigerung, ist in Wirklichkeit eine Kriegserklärung. Die ertragreichen Baumwollpflanzen werden vom Volk gehasst, sie sind Symbole der Zwangsarbeit und der Ausbeutung. Der Akide von Kibata – er ist der von den Deutschen installierte Statthalter der Region – entsendet eine Handvoll Männer, um die Ruhe wiederherzustellen. Doch die werden fortgejagt, und kurz darauf muss der Akide selbst fliehen, denn die Aufständischen überrennen seinen Amtssitz. Rasend wie ein Buschfeuer greift die Rebellion von Nandete auf das Land der Matumbi und auf den ganzen Süden der Kolonie über; und die Alpträume der europäischen Siedler werden wahr. Nachts wehen aus den Gesindehütten unheimliche Gesänge in ihre Häuser, sie hören Kriegstrommeln dröhnen und sehen Schatten huschen. Als die erste Plantage in Flammen aufgeht und der erste Pflanzer, ein Mann namens Hopfer, erschlagen wird, ist der Krieg nicht mehr aufzuhalten. Elf Tage nach dem Zwischenfall von Nandete erobern und plündern tausend entfesselte Kämpfer den Küstenort Samanga.

Während die Kolonialpresse immer noch von »Überfällen«, »ungünstigen Vorgängen« und »Unruhen« schreibt und »afrikanische Zauberer« dafür verantwortlich macht, ist der erste antikoloniale Befreiungskampf in der Geschichte Afrikas längst in vollem Gange. Die Ngoni, die Pogoro, die Mbunga, die Bena, immer mehr Völker schließen sich ihm an, am Ende sind es ihrer zwanzig. Von der Küste des Indischen Ozeans im Osten bis zum Nyassasee im Westen, von den Ufern des Rufiji bis zum Rio Rovuma, überall ist ihr Schlachtruf zu hören: »Maji-Maji!«

Die Kolonialisten vernahmen diesen Ruf zunächst fassungslos. Sie wussten zwar, dass *maji* in der Verkehrssprache Kisuaheli »Wasser« bedeutet, aber von Bokero, der in den Stromschnellen des Rufiji wohnte, hatten sie nie gehört. Bokero war ein *kimulungu*, einer jener Geister und Gottheiten, denen die Menschen huldigten, trotz entschlossenster Versuche der deutschen Missionare, ihnen den animistischen Glauben auszutreiben. Denn der Gott des Wassers ist in Afrika in der Regel auch der Gott des Lebens. Er sendet Regen, wässert die Erde, tränkt Vieh und Mensch, schenkt Fruchtbarkeit und Reichtum. Er ist mächtiger als der Christengott.

Aber jedes höhere Wesen braucht eine Stimme, ein Medium, durch das es den Sterblichen seine Botschaft verkündet. Im Falle Bokeros war das ein traditioneller Heiler namens Kinjikitile, eine hochgewachsene, langmähnige Gestalt aus dem Dorf Ngarambe, der den Erzählungen zufolge magische Kräfte besaß und stets im lilienweißen Kanzu, einem beinlangen Gewand, auftrat. Aus dem Munde dieses Propheten rief Bokero zum Widerstand gegen die Deutschen auf; zugleich verhieß er den geschundenen Menschen Freiheit, Selbstachtung und Wohlstand. Die Heilslehre verbreitete sich schneller als die telegrafischen Alarmmeldungen der Kolonialbeamten. Die *hongo* genannten Sendboten des Maji-Kultes trugen sie auf den präkolonialen Sklaven- und Handelsrouten ins Landesinnere, und in Windeseile sollte sie das entlegendste Dorf erreichen. Die Botschafter priesen die Allmacht des *maji*, des magischen Wassers, das mit Hirse verkocht als Kriegsmedizin eingenommen wurde. Man war felsenfest davon überzeugt, dass es die Kugeln des Feindes abperlen ließe wie Regentropfen und jeden Kämpfer unverwundbar mache – ein fataler Irrglaube, wie sich bald herausstellen sollte.

Verwandte Kulte gibt es übrigens bis heute in Afrika. In den Urwäldern des Ostkongo nennen sie sich Maï-Maï. In Sierra Leone sind sie mir in Gestalt der Kamajor-Jäger begegnet. Die Ethnologen haben auch eine Erklärung für die Wiedergeburt dieser atavistisch anmutenden Stammesmilizen; sie sind in kriegsgeplagten Staaten mit einem zerrütteten Gemeinwesen und schwer traumatisierten Menschen die letzten Abwehrkräfte gegen zerstörerische Außenmächte. Ihre Mission wird häufig von chiliastischen Erneuerungs- und Erlösungsideen getragen. Genau das wollten auch die Völker in Deutsch-Ostafrika: erlöst werden vom Joch des Kolonialismus.

Das Leben war immer unerträglicher geworden, und das hing mit der verschärften Ausbeutung der Kolonien seit Anfang des 20. Jahrhunderts zusammen. Die Imperialmächte hatten Afrika unter sich aufgeteilt und die neuen Territorien endgültig unterworfen. Sodann begannen die Eroberer, die fruchtbaren Regionen des Kontinents mit Pflanzungen zu überziehen, Sisal, Kautschuk, Zucker, Bananen, Erdnüsse, Kakao, Tee, Kaffee, Tabak, Kopra, Tropenhölzer, Baumwolle. Der Anbau dieser *cash crops* für die Märkte der »Mutterländer« schuf nicht nur jene landwirtschaftlichen Monokulturen, von denen viele Staaten Afrikas nach wie vor abhängig sind, sondern auch ein strukturelles Nahrungsmitteldefizit, das in Dürrezeiten regelmäßig zu Hungersnöten führt. Denn die kleinen Subsistenzbauern wurden ihres Landes beraubt und auf unfruchtbare Flächen abgedrängt; sie waren nicht mehr in der Lage, ihre Großfamilien zu ernähren, und daher gezwungen, ihre Arbeitskraft auf den Plantagen zu verkaufen – die vom

Fluch des arabischen Sklavenhandels befreiten Menschen wurden zu Lohnsklaven in einer globalisierten Ökonomie.

Daheim im Reich wuchs die Kritik am kostspieligen Kolonialabenteuer, denn bis zur Jahrhundertwende hatte das überseeische Neuland überwiegend Verluste gebracht. Während private Unternehmen längst üppige Profite einfuhren, blieb der Kolonialapparat auf Zuschüsse angewiesen, um die Verwaltung, das Wehrwesen und den Aufbau der Infrastruktur zu finanzieren. Nun sollten sich die Eroberungskosten endlich amortisieren. Seit 1898 wurde den »Eingeborenen« eine sogenannte Hüttensteuer abgepresst. Ab März 1905 ließ sie Gouverneur Gustav Adolf Graf von Götzen durch die Kopfsteuer ersetzen, was ungefähr auf eine Vervierfachung der eingetriebenen Summen hinauslief. Zudem durften die Steuern nicht mehr in Naturalien bezahlt werden. Als ob die Fron auf den Baumwollfeldern nicht schon schlimm genug gewesen wäre. »Die Arbeit war überaus hart, voller Leiden, aber der Lohn war die Peitsche,« klagte Ndundule Manganya, einer der wenigen Leidtragenden, deren Zeugnis überliefert ist. »Und dann sollten wir den Deutschen noch Steuern zahlen. Waren wir denn keine Menschen?« Besonders gefürchtet war *kiboko*, die Rhinozerospeitsche, das wirksamste Instrument zur Vermittlung der »sittlichen Begriffe«, die Kolonialamtschef Bernhard Dernburg vorschwebten. Im Reichstag bezeichnete der Sozialdemokrat August Bebel die Prügelstrafe spöttisch als »Produkt der sogenannten europäischen Zivilisation« und nannte die Peitschen »Kulturwerkzeuge«. Kultur, das bedeutete für die Arbeiter und Arbeiterinnen auf den Plantagen: sieben Tage pro Woche schuften, erbärmliche Kost, Gewaltexzesse. Viele wurden totgeprügelt, viele starben an Entkräftung.

Vier Monate nach dem Steuererlass erhoben sich die »Eingeborenen«. Der Landraub, die Zwangsarbeit, die grausamen

Misshandlungen, das Steuerdiktat – das Maß war voll. Aber der selbstkritische Gedanke, dass seine eigenen Verordnungen den kollektiven Zorn angefacht haben könnten, kam dem schlesischen Herrenmenschen Graf von Götzen nicht. Der Gouverneur von Deutsch-Ostafrika, im Amt seit März 1901, vermutete die Ursache in der »unvermeidbaren Unzufriedenheit des Naturmenschen mit der vordringenden Zivilisation und ihrer Forderung zur Arbeit«. Mit anderen Worten: Der Bantu begehrt auf, weil er die ihm angeborene Faulheit erhalten will.

Der Verlauf des Krieges ist schnell erzählt. Nach anfänglichen Erfolgen der Maji-Maji-Kämpfer schlug die im Oktober 1905 verstärkte »Schutztruppe« mit aller Macht zurück. Ihre »Strafexpeditionen« gipfelten häufig in Massakern, denn die Aufständischen waren zwar zahlreich, aber mit ihren Speeren, Keulen, Pfeilen und antiquierten Schießgeräten hoffnungslos unterlegen. Wie überall in Afrika setzten die Europäer eine vernichtende Waffe ein, das moderne Maxim-Maschinengewehr. Die Reihen der Angreifer fielen im Sperrfeuer wie Dominosteine. Schon bald mieden die Maji-Maji-Kämpfer offene Feldschlachten und verlegten sich auf eine Guerilla-Taktik. Die Deutschen antworteten mit »verbrannter Erde«. Sie schnitten Versorgungswege ab, vergifteten Brunnen, vernichteten Felder und Vorratsspeicher, machten Dörfer dem Erdboden gleich, knüpften Gefangene am nächsten Baum auf. »Befriedung« nannte man das. Einer der ersten Gehenkten war der Prophet Kinjikitile.

Der Krieg dauerte zwei Jahre, dann kam *njaa*, der große Hunger, und mit ihm kamen die Seuchen. »Kein frohes Leben ist zu beobachten«, stellt das katholische Missionsblatt anno 1907 fest. Die Mitteilungen der Seelenfischer geben eine Vorahnung auf das Massenelend, das Afrika im 20. Jahrhundert heimsuchen wird. Von zu Skeletten abgemagerten Kindern berichten die Missionare, von aufgequollenen Bäuchen, von der roten Ruhr, vom Leichengestank. Tausende und Abertausende starben an Hunger und Krankheiten, am Ende waren ganze Landstriche entvölkert. Das Kolonialregime bezifferte die Zahl der Toten auf 75 000, der tansanische Historiker Gilbert Gwassa schätzt, dass bis zu 300 000 Menschen umkamen; die Wahrheit liegt vermutlich irgendwo dazwischen. Auf Seiten der »Schutztruppe« waren 15 Weiße und 389 schwarze Hilfssoldaten getötet worden.

Dieser »treuen und aufopferungswilligen« Männer wurde durch das Askari-Denkmal des Bildhauers Walter von Ruckteschell gedacht, und somit kehren wir wieder zurück nach Hamburg-Jenfeld, in die Kaserne an der Wilsonstraße 64 – 68, wo sich im Jahr 2005 immer noch die Frage stellt, wie man mit nationalsozialistischer Propagandakunst umgehen und was aus der Idee eines Tansania-Parks werden soll. Die Hamburger Baubehörde, der Bezirk Wandsbek und die Kultursenatorin der Hansestadt sind irgendwie dafür, denn schließlich ist auch die tansanische Regierung irgendwie nicht dagegen, wie eine Besuchsdelegation des Hamburger Senats herausgefunden haben will. Afrikanisten wie Ludwig Gerhardt kritisieren den »geschichtsverfälschenden Eindruck« der unzureichend kommentierten Monumente und warnen davor, dass der Park zu einer »Pilgerstätte der Ewiggestrigen« werden könnte. Dafür beschimpft ihn ein anonymer Briefschreiber als »antideutsche Drecksau«.

Ein paar Bürger und Aktivisten erzürnen sich über das Projekt, aber die Mehrheit nimmt es ebenso wenig wahr wie die zahlreichen Denkmäler, Prachtbauten, Straßennamen, Speicher oder Kontorhäuser, die vom Geist des wilhelminischen

Imperialismus künden – und von den Profiten, die Hamburg aus der kolonialen Raubwirtschaft zog. Die Stadt der Pfeffersäcke, weltoffen und geschichtsvergessen. Und so verwundert es nicht, dass ihr eine finnische Künstlerin den Spiegel vorhält. Jokinen hat durch ihr Internet-Projekt *www.afrika-hamburg.de* eine öffentliche Debatte über den Tansania-Park entfacht und ein Alternativkonzept für einen »Park Postkolonial« vorgelegt, in dem die Vergangenheit nicht romantisiert wird. Sie will ihn nach dem Modell des Szoborparks für totalitäre Statuen, Machwerke des Stalinismus und Staatskommunismus, in Budapest gestalten.

Die Terrakotta-Blöcke aus der Nazizeit würden in einen solchen Park gut hineinpassen, sie glorifizieren den grausamen Kolonialkrieg wie kaum ein anderes Kunstwerk. Und sie bedienen die Geschichtsfantasien des Traditionsverbandes der ehemaligen Schutz- und Überseetruppen. Der Engländer war brutal, nicht wahr? Der Franzose – auch nicht ohne. Und der Portugiese erst! Vom Belgier gar nicht zu reden. Wir aber waren ganz anders, unsere Schwarzen mochten uns. Und sie kämpften gerne für unsere Sache. Irgendwie war's ja auch die ihre. Bis der Streit um eine angemessene Präsentation entschieden ist, verweilen die Monumente draußen in Jenfeld, auf dem Gelände der Kaserne, die im Zuge der Hitlerschen Rüstungspolitik gebaut wurde. Da stehen sie im kolonialhistorischen Disneyland zwischen Fichten und Birken und wirken besonders beeindruckend in der kalten Jahreszeit. Wenn die Kränze der unsterblichen Veteranen unter dem Reichsadler welken. Wenn die schwarzen Askari weiße Flockenkappen tragen. Wenn der gnädige Schnee alle kolonialen Verbrechen zudeckt und die Geschichte von Deutsch-Ostafrika zum Wintermärchen wird.

Der Geisterbaum

Auf der Suche nach einem Schädel, den deutsche Kolonialsoldaten raubten

Eine schüttere Baumgalerie am Wegrand, dazwischen Gestrüpp, dahinter ein steiler Hang, der in den Talgrund abfällt. Eigentlich ist nichts Auffälliges an diesem Ort, aber Edith Limo, die Bäuerin, die gerade mit einem Säckchen Mais vom Markt in Moshi heimkehrt, glaubt felsenfest, dass ein böser Zauber auf ihm lastet. »Nach Einbruch der Dämmerung trauen wir uns nicht mehr an dieser Stelle vorbeigehen«, sagt sie und erzählt von den unerklärlichen Dingen, die hier geschehen sollen. Nachts würden Irrlichter durch die Finsternis flackern, man könne unheimliche Flüstergesänge hören und Gemurmel wie bei einer Gerichtsverhandlung. Die Bäuerin zeigt auf einen knorrigen Baum, den die Leute *mgunga* nennen, eine Akazie, angeblich 400 Jahre alt. »Der Baum bewegt sich. Er geht manchmal im Dorf herum.«

Es ist der Galgenbaum, an dem am 2. März 1900 Mangi Meli erhängt wurde, ein Häuptling vom Volk der Wachagga, das die grünen Abhänge des Kilimandscharo bevölkert. Um zu verstehen, warum diese Hinrichtung die Menschen im Dorf Old Moshi noch nach über hundert Jahren aufwühlt, muss man zunächst im Buch der Kolonialgeschichte bis ins Jahr 1891 zurückblättern, als sich das Deutsche Reich das Protektorat Deutsch-Ostafrika offiziell einverleibte.

Man kann heute noch leicht nachvollziehen, warum das hügelige Land an der Süd- und Ostflanke des Kilimandscharo besonders begehrt war. Gesegnet mit üppigen Regenwäldern, exotischen Tieren und einer urzeitlichen Flora, sieht es aus wie eine Außenstelle des Paradieses. Die Vulkanböden sind sehr fruchtbar, Wasser sprudelt aus tausend Bergquellen, das gemäßigte Höhenklima ist für Europäer ideal, und mittendrin erhebt sich dieser majestätische Bergriese, der natürlich gleich einen majestätischen Namen erhielt: Kaiser-Wilhelm-Spitze. Es war also »ein Platz an der Sonne«, vielleicht sogar der schönste im deutschen Kolonialreich, jedenfalls fühlten sich die Verwaltungsbeamten, Offiziere, Missionare und Kaffeepflanzer recht wohl hier. Zum Fürchten waren nur die kriegerischen »Eingeborenen«. Aber es gab ja die kaiserliche »Schutztruppe«, die sie unter Kontrolle hielt und notfalls über den Haufen schoss.

Außerdem waren die reichsdeutschen Eroberer ganz geschickt darin, die Feindseligkeiten der hier lebenden Volksgruppen und ihrer traditionellen Führer zu nutzen: Wer mit den Europäern paktierte, blieb in Amt und Würden. Chief Rindi, der in Moshi herrschte, leistete der »Schutztruppe« bei der Niederwerfung seines Erzrivalen Sina aus Kibosho sogar Waffenhilfe. Auch sein Sohn und Erbfolger Meli galt zunächst als treuer Vasall. Eines Tages aber weigerte er sich, die Hüttensteuer zu zahlen, zettelte einen Aufstand an und bereitete den Deutschen im Juni 1892 eine empfindliche Niederlage. Es folgten die üblichen Strafexpeditionen der Kolonialtruppe gegen die »Reichsfeinde«. Und es kam jener unselige Tag im März 1900, an dem Chief Meli und 18 weitere Rebellen gehenkt wurden.

Mangi Meli, der Hauptbeschuldigte, wollte partout nicht sterben. »Er hing am Strick und zappelte stundenlang.« Edith Limo, die ihr Maissäckchen abgesetzt hat, schildert das so lebhaft, als hätte sie die Schinderei mit eigenen Augen gesehen. Meli war halb tot, ein Offizier setzte ihm die Pistole an die Stirn und drückte ab – ein Gnadenschuss, wie man ihn Tieren gibt. Anschließend schnitten die Henker das Haupt des Leichnams ab. Seither ist der Kopf unauffindbar. Und seither soll es unter dem Galgenbaum spuken. Limo, die Bäuerin, hat dafür nur eine Erklärung: »Meli will seinen Schädel wiederhaben!«

Die ganze Gemeinde will ihn wiederhaben. Denn im Naturglauben der Wachagga kommt die Seele eines Toten nicht zur Ruhe, solange seine sterblichen Überreste nicht nach überliefertem Brauchtum bestattet wurden: Der Leichnam muss zunächst ein Jahr unter der Hauserde liegen, dann wird er feierlich exhumiert. Man wirft die Gebeine weg, legt den Schädel in ein Tongefäß und stellt dieses an die Ahnenstätte der Familie. Als der halb verweste Chief Meli unter dem Galgenbaum ausgegraben wurde, fehlte sein Schädel. Die Nachfahren glauben, dass er als Trophäe nach Deutschland verschifft wurde und dort bis zum heutigen Tag in einem Museum herumliegt.

Hier, an der unheimlichen Richtstätte von Old Moshi, beginnt unsere Suche nach dem Schädel von Mangi Meli. Sie wird uns in verstaubte Bibliotheken, labyrinthische Archive und düstere Keller führen. Sie wird vom Terror der deutschen Kolonialherren handeln. Von Grabräubern, Leichenfledderern und Kopfjägern, die europäische Rassenforscher mit Menschenmaterial belieferten. Von der Angst unserer Völkerkundemuseen vor der Leere, wenn sie alle Raubgüter zurückgeben müssten. Und von der Beharrlichkeit eines Mannes, der seine Ahnen versöhnen will.

Er wohnt zehn Gehminuten vom Galgenbaum entfernt, in einem Häuschen mitten in einem schattigen Bananenhain: Isaria Anael Meli, auch Meli II genannt – ein Enkelsohn des Gehenkten. »Wir wollen, dass Deutschland endlich den Schä-

Tod am Galgen: Chief Manga Meli vom Volk der Wachagga

del unseres Großvaters zurückgibt,« sagt er, als wir unter das Vordach seines Hauses treten und auf wackligen Holzschemeln Platz nehmen. Isaria Meli ist Gemeindevorsteher, ein stolzer alter Honoratior, die klobige Hornbrille auf seiner Nase und das Rolex-Imitat am Handgelenk unterstreichen seinen Rang. Er war Mechaniker und hat mit Gebrauchtwagen gehandelt, jetzt ernährt seine bescheidene *shamba* die Großfamilie; elf Tagwerk, Bananen, Kaffestauden, ein Schwein, fünf Kühe, zwei Dutzend Hühner. Bald 77 Jahre hat Isaria Meli schon auf dem Buckel, seit 1968 fahndet er nach dem Schädel seines Vaters-

vaters. »Weil der Mangi nicht ruhen kann, plagen unsere Gemeinde Armut, Krankheit und Regenmangel«, zürnt er. »Die Leute hat große Furcht erfasst, weil der Schnee am Kilimandscharo schmilzt und die Bergflüsse austrocknen.«

Der Dorfobmann begründet seine Rückgabeforderung keineswegs mit den Geboten der alten Naturgötter, sondern mit dem neuen Glauben, den die evangelischen Missionare einst seinem Volk eingetrichtert haben. Er blättert in einer zerfledderten Bibel, die ins Kisuaheli übersetzt wurde. »Sehen Sie, Genesis 50, 22 – 26.« Es ist die Geschichte des steinalten Joseph, der vor seinem Tod den Eid von den Kindern Israels nahm und sprach: »So führet meine Gebeine von dannen.« Sie sollten heimkehren ins gelobte Land Kanaan.

Meli II lotst uns zum alten Friedhof von Old Moshi, als wolle er beweisen, dass die Wachagga schon seit drei Generationen gute Christenmenschen sind. Auf dem Gottesacker ruhen Afrikaner und Europäer einträchtig nebeneinander. Die Gräber werden allmählich von den Tropen verschlungen, aber manche der verwitterten Epitaphe sind noch lesbar. Emil Ax, Leutnant der Schutztruppe, gefallen 12. August 1893; Wilhelm Wolfrum, gefallen 10. Juni 1892; Ndererio, Tochter von Mangi Meli; Josefu Maro, Schwiegersohn desselben. Der Friedhof, die massiven Steinbauten mit Fensterstürzen, der Exerzierplatz vor dem ehemaligen Fort der Schutztruppe – allerorten finden sich noch Relikte der deutschen Kolonialherrschaft. In einem Bachbett wurden im Vorjahr sogar sieben Granaten aus dem Ersten Weltkrieg ausgeschwemmt. Eine explodierte und verletzte ein Kind. Wir beenden den Dorfrundgang an der deutschen Markthalle, von der ein paar Grundsteine und Bretterwände übriggeblieben sind. Hier soll Chief Meli gerne sturzbetrunken herumgelegen haben, erzählt sein Enkel schmunzelnd.

Zurück in seinem Haus, schlägt Isaria Meli einen dicken

Ordner auf, in dem er zahlreiche Dokumente gesammelt hat, Briefe, Fotokopien, amtliche Schreiben, Artikel. Er zeigt uns das einzige Foto, das von seinem erwachsenen Großvater existiert: Da steht der steckendürre Chief im weißen Gewand in einem Gruppenbild mit Hans Meyer, dem Geografen aus Leipzig, der 1889 als erster den Kilimandscharo bezwang und ihn gleich nach dem deutschen Kaiser taufte. Eine Bekanntschaft, die später noch bedeutsam werden wird.

Dann präsentiert der Enkel Melis einen Artikel, der im Herbst 1954 in der Londoner *Times* veröffentlicht wurde. Darin berichtet Sir Edward Twining, der damalige britische Gouverneur von Tanganjika, wie er den Schädel von Sultan Mkwawa im Museum für Völkerkunde zu Bremen entdeckt hat. Mkwawa war ein Häuptling vom Volk der Wahehe, ein unbeugsamer Widerstandskämpfer auch er. Sieben Jahre lang jagte ihn die Schutztruppe. Er erschoss sich, ehe ihn ein Kommando unter dem Befehl des Feldwebels Hans Merkl im Juli 1898 in Ketten legen konnte. Man stellte seine Identiät fest – und enthauptete ihn.

Mkwawas Kopf, der nach Berichten eines Missionars zum Kolonialposten Iringa gebracht und ausgekocht wurde, um das Fleisch von den Knochen zu lösen, zierte zunächst wie eine Jagdtrophäe die Wohnung des Stationschefs Tom von Prince. Wann und wie er nach Deutschland gelangte, weiß niemand. Verbürgt aber ist, dass er eines Tages in der Charité zu Berlin landete, im Ordinariat für Pathologie, bei Professor Rudolf Virchow, dem berühmtesten Mediziner und Anthropologen seiner Zeit. Er hatte es bis zu seinem Todesjahr 1902 zu einer stattlichen Sammlung von 3000 Schädeln gebracht. Die Nachfrage nach Objekten war damals groß, die Wissenschaft erforschte die diversen »Rassetypen« der Menschheit, und Naturalienhandlungen wie Godeffroy oder J. F. G. Umlauff machten profitable Geschäfte mit Ethnogaphica und Menschenmaterial. Virchows Kollektion gelangte in der NS-Zeit übrigens in die Hände von Eugen Fischer, der durch grausame Experimente an Juden, Sinti und »Negern« die Existenz des »Untermenschen« wissenschaftlich beweisen wollte. Der berüchtigte Eugeniker hatte schon 1908 Feldstudien an Mischlingen in Deutsch-Südwestafrika durchgeführt, er wird es zum führenden Vertreter der nationalsozialistischen Rassenbiologie bringen.

Der Fall Mkwawa wurde zu einem Politikum ersten Ranges. Denn nach der Niederlage im Ersten Weltkrieg mußte das Deutsche Reich nicht nur seine Kolonien abtreten, sondern auch die Raubgüter zurückgeben, unter anderem den Schädel Mkwawas. Er wurde 1919 sogar im Paragrafen 246, Absatz 2, des Friedensvertrags von Versailles erwähnt. Es sollte allerdings 35 Jahre dauern, bis diese Reparation geleistet wurde – bis zu Sir Edward Twinings Visite in Bremen.

Der Ornithologe Hellmuth Otto Wagner, damals Direktor des Museums, präsentierte dem Gouverneur sein Schädelmagazin mit 2000 Objekten und erklärte, dass nur 84 davon aus Ostafrika stammten, und dass sich alle aus Tanganjika nach Deutschland gelangten Exemplare in seinem Fundus befänden. Folglich musste auch der Schädel von Mkwawa darunter sein. Man identifizierte ihn anhand des Einschussloches, das die Kugel bei der Selbsttötung in die Schädeldecke gerissen hatte. Es ist allerdings bis heute höchst umstritten, ob der Mkwawa zugeordnete Schädel tatsächlich der richtige war. Das Artefakt wurde jedenfalls am 19. Juni 1954 an die Wahehe zurückgegeben. Meli glaubt, dass sich der Kopf seines Großvaters auch noch in Bremen befinden muss. »Fahren Sie hin! Helfen Sie uns, ihn zu finden!«

--

Bremen, Bahnhofsplatz, April 2007. Wiebke Ahrndt, die Museumsdirektorin, reagiert zunächst reserviert auf unser Ansinnen. Melis Schädel sei definitiv nicht in ihrem Hause, erklärt sie am Telefon; dies habe man auch Enno Barker beschieden, dem früheren deutschen Botschafter in Tansania, der vor Jahren in der gleichen Angelegenheit nachgeforscht hatte. Mehr gebe es dazu nicht zu sagen. Nach mehrmaligem Hin und Her empfängt sie uns doch im ehemaligen Kolonialmuseum, das heute Überseemuseum heißt. »In unseren Inventarbüchern, die seit 1896 geführt werden, gibt es keinen Eintrag von Schädeln aus dem ehemaligen Deutsch-Ostafrika«, so Ahrndt. Aber wo sind die 83 Schädel, die nach der Mkwawa-Mission von Gouverneur Twining noch im Magazin liegen müssten? »Der Bericht in der *Times* war eine Zeitungsente.« Quintessenz unseres Gesprächs: Diese Schädel existierten nie.

Im Public Record Office der britischen Regierung in London gab Sir Twining zu Protokoll, in Bremen seien ihm eine Reihe von Schädeln aus Afrika vorgelegt worden. Eine Publikation aus dem Jahr 1970 schätzt die Zahl der »außereuropäischen Schädel« im Überseemuseum auf 209. »In unseren Inventarbüchern werden 58 Einträge als menschliche Überreste aus Afrika bezeichnet, davon vier Schädel ohne genauere Herkunftsangabe«, erläutert Wiebke Ahrndt.

Warum mauert die resolute Museumsdirektorin? Will sie möglichen Rückgabeforderungen vorbeugen? In den völkerkundlichen Sammlungen Europas häufen sich Petitionen aus den Ex-Kolonien, mithilfe derer geraubte Kulturgüter und Menschenteile zurückgefordert werden. »Reich ich den kleinen Finger, ab ist sie, die Hand«, kommentiert Ahrndt die kategorische Ablehnung von Rückgaben einiger Museen in der Vergangenheit. Immerhin gab es in Bremen bereits 2006 ein erfolgreiches Restitutionsverfahren, das sich zehn Jahre lang hingezogen hat, aber genauere Details will die Direktorin nicht preisgeben. Beim Hinausgehen fällt der Blick auf die zwei weiblichen Sphingen am Haupteingang. Sie hüten die Geheimnisse jenseits der Mauern.

(Seit 2011 ist Wiebke Ahrndt Leiterin der Arbeitsgruppe des Deutschen Museumsbundes, die Empfehlungen zum Umgang mit menschlichen Überresten herausgegeben hat. Das Überseemuseum hat bereits drei Rückgabeverfahren menschlicher Überreste durchgeführt.)

Berlin-Dahlem, Cafeteria des Ethnologischen Museums. Peter Junge, Leiter der Afrika-Abteilung, hat als Kurator im Bremer Überseemuseum gearbeitet. Er erinnert sich noch genau an den Tag, als er Martin Baer ins Magazin führte. Der Berliner Dokumentarfilmer hat die Geschichte des Mkwawa-Schädels akribisch rekonstruiert. In einer Szene erklärt eine Präparatorin des Museums: »500 Schädel befinden sich in unserer Sammlung.« Ist das so? Fragen wir Peter Junge. Er zieht an seiner selbst gedrehten Zigarette und antwortet: »Natürlich liegen jede Menge Schädel im Überseemuseum. Die meisten stammen aus Bremer Friedhöfen, aber es sind definitiv auch welche aus Afrika darunter.« Seltsam, dass wir sie nicht besichtigen durften. Sollten sie sich in der Zwischenzeit etwa in Luft aufgelöst haben?

Sie können jedenfalls nicht im Zweiten Weltkrieg zerstört worden sein wie die Schädelsammlung des Museums für Völkerkunde in Leipzig. Das schreibt uns Kerstin Fuhrmann, die wissenschaftliche Archivarin des Hauses. »Ich kann Ihnen heute definitiv mitteilen, dass sich in unserem Besitz der von Ihnen gesuchte Schädel nicht befand.« Wir fahren trotzdem nach Leipzig, denn dort residiert eine andere Institution, die das Schicksal des Häuptlings Meli und der Wachagga maßgeblich beeinflußt hat: das Evangelisch-Lutherische Missionswerk.

Wuchtiger Bau, Neoromanik, eine Burg des Glaubens. »Zieht in Frieden eure Pfade …« Mit diesem frommen Lied wurden die Seelenfischer am Portal bestärkt, ehe sie ausschwärmten, um die Ungläubigen in aller Welt zu bekehren. In gläsernen Schaukästen kann man ihre Mitbringsel bestaunen, Schmuck, Waffen, Werkzeuge, rituelle Gerätschaften aus Indien, Afrika oder Papua-Neuguinea. Tilmann Krause, der Referent für Tansania, führt uns in den Tagungsraum, in dem 1893 entschieden wurde, die »schwarzen Heidenkinder« in Deutsch-Ostafrika zu christianisieren. Ein Jahr später bauten Missionare aus Sachsen die ersten Kirchen in der Region Kilimandscharo. Man kann das nachlesen im Kellergewölbe des Leipziger Mutterhauses, wo die Missionsblätter, Stationsbücher und Aufzeichnungen aus dieser Ära archiviert sind.

Beim Durchforsten der Mikrofiche-Karteien stoßen wir schon bald auf das Stationsbuch II aus Moshi; es enthält die Einträge des Missionars Robert Fassmann im fraglichen Zeitraum zwischen 1900 und 1902. Plötzlich platzt die Birne des Planfilmgeräts. Ausnahmsweise dürfen wir Einblick in die Originale nehmen. Und da findet sich in altdeutscher, schwer lesbarer Bleistiftschrift tatsächlich ein Eintrag vom April 1900, der die Strafexpedition gegen Meli erwähnt. »Der Kriegszug ist sehr erfolgreich gewesen, indem die Bevölkerung nicht nur … gezüchtigt, sondern ihr auch wiederum eine Menge Vieh abgenommen worden ist.« Und weiter: »Schon am nächsten Morgen – dem 2. des vorigen Monats – empfingen wir die Nachricht, daß nach dem Richterspruch des Kriegsgerichtes Meli, Mlelia nebst Konsorten gehangen worden seien … Meli benahm sich dabei in gewisser Weise heldenhaft. Nachdem er dem Hauptmann Johannes ›Kuaheri‹, d. i. Lebewohl, zugerufen, sprang er selbst vom Trittbrett herab … Es thut uns leid, daß er sein Leben am Galgen beschloss.«

Über Melis Todeskampf und seine Enthauptung ist nichts vermerkt. Aber wir kennen jetzt den Namen des Offiziers, der den Exekutionstrupp befehligte: Kurt Johannes, Hauptmann der »Schutztruppe«. Hat er den Kopf des Gehenkten abschneiden lassen, um ihn nach Deutschland zu verfrachten? Wollte er Kopfgeld kassieren? Oder den Beschaffungspreis, den völkerkundliche Sammlungen und Medizininstitute in der fernen Heimat zahlten? So mancher Kolonialsoldat besserte seinen mageren Sold als Knochensammler auf.

Wer war dieser Hauptmann Johannes? Wir fahren in Berlin noch einmal hinaus nach Dahlem zum Ethnologischen Museum. Der Name des Offiziers steht im Eingangsverzeichnis, er hat die Sammlung mit insgesamt 151 ethnografischen Gegenständen aus Ostafrika beliefert. Wir sehen uns einige Objekte an, Feldhauen, Schwerter, Pfeile, Köcher, Amulette, Fliegenwedel. Knochen oder Schädel sind nicht darunter.

Also zurück zum Ausgangspunkt nach Old Moshi. Vielleicht weiß Mister Foya mehr über Hauptmann Johannes.

Wenn in Afrika ein alter Mann stirbt, verschwindet eine ganze Bibliothek, sagt der Volksmund. Manase Marko Foya ist so ein alter Mann. Er hat schon 83 Jahre auf dem Buckel, hüpft aber so leichtfüßig wie ein junger Bursche auf der Terrasse seines kleinen Steinhauses herum. Heute hat er für die Besucher aus *Ulaya*, aus Deutschland, ein weißes Hemd und eine messingbraune Krawatte angezogen. Seine Sandalen sind aus Reifengummi. Foya, Lehrer im Ruhestand, ist ein wandelndes Geschichtslexikon. Wenn ihm ein Detail nicht mehr einfällt, blättert er in den alten Schinken, die er in seiner Gartenhütte gestapelt hat. Viele Bücher wurden von Ratten und Mäusen zernagt, eine Auswahl der wertvollsten hat er auf der Veranda ausgebreitet: Werke aus der Kolonialzeit, ethnografische Studien, Missionsberichte, das Johannesevangelium auf Kichagga, der örtlichen Sprache.

Und eine Monografie über das Hirtenvolk der Massai, anno 1904 von Moritz Merker verfasst, einem Offizier der »Schutztruppe«. Darin steht eine handschriftliche Widmung: »In Erinnerung an die gemeinsamen Streifzüge durch die Steppen der Massai in Kriegs- und Friedenszeiten Herrn Hauptmann Kurt Johannes und Frau Amely Johannes.« Foya schließt nicht aus, dass der Hauptmann Melis abgeschnittenen Kopf an Hans Meyer verkauft hat, den Naturforscher und Erstbesteiger des Kilimandscharo. War diese Trophäe womöglich unter den sechs Schädeln, die Meyer nachweislich in die Reichshauptstadt zu Professor Virchow gesandt hat?

—

Berlin, Akademie der Wissenschaften am Gendarmenmarkt. Wir prüfen die Korrespondenz von Virchow aus dem Jahre 1900. Aber es gibt keine Briefe von oder an Johannes beziehungsweise Meyer. Suchanfrage beim Bundesarchiv-Militärarchiv in Freiburg, das die Personalien deutscher Soldaten bis zurück ins Jahr 1867 gespeichert hat, preußische Armee, Kolonialtruppe, Reichswehr, Wehrmacht und Waffen-SS inklusive. Im »Stammrollenauszug ausgeschiedener Offiziere« ist Johannes, geb. am 06. Januar 1864, an Stelle 9 verzeichnet, auch in der Akte »Versorgungsansprüche ehemaliger Offiziere« taucht er auf. Dort wird die »Strafaktion« gegen Meli erwähnt. Eine Pension erhielt der verdiente Krieger nicht mehr, er verschied im Alter von 49 Jahren. Angeblich wurde er in Charlottenburg beigesetzt. In der historischen Einwohnermeldekartei Berlins findet sich kein Hinweis, sie sei lückenhaft, weil im Krieg viele Archive zerbombt wurden, erklärt man uns mit Bedauern.

Unser Auskunftsersuchen bei der Kirchhofverwaltung der Kaiser-Wilhelm-Gedächtnis-Gemeinde bleibt erfolglos, auch alle anderen Recherchen in den Totenregistern Charlottenburgs, des Meldebezirks von Hauptmann Johannes, führen nicht weiter. Es ist, als hätte die Geschichte den kolonialen Henker verschluckt.

Berlin Mitte, ehemaliges Universitätsklinkum Charité, Durchgang 19. Hinter der grauen Stahltür am Ende einer Ziegelmauerschlucht wurden einst postoperative Behandlungen durchgeführt. Heute nutzt das Berliner Medizinhistorische Museum die Räume, um die Reste der anthropologischen Sammlung einzulagern – die Hinterlassenschaft des Professors Rudolf Virchow. Normalerweise hat die Öffentlichkeit keinen Zutritt, aber Ulrich Creutz, der Kustos, empfängt uns im Gegensatz zu seinen Kollegen in Bremen recht freundlich.

Die Räume sind feucht und duster wie Katakomben. Pappkartons türmen sich bis unter die fünf Meter hohe Decke, dazwischen stehen Regale mit Holzschubladen und Blechrahmenschildchen: Andamanen. Madras. Kaukasus. Philippinen. Oder einfach nur »Neger«. Die sterblichen Überreste von Menschen aus aller Herren Länder. Dr. Creutz erlaubt uns, am Computer den inventarisierten Sammlungsbestand zu sichten. Eine mühselige Detektivarbeit, wir verirren uns immer wieder im Datendschungel. Immerhin haben wir nach zwei Stunden zehn relevante Datensätze entdeckt. S 613 – 617 und S 693, die sechs Schädel, die der Geograf Hans Meyer geliefert hat. Und einen Vermerk unter dem Schlagwort »Mandara«, der uns sogleich in fiebrige Erregung versetzt. Mandara – das ist der Name des Clans von Chief Meli! Sind wir unserem Ziel nahe? Liegt das gesuchte Kranium in dieser Gruft der Wissenschaft?

Doktor Creutz verschwindet im Magazin, kehrt nach fünf Minuten mit einer Schachtel zurück, entnimmt daraus eine braune Papiertüte und öffnet sie vorsichtig. Zum Vorschein kommt ein gut erhaltener Schädel ohne Unterkiefer, auf dem in schwarzem Tintenblei geschrieben steht: »R.V. 1176, Mandara, Kilimandjaro, Lt. Ehlers, 1889.« Unsere Enttäuschung ist groß. Dies kann unmöglich der Schädel von Meli sein, denn der Häuptling wurde erst elf Jahre später getötet.

Der Kustode studiert das historische Bild von Meli, dass der Forscher und Bergsteiger Meyer für sein Buch »Kilimandscharo« aufnehmen ließ, und prägt sich die charakteristischen Merkmale des Kopfes ein, die Wulste über den Augenbrauen, die markanten Backenknochen, das schmale Gesicht. Er wird sie mit den anderen Wachagga-Schädeln, auf die wir bei der Datenfilterung gestoßen sind, vergleichen. Eine Woche später teilt uns Dr. Creutz schriftlich mit: »Nach meinen Beobachtungen will keine der vorhandenen Kombinationen zum vorliegenden Porträtfoto von Chief Meli passen.« Diese Erkenntnis betrübe ihn, schreibt er am Ende des Briefes.

Wir sind in einer Sackgasse. Könnte es sein, dass die Geschichte nach der Enthauptung ganz anders verlaufen ist? Dass der gesuchte Schädel vielleicht Afrika gar nicht verlassen hat?

--

Wieder sitzen wir unter dem Vordach von Melis Häuschen in Old Moshi. Diesmal ist die halbe Sippe versammelt, Schwager, Nichten, Geschwister, Verwandte, Freunde. Eine heitere Runde. In der Mitte steht ein Bottich mit *mbege*, Bananenbier, getrunken wird aus Plastikkübeln, die ununterbrochen herumgereicht werden. Melis Frau lässt ihre Zunge tanzen, *ngululu*, der trällernde Freudengesang der Wachagga.

Wir erzählen von dem Mandara-Schädel in der Charité, der einem Clan-Mitglied gehörte, vermutlich einer jungen Frau. Aber der Fund erweckt nur mäßiges Interesse. Warum? »Weil dieser Schädel keine Probleme macht«, erklärt Isaria Meli. »Wir wollen Melis Schädel, keinen anderen.« Dann kramt er eine Blechtafel aus seinem Privatarchiv, auf der in Kisuaheli der Ermordung Chief Melis gedacht wird. Sie trägt das Datum 13. Juni 1901. Melis Schwiegersohn Josefu Merinyo Maro, verheiratet mit dessen Tochter Ndererio, hat die Tafel stanzen lassen und an den Galgenbaum genagelt. Sie verschwand im Laufe der Jahrzehnte zwei Mal, angeblich steckte der Familienzweig der Salemas dahinter. Salema war der Bruder und Nachfolger von Meli im Häuptlingsamt. Die ungeklärten Vorgänge deuten auf einen erbitterten Erbfolgezwist hin. Vor sieben Jahren erhielt Isaria Meli im Traum einen Hinweis auf den Verbleib der Tafel, und sie wurde tatsächlich wiedergefunden – im Hause von Japhet J. Maro, Sohn des Josefu Merinyo, auch er ein Enkel von Chief Meli.

Er erzählt uns zwei Tage später eine ganz andere Version der Schädel-Geschichte, die unserer Suche eine neue Wendung gibt. »Chief Meli ist nicht durch den Strang gestorben, sondern durch eine Kugel.« Weil er nicht verrecken wollte, habe ihm ein Kolonialsoldat den Gnadenschuss gegeben. Als man Melis Kopf absäbelte, sei eine grüne Schlange aus seinem Hals gekrochen. Es kursiert auch das Gerücht, ein gewisser Kidumbuyo habe das blutige Haupt an einen geheimen Ort transportieren müssen und sei nie wieder nach Moshi heimgekehrt. Man könne nicht ausschließen, dass Chief Mareale den Kopf an sich gebracht habe, sagt Japhet J. Maro. Eine Studie des britischen Historikers John Iliffe über die Geschichte Tanganjikas nährt diesen Verdacht: Mareale war ein Erzrivale von Meli; er soll mit den Kolonialherren kollaboriert und die Pläne der Aufständischen verraten haben. Und er wollte, so geht die Fama der Nachgeborenen, die Trophäe sicherstellen: Hast du das Haupt deines Feindes, besitzt du dessen Geist und Kraft.

Liegt also der Schädel in irgendeinem der Ahnenschreine im Wald, die leeren Augenhöhlen auf den Kilimandscharo, den Berg der Götter, gerichtet? Existiert er überhaupt noch? Falls ja, dann müsste er, wenn Japhet J. Maros Geschichte stimmt, ein Einschussloch aufweisen. Wie der mutmaßliche Schädel von Mkwawa, der 1954 vom britischen Gouverneur in Bremen identifiziert wurde. Die Kripo der Hansestadt stellte seinerzeit fest, dass der Kopf mit einem scharfen Gegenstand säuberlich vom Rumpf getrennt worden war. Handelt es sich bei diesem Fundstück in Wirklichkeit gar um Melis Schädel?

Eine E-Mail aus Tansania, abgesandt von Is-Haka Mkwawa, einem Großenkel des Sultans, bestärkt unsere Zweifel. »Unterdessen glauben viele Wahehe und sogar einige unserer Familienmitglieder, dass der zurückgegebene Schädel nicht der unseres Großvaters ist.« Is-Haka schlägt eine DNA-Analyse vor und will die Clanältesten dazu überreden. Eine vergleichende Untersuchung des Erbgutes von Mkwawa und seiner Nachfahren sowie von den Kindeskindern Mangi Melis könnte nach hundert Jahren die Wahrheit ans Licht bringen.

Ein Anthropologe der Charité hatte uns schon in Berlin empfohlen, ein Testset mitzunehmen, und Isaria Meli ist mit der Prozedur einverstanden. Unter den staunenden Blicken der Großfamilie entnehmen wir mit Wattestäbchen zwei Mundspeichelproben von der Innenseite seiner Wange.

Die weitere Spurensuche führt quer durch Tansania, ins 800 Kilometer entfernte Dörfchen Kalenga im Südosten des Landes. Dort, am Mausoleum von Mkwawa, wartet sein Urenkel Abdul Adam Sapi. Ein wohlbeleibter Mann, Buchhalter, 56 Jahre alt. Sein Deutsch ist gut, er hat in Bonn Wirtschaftswissenschaften studiert. Zunächst gibt auch Sapi zwei Speichelproben ab, es amüsiert ihn. Dann bittet er uns in ein kühles, kapellenartiges Gebäude, das von Mangobäumen beschattet

Abgebrochener DNA-Test: Der Autor vor der Vitrine mit Mkwawas Schädel

wird. An den Wänden Speere, Schilde, rostige Karabiner, ein kitschiges Heldenbild von Mkwawa, in der Mitte ein Postament, darauf eine holzgerahmte Vitrine, die einen verglasten Würfel mit dem gesuchten Objekt enthält: den Schädel des legendären Wahehe-Führers – oder eben nicht. Das Einschussloch in der Schädeldecke ist mit einer grauen Masse gefüllt.

Diesem Objekt wollen wir für den DNA-Vergleich Knochensplitter oder einen Zahn entnehmen. Aber wie? Der Glaskasten ist versiegelt, wir müssten ihn aufbrechen. Dürfen wir das überhaupt? Nur mit dem Einverständnis eines Angehörigen, ohne amtliche Genehmigung? Sapi, dem Urenkel Mkwawas, wird das Unternehmen höchst unheimlich, und auch wir zögern. *Deutsche Journalisten brechen in nationale Weihestätte ein.* Wir sehen schon die bösen Berichte über die Rückkehr der Grabräuber, die zu diplomatischen Verstimmungen zwischen

Dodoma und Berlin führen könnten. Was tun? Die Beschaffung der erforderlichen Papiere würde Monate dauern, vielleicht sogar Jahre. Überdies sind die Folgen einer genetischen Analyse unabsehbar. Ihre Resultate könnten zwei Familien aufwühlen – die Mkwawas und die Melis – und großen Unfrieden stiften.

An diesem glutheißen Tag im Dörfchen Kalenga, vor einem schlichten Betonquader unweit des Mausoleums, beschließen wir, die Suche abzubrechen. Auf dem Klotz ist eine Eidechse in der Mittagshitze erstarrt, die unendliche Gleichgültigkeit der Tropen hat sich über den Ort gelegt. Hier ruht Erich Maas, Leutnant der Schutztruppe. Er wollte Mkwawa fangen – und wurde von diesem am 30. Oktober 1894 erschossen. 28 Jahre jung, gestorben für Kaiser und Reich, versunken in hundert Jahren Einsamkeit. Wie der Schädel von Meli. Wie die Gebeine von Tausenden von Afrikanern, die in unseren Völkerkundemuseen zerfallen.

Vielleicht sollte man die kühne Idee des alten Manase Marko Foya verwirklichen. Beim letzten Besuch in seinem Häuschen in Old Moshi klopft er mit einem Häuptlingsstab der Wachagga energisch auf den Estrich und sagt: »Gebt einfach alle Überreste zurück. Wir beerdigen sie dann in einer großen panafrikanischen Gedenkstätte am Kilimandscharo.« Er schaut hinunter auf die Masai Mara, auf die unermessliche Steppe, die am Horizont mit dem Himmel verschwimmt. »Dann sind die Seelen unserer Vorfahren endlich erlöst.«

Frohes Leben überall

Togoland, die kleinste deutsche Kolonie in Afrika

Die drückende Schwüle der Ebene lässt nach, als wir die Stadt Kpalimé hinter uns lassen. Allmählich steigt die Straße an, der Wald wird dichter. Unser Ziel ist Klouto, ein abgelegenes Nest in den Togo-Bergen, das wegen seiner wunderlichen Schmetterlinge Sammler aus aller Welt anzieht. Wir wollen dort eine ganz besondere Herberge besuchen, das Campement de Klouto. Das Gästehaus war vorübergehend ein deutsches Lazarett, damals, als die Kämpfe des Ersten Weltkriegs auch die europäischen Kolonien in Afrika erfassten. Ungefähr auf halbem Wege passieren wir ein ramponiertes Ortsschild, auf dem »Missahoé« steht. Merkwürdiger Name, klingt nicht gerade afrikanisch. Oder stammt er doch aus der Sprache der Ewe, der dominanten Volksgruppe in dieser Region? Wir fragen eine alte Frau, die mit einem riesigen Brennholzbündel auf dem Kopf des Weges kommt. »Keine Ahnung«, sagt sie, »aber ich habe gehört, dass der Name irgendwie mit den Deutschen zusammenhängt.« Wir biegen von der Teerstraße links in einen holprigen Weg ab und stoßen schon bald auf ein paar kariöse Gebäude. Auch sie wirken fremd in dieser tropischen Landschaft. Das größte Haus ist exakt auf einer Ost-West-Achse ausgerichtet, die gekalkten Mauern stehen auf festen Fundamenten, die Giebeldreiecke sind aus dunklem Holz, an der Bergseite verläuft ein überdachter Umgang. Ein Haus nach deutscher Bauart!

Es wurde um das Jahr 1890 herum aufgemauert, mit Ziegeln, Kalk und Zement, die aus dem Reich herbeigeschafft wurden, und man hielt sich dabei getreu an die Empfehlungen des »Centralblattes der Bauverwaltung« in Berlin. Die kolonialen Pioniere sollten robuste Wohnstätten errichten, die den Tropenstürmen, Regengüssen, Erddünsten und der sengenden Hitze standhielten. Denn man wollte für immer im Togoland bleiben, in der kleinsten deutschen Kolonie auf dem afrikanischen Kontinent, die am 5. Juli 1884 dem wilhelminischen Imperium einverleibt wurde. An diesem Tag unterzeichneten Gustav Nachtigal, der Abgesandte der Reichsregierung, und ein gewisser Mlapa, seines Zeichens König von Togo, einen jener Schummelverträge, die überseeische Gebiete unter deutschen Schutz stellten. Signiert mit ein paar Krakeln hat übrigens ein Häuptling namens Plakko, in Vertretung des Königs, der leider verhindert war. Anschließend wurde in den Küstenorten Bagidá und Lomé die schwarz-weiß-rote Flagge mit dem Reichsadler gehisst.

Die erste Besitznahme war amtlich verbrieft, nun konnte die Erschließung des unbekannten Hinterlands durch bewaffnete Expeditionen beginnen. Im Laufe der darauffolgenden Jahre wurden den einheimischen Autoritäten weitere »Schutzverträge« aufgezwungen. Es kam wiederholt zu Streitigkeiten mit den Franzosen und den Briten, die sich an der Goldküste (heute Ghana) beziehungsweise in Dahomey (Benin) festgesetzt hatten und ihre Hoheitsgebiete vergrößern wollten. Erst 1904 wurde die Grenze nach Westen endgültig festgelegt, im Osten dauerte es sogar bis 1912.

Fünf Tagesmärsche vom Atlantikufer entfernt lag ein strategisch wichtiger Ausgangspunkt für die Eroberung des »Schutzgebietes«: der Ort, der heute Missahoé heißt. Hier wurde ein Militärposten eingerichtet, um den einzigen Pass durchs Togo-Gebirge zu kontrollieren. Im März 1895 kam es zu ersten blutigen Auseinandersetzungen mit der Bevölkerung des Umlandes, die deutschen Eindringlinge mussten sich zeitweilig in der Militärstation verschanzen, weil ihnen die Munition ausgegangen war. Erst als Verstärkung von der Küste eingetroffen war, holten sie zum Gegenschlag aus und brannten zahlreiche Dörfer nieder. Im Oktober 1896 erhoben sich die Dagomba, sie griffen die Deutschen mit weit über 6000 Kriegern an, 430 wurden getötet oder verwundet, während die Kolonialtruppe nur drei Tote zu beklagen hatte. Den stärksten und längsten Widerstand leisteten die Konkomba im Norden des Landes; mit ihrer Guerilla-Taktik brachten sie den Deutschen sogar eine Niederlage bei, die daheim im Reich als Schmach empfunden wurde. Erst nach mehreren »Strafexpeditionen« konnten die Aufstände niedergeworfen werden, aber der Geist der Rebellion blieb im kollektiven Gedächtnis der Bevölkerung.

Vor Jahren wanderte ich im angrenzenden Benin durchs Atakora-Gebirge und stieg auf einen Berg, den die Leute in der Kolonialzeit »Casque à pointe« genannt hatten, Pickelhaube; der Name ging vermutlich auf die Propaganda der Franzosen zurück, die sich mit den Deutschen um diese Region stritten und den »indigènes« Furcht vor den Konkurrenten einjagen wollten. Paris entschied die koloniale Okkupation schließlich zu seinen Gunsten. Der Zufall wollte es, dass ich ausgerechnet auf diesem Gipfel eine alte Münze fand, einen Franc, Prägejahr 1937, *Egalité, Fraternité, Liberté* stand auf der Wappenseite. Für die Afrikaner galten die universellen Werte nicht – sie kämpften unterschiedslos gegen alle Kolonialmächte, und im Museum der Provinzhauptstadt Natitingou ist dokumentiert, wie erfinderisch sie dabei vorgingen: Sie kappten die Telefonkabel der europäischen Eroberer und gossen aus den Drähten Pfeilspitzen. Am Ende aber wurden die einheimischen Völker und ihre traditionellen Siedlungsgebiete wie Filetstücke zerteilt, und sie fanden sich in den Machtzonen der jeweiligen Fremdherrscher wieder, sie lebten fortan unter dem gallischen Hahn, dem preußischen Adler oder den englischen Löwen. Die Demarkationslinien entsprachen den heutigen Grenzen zwischen Ghana, Togo und Benin.

--

Blenden wir noch einmal zurück in die Anfangszeiten von Missahoé, wo am 5. November 1894 die große deutsche Togo-Hinterland-Expedition mit 25 Soldaten und 130 Lastenträgern ins Landesinnere aufbrach. Wie kam das Dorf in den Bergen hinter Kpalimé zu seinem sonderbaren Namen? Ganz einfach: Missahoé ist eine Verballhornung von Misahöhe. Die ursprüngliche Ortsbezeichnung hatte sich Jesko von Puttkamer, der kaiserliche Kommissar für Togo, höchstpersönlich ausgedacht – eine wehmütige Erinnerung an seinen Jugendschwarm Mária Esterházy de Gálantha, genannt Misa. Auch für den Bergpass gleich dahinter hatte man einen reichsdeutsch rasselnden Namen gefunden: Moltke-Spalte, zu Ehren des preußischen Generalfeldmarschalls. Puttkamer soll öfter auf der Misahöhe gewesen sein, überhaupt war das Nest ein beliebtes Ausflugsziel für die wenigen Europäer im Land. Sie genossen die klare Luft, die rauschenden Bergbäche, den zauberhaften Tropenwald. Das Klima war recht angenehm, nicht so heiß und stickig wie an der Küste. Der Blick ging weit hinaus in die Ebene, und wenn er auf den Turm der Heilig-Geist-Kirche unten in Kpalimé fiel, wurden die Kolonialisten vom Heimweh ergriffen.

Die Menschen, die die halb verfallenen Häuser irgendwann

okkupiert haben, wundern sich über die deutschen Touristen, die manchmal vorbeikommen, um diese Relikte der Kolonialära zu besichtigen und Fragen zu stellen, die keiner beantworten kann. Als wir im Dezember 2005 anklopfen, campieren drei Großfamilien im Hauptgebäude. Sie schlafen eng gedrängt auf dem Lehmboden der kahlen Räume, tagsüber halten sie sich im Schatten des Umgangs auf. Im größten Raum, der einst als Salon gedient haben mag, sind Kaffeebohnen zur Trocknung ausgestreut. Die Häuser seien viele Jahre leer gestanden, erzählt ein Bewohner, niemand habe sie nutzen wollen, weil angeblich böse Geister in ihrem Gemäuer hausten. Eine Kinderschar hüpft aufgeregt um uns herum. Weiße! Weiße! Einige haben aufgedunsene Bäuche und rotstichige Haare, Zeichen der Mangelernährung. Auf der Talseite des größeren Hauses, geschützt durch einen Windschirm, bereiten zwei Frauen gerade das Essen zu, es gibt Fufu, Yams-Brei mit Bohnen, dazu eine dünne scharfe Soße. Obwohl sie selbst nicht genug haben, laden sie uns ein, das karge Mahl mit ihnen zu teilen. Wir reden über die Éperviers, die »Sperber«. Die Männer sind stolz auf ihre Nationalmannschaft, die sich erstmals für eine Fußball-Weltmeisterschaft qualifiziert hat und im nächsten Jahr zum Turnier nach Deutschland fliegen wird. Als die Holzschüsseln leer sind, sagt einer: Ihr müsst noch die Gräber anschauen, da ruhen eure Ahnen.

Der Friedhof liegt ein paar Gehminuten entfernt auf einer Lichtung: ein Dutzend verwitterte Grabstellen, umgekippte Betonsteine, verblichene Inschriften. Aber einige Epitaphe sind noch gut lesbar: Otto Schneider, Kaufmann, gestorben am 4. Oktober 1902. Ernst Schmidt, Regierungsbaumeister, verschieden am 13. Januar 1904 im Alter von 33 Jahren – »Allzu früh und fern der Heimat mussten sie ihn hier begraben«. Neben einem Termitenhügel entdecken wir eine gusseiserne

Platte, von der ein Teil abgebrochen ist. Darauf steht: »Gewidmet dem Andenken des verdienstvollen Togoforschers E. Baumann, im Dienste seines Vaterlandes gestorben am 4. September 1895«. Leutnant Ernst Baumann hatte zeitweilig den Militärposten auf der Misahöhe kommandiert. Da liegt er nun seit über hundert Jahren neben seinen Kameraden, und nur noch die Schmetterlinge des Urwalds umflattern ihre ewigen Ruhestätten. Aber das Kolonialgebiet, das sie damals an sich gerissen haben, wird bis heute von ihren Hinterlassenschaften geprägt.

Das Togoland glich einem schmalen, langen Handtuch, an der Küste nur 50 Kilometer breit und 550 Kilometer ins Hinterland hineinreichend, 87 200 Quadratkilometer groß, bevölkert von rund 900 000 Menschen. Als Siedlerkolonie war dieser Landstreifen von der Größe Österreichs denkbar ungeeignet, denn er lag an der Bucht von Benin, welche die Europäer wegen der tropisch-feuchten Witterung die »stinkende Achselhöhle Afrikas« nannten. Die ganzjährige Gluthitze, die extrem hohe Luftfeuchtigkeit, die tückischen Krankheiten schreckten sie ab, und so lebten selbst in kolonialen Hochzeiten nie mehr als 350 Weiße in diesem aus ihrer Sicht unwirtlichen »Schutzgebiet«. Doch weil es wirtschaftliches Potenzial hatte, sollte hier eine Musterkolonie entstehen: Deutsch-Togo war ein überschaubares Land und im Vergleich zu den anderen afrikanischen Kolonien einfacher zu kontrollieren. Deutsche Missionsgesellschaften und Handelshäuser hatten sich bereits seit Mitte des 19. Jahrhunderts ausgebreitet und die »scheuen Bewohner der Sklavenküste zutraulich gemacht«, wie ein Missionsinspektor feststellte. Die weniger zutraulichen oder gar renitenten Afrikaner wurden mit roher Gewalt zur Räson gebracht.

Im muslimischen Norden wandten die Deutschen das Machtprinzip des *indirect rule* an und bezogen traditionelle

Herrscher in die Verwaltung ein; das hatten sie den britischen Kolonialstrategen abgeschaut, die sie bewunderten und zugleich beneideten. Im Süden wurde das Wohlverhalten der Chiefs durch Abkommen und Bestechungszahlungen gesichert: Sie erhielten Jahresrenten und durften ihre überlieferten Machtbefugnisse weiterhin ausüben, mussten sich aber dem Rechtswesen der Kolonialherren unterwerfen. Das Land war »befriedet«, nun ging es um seine wirtschaftliche Inwertsetzung, um es gewinnbringend ausbeuten zu können. Geplant waren Plantagen im großen Stil, Kokos- und Ölpalmen, Baumwolle, Kautschuk, Kaffee, Kakao und andere Agrarprodukte sollten exportiert werden. Voraussetzung dazu war eine moderne Infrastruktur. Man trieb also den Bau von Transportwegen, Brücken, Eisenbahntrassen, Poststellen und Telegrafenleitungen voran. Die seinerzeit angelegten Straßen waren am Ende über 1200 Kilometer lang und bilden bis heute das Hauptverkehrsnetz in Togo; entlang mancher Chausseen verliefen sogar Fahrradwege. Die landwirtschaftlichen Erzeugnisse sollten hauptsächlich auf Schienen befördert werden. Die »Baumwoll-Linie« führte in den Norden, an der Küste verlief die »Kokosnuss-Linie«, und am 27. Januar 1907, am Geburtstag Kaiser Wilhelms II., wurde die »Kakao-Linie« hinauf nach Kpalimé feierlich eröffnet. Die Bahnverbindung ist seit Ende der 1990er-Jahre stillgelegt, doch stellenweise waren noch Abschnitte der 120 Kilometer langen Trasse zu erkennen, der wir bis zur Endstation am Fuß der Togoberge folgten.

Aber wie konnten die Kolonialherren eine flächendeckende Infrastruktur schaffen, wo sie doch so wenige waren? Wie war es möglich, unter den ungünstigen klimatischen Bedingungen derartige Großprojekte zu verwirklichen? Die Antwort ist einfach: Sie zwangen die afrikanische Bevölkerung zur Arbeit. Tausende von Männern wurden per »Stellungsbefehl« der deutschen Bezirksamtchefs oder Stationsleiter an die Häuptlinge jeweils ein halbes Jahr zum Frondienst rekrutiert, wofür sie nur Hungerlöhne erhielten. Sie mussten *bayari* leisten, Steuerarbeit, um ihre »Schuld« bei den Djama abzugelten, wie die Deutschen im Volksmund hießen. »Der Djama war sehr hart!« erinnert sich ein alter Mann, den der togoische Historiker Dadja Halla-Kaua Simtaro 1980 interviewte. »Er ließ uns ohne Unterbrechung arbeiten … Wer auch immer innehielt oder sich nur für eine Sekunde aufrichtete, erhielt von mitleidlosen Soldaten schonungslose Schläge … Leute starben darunter!« Die allgemeine Kopfsteuer, eingeführt 1907, betrug sechs Reichsmark pro Jahr; sie war entweder bar zu entrichten oder eben durch *bayari* abzuarbeiten. Die Kopfsteuer zählte zu den wichtigen Einkommensquellen des Kolonialregimes. Hinzu kamen die allerwegen erhobenen Zölle, Einfuhr- und Ausfuhrtaxen für Handelsfirmen, Polizeistrafen sowie Amts- und Gerichtsgebühren. Das war in allen Schutzgebieten der Fall, aber nur im Togoland überstiegen die Einnahmen die Ausgaben. Es sei die »gemütlichste Kolonie« gewesen, heißt es wehmütig in dem 1937 von ehemaligen Kolonialgouverneuren herausgegebenen »Buch der deutschen Kolonien«, ein Bestseller in der Nazi-Zeit. Togo habe sich »zu seinem großen Stolz auch bald nach der Jahrhundertwende als einzige aller unserer überseeischen Besitzungen vollkommen aus eigenen Mitteln, ohne jeden Zuschuss des Reiches, erhalten«.

Hinter uns eine rote Schleppe aus aufgewirbeltem Staub, links und rechts am Pistenrand weiße Flocken. Dahinter endlose Flächen unter einer weißen Decke: blühende Baumwollfelder, die an eine verschneite Landschaft erinnern. Man stellt sich vor, wie gemütlich es in der Kolonialzeit gewesen sein muss, in der sengenden Hitze die Baumwolle per Hand zu pflücken und dabei von prügelnden Aufsehern angetrieben zu werden. Aber die Damen, die daheim im Reich Unterkleider der Marke »Togolano – aus garantirt deutscher Kolonialbaumwolle« kauften, wussten von dieser modernen Sklaverei genauso wenig, wie heutzutage viele Verbraucher und Verbraucherinnen von den unmenschlichen Arbeitsbedingungen in Entwicklungs- und Schwellenländern wissen, in denen Billigtextilien hergestellt werden. Sie sahen nur die schönen Werbeplakate für Togolano: ein kräftiger »Neger« mit Ohrring, der mit heiterem Gesichtsausdruck einen Baumwollballen schleppt.

Die »Erfolgsgeschichte« auf den Plantagen basierte auf Arbeitszwang, Muskelsteuer und nackter Gewalt. Selbstverständlich dienten die Instrumente der kolonialen Herrschaft auch dem Wohl der Afrikaner – so sahen es jedenfalls die damaligen Chronisten. Früher hätten die »Eingeborenen« nur faul

Unterkleider für deutsche Damen: Werbeplakat der Weberei Liebmann & Levi

unter den großen Palaverbäumen der Dörfer gesessen, weil sie für ihre Produkte keine Abnehmer fanden, stellt ein gewisser Dr. Alex Haenicke im »Buch der deutschen Kolonien« fest. Jetzt, schreibt er, sah man die Leute »von morgens früh bis abends spät auf ihren Feldern arbeiten, um sich so durch ihrer Hände Werk ein besseres Dasein zu verdienen … Ein frisches, frohes Leben herrschte überall.« Und, man höre und staune, die »intelligenteren Eingeborenen konnten sich im großen Maßstab statt der kleinen Negerhütten Häuser in europäischem Stil bauen«. Schöner Wohnen, den Djama sei's gedankt.

Das »Deutsche Kolonialblatt«, amtliches Nachrichtenorgan für die »Schutzgebiete«, rühmte die zivilisatorischen Errungenschaften. Eine Denkschrift für die Jahre 1893/94 berichtet von neuen Amtsgebäuden, vom Erlass verbindlicher Bauvorschriften, von einer Bestattungsordnung, vom Postdienst, der sogar auf die Misahöhe Briefe beförderte, zweimal pro Woche. Und vom Nachtigal-Klinikum in Klein-Popo, einem modernen Krankenhaus mit OP, Apotheke, Leichenhalle und Sprechzimmern, in denen auch gut gestellte »Eingeborene« verarztet wurden; man nannte sie schon damals Privatpatienten. Die Europäer litten hauptsächlich an Malaria, Schwarzwasserfieber, Ruhr, Zahnbeschwerden und Augenleiden, Frauen wurden oft vom »Roten Hund« befallen, einer Hautkrankheit. Mit deutscher Gründlichkeit wurde ein regelrechter Hygiene-Feldzug gegen Siechtum und Seuchen geführt. Man regulierte Bachläufe, legte Sümpfe trocken und schüttete Tümpel zu, um die Brutstätten der Moskitos und damit die Malaria zu reduzieren. Man grub Zisternen für Trinkwasser und stellte polizeilich überwachte öffentliche Aborte auf, die Fäkalien wurden per Feldbahn entsorgt. Man baute Schlachthäuser, in denen die Trichinenschau Pflicht war. Man zog ein landesweites Impfprogramm durch. »Die die Neger verzehrenden Seuchen hatten durch die Arbeit unserer Ärzte fast ganz aufgehört«, bilanziert der schon erwähnte Dr. Haenicke. »Auf meinen ersten Reisen traf ich ganze Dörfer, die vollständig durch die Pocken ausgestorben waren. Nachher gab es kaum noch einen Mann im ganzen Togogebiet, der nicht geimpft gewesen wäre.«

Wenn man die rassistische Bezeichnung »Neger« weglässt, lesen sich manche Bestandsaufnahmen aus den »Schutzgebieten« wie Berichte, die heutzutage humanitäre Organisationen über ihre Tätigkeiten abliefern. Und es gab durchaus auch Kolonialbeamte, die als Vorläufer der Entwicklungshelfer gelten können. Julius von Zech, in den Jahren 1905 bis 1910 Gouverneur von Togoland, war so ein Mann. Der Graf aus dem Niederbayerischen setzte zum Ende seiner Amtszeit eine Landreform durch, die einheimische Produzenten vor dem Raubbau der Plantagenwirtschaft schützen sollte. Denn große Konsortien wie die Deutsche Togo-Gesellschaft hatten riesige Ländereien durch oftmals rechtswidrige Methoden erschlichen und mit Tauschartikeln bezahlt, mit Schießpulver, Tabak, Textilien, vor allem aber mit Gin und Branntwein. Die Verkaufspreise waren im Vergleich zum tatsächlichen Wert des Landes lächerlich gering, während die Aufkäufer die Flächen profitabel bewirtschafteten und überdies gewaltige Spekulationsgewinne auf den internationalen Kapitalmärkten erzielten. In einem nachgewiesenen Fall stieg der Preis eines Grundstücks, das für 440 Mark erworben worden war, auf 220 000 Mark. Graf von Zech, ein für damalige Verhältnisse freisinniger Katholik, verhinderte, dass weite Teile des Kolonialgebiets zur Beute der Plantagenwirtschaft wurden; ein Erlass vom September 1910 beschränkte das Konzessionsgebiet der Togo-Gesellschaft auf 17 663 Hektar und sicherte die Besitzrechte der Kleinbauern. Der Gouverneur setzte sich auch dafür ein, dass sie statt Monokulturen unterschiedliche Feldfrüchte anbauten, um den Preisschwankungen auf dem Weltmarkt nicht schutzlos ausgesetzt zu sein. So verbreiteten sich neue Gemüsesorten, die bis dahin in Togo unbekannt waren: Kopfsalat, Gurken, Kohlrabi, Sellerie, Karotten, Buschbohnen, Wirsing, Radieschen und natürlich Blätterkohl und Kraut.

Graf von Zech legte auch Wert darauf, dass der allgemeine Bildungsstand der Afrikaner verbessert wurde. Die drei größten Missionsgesellschaften im Lande unterrichteten über 10 000 Kinder, allein die katholische Steyler Mission betrieb 178 Schulen, die evangelische Norddeutsche Mission hatte 133 aufgebaut. Auf dem Lehrplan standen Rechnen, Lesen und Schreiben, erst in deutscher Kurrentschrift, später in Sütterlin. Außerdem wurden Heimatkunde und Geschichte gelehrt, die afrikanischen Schüler sollten zum Beispiel wissen, wie im Deutsch-Französischen Krieg 1870/71 der Erbfeind besiegt worden war. Im März 1904 hielt Graf Zech, damals noch Stellvertreter des beurlaubten Gouverneurs, eine Unterredung mit den Vertretern der Missionsgesellschaften. In ihren Erziehungsanstalten sollte künftig ausschließlich in Deutsch unterrichtet werden, Englisch und Französisch wurden untersagt, einheimische Idiome standen ohnehin nicht zur Debatte. Das Ziel war nicht nur, die Heidenkinder zu bekehren und ihnen ein bisschen Grundbildung einzutrichtern, sondern auch, treue, dienstbare Untertanen aus ihnen zu machen. »Erziehung zur Arbeit« hieß dieses Programm: Die Afrikaner wurden aus der Sklaverei befreit und in Lohnsklaven verwandelt. Die Seelenfischer und ihre Doppelmoral: eigennützig und philanthropisch, glaubenseifernd und weltoffen, autoritär und emanzipatorisch, liberal und manchmal so verklemmt, dass unanständige Ortsnamen wie Klein-Popo abgeändert werden mussten. Die christliche Mission war ein wichtiges Schwungrad der kolonialen Herrschaftsmaschinerie, gleichzeitig kriti-

Erziehung zur Arbeit: Ein Missionar in Afrika und seine »Brüder in Christo«

sierten ihre Sendboten den ausbeuterischen Kapitalismus und die Brutalität der Kolonialbeamten. »Der Neger ist unser Bruder in Christo«, schrieb ihnen Franz Michael Zahn, Inspektor der Norddeutschen Mission, ins Stammbuch.

Heutzutage haben evangelikale Freikirchen und fundamentalistische Sekten die Aufgabe der christlichen Indoktrination übernommen; sie verkündigen in ganz Afrika ihr Wohlstandsevangelium und bereichern sich schamlos an den Armen. Die Nachfolger der protestantischen und katholischen Missionare sind zwar auch umstritten, aber ihr Engagement verdient Respekt. In Togo betreiben sie nach wie vor zahlreiche Schulen, Krankenhäuser und Basisgesundheitsdienste, sie fördern die Berufsausbildung, vergeben Stipendien, betreuen alte Menschen, leisten Jugend- und Frauenarbeit, lassen Brunnen bohren, unterstützen einen Radiosender, beraten Dörfer in der Entwicklungsplanung oder bei Wiederaufforstungskampagnen. Die Hilfe aus Europa ist im Volk hochwillkommen, denn sie übernimmt Aufgaben, die der gescheiterte Staat vernachlässigt oder gar nicht erfüllt. Auf dem Weg in die Togoberge besuchten wir die Heilig-Geist-Kathedrale in Kpalimé, ein stattliches Gotteshaus im neugotischen Stil. Deutsche Missionare hatten 1913 den Grundstein gelegt, 2001 wurde die Kirche mit Zuschüssen deutscher Bistümer aufwendig renoviert. Ein junger togoischer Seelsorger zeigt uns das von der Norddeutschen Mission mitfinanzierte Collège, das Gymnasium. Es ist die einzige Lehranstalt in der Region, in der blinde Schüler koedukativ unterrichtet werden; ohne kirchlichen Beistand hätten sie in Togo keine Zukunftschancen.

Zurück zu Julius von Zech, dem Gouverneur, der zu den wenigen weitsichtigen Kolonialverwaltern gezählt werden darf. In seinen reformpolitischen Initiativen wurde er von Missionaren und christlichen Unternehmern bestärkt, die die krummen Geschäfte der Pflanzer-Kapitalgesellschaften verurteilten. Besonders die Firma Friedr. M. Vietor Söhne aus Bremen, die bereits 1856 eine Niederlassung in Togo aufgeschlagen hatte, tat sich mit großem Glaubenseifer hervor. Das Handelshaus war eng mit der Norddeutschen Mission verflochten, der Firmengründer und seine Nachfahren wirkten in der Inneren und Äußeren Mission als Pfarrer, Theologen und Stifter, zugleich waren sie höchst erfolgreiche Kaufleute, die Tabak importierten, eine Schifffahrtslinie nach Amerika betrieben und groß in den überseeischen Handel eingestiegen waren. Sie förderten die Mission in Westafrika und profitierten gleichermaßen von ihr, indem sie deren Personal und Material zu Vorzugspreisen dorthin verschifften. In Togo machten ihre Tochterfirmen gute Gewinne mit Palmöl und anderen tropischen Erzeugnissen.

Auf der größten Pflanzung der Vietors in Klein-Popo wuchsen in der Saison 1891/92 bereits 15 000 Kaffee-Stauden. Doch da gab es die unliebsame Konkurrenz durch die Spekulanten, die mit ihren Großplantagen die landwirtschaftliche Produktion und den Handel monopolisieren wollten – sie agierten wie die agroindustriellen Konzerne, die in unseren Tagen den Weltmarkt beherrschen. Die protestantischen Kaufleute aus Bremen vertraten hingegen das Konzept einer »Baumwollvolkskultur«. Afrikanische Bauern sollten ihre Erzeugnisse über europäische Abnehmer direkt vermarkten können; das angestrebte Ideal war eine Art Familienbetrieb, in dem »heidnische Sitten« wie die Polygamie keinen Platz mehr haben: die christlich-monogame Hausgemeinschaft als kleinste koloniale Produktionszelle.

Die Bremer waren nach heutigen Kriterien Vertreter der sozialen Marktwirtschaft. Sie verurteilten die unmoralische Profitmacherei der Plantagen-Gesellschaften und die Verknechtung der Einheimischen, die zunehmend um ihr Land gebracht wurden. Johann Karl Vietor strebte zweifelsohne eine humanitär-paternalistische Kolonialpolitik an, aber am Ende gehörten auch vom religiösen Sendungsbewusstsein geleitete Unternehmer wie er zu den Pionieren der globalen Raubwirtschaft. »Afrika fängt an, für die Europäer und Alles, was sie bringen können, ein offenes Land zu werden«, hatte schon der alte Vietor geschrieben. Er sah keinen Widerspruch zwischen Frömmigkeit und Gewinnstreben, im Gegenteil: »So für beides zu arbeiten, für die Ausbreitung des Reiches des Herrn und für einen redlichen Handel, das ist die alte Weise der Bremer Kaufleute.« Kapitalismus und Caritas, Geschäftssinn und Bekehrungsdrang, verschwistert in einer christlichen Heilsökonomie: Max Weber, der Gründervater der deutschen Soziologie, hätte im Togoland jede Menge Material für sein Hauptwerk

»Die protestantische Ethik und der Geist des Kapitalismus« finden können.

Lomé, seit 1897 Hauptstadt der Kolonie, hatte sich zu einer ansehnlichen Siedlung entwickelt, mit Faktoreien, Lagerhallen, Krankenhäusern, Gefängnissen, Amtsgebäuden, Beamtenwohnungen und schneeweißen Herrenhäusern. Ein Viertel hieß Moabit, ein mit Eisenholzbäumen bepflanzter Hain wurde Grunewald getauft. Es ließ sich hier ganz gut leben, sieht man einmal von den Saunatemperaturen und den gesundheitlichen Risiken ab. Im Stadtzentrum standen diverse Bildungsanstalten, das kaiserliche Postamt, die Deutsche Mission mit einem Internat für »Negerkinder«, die protestantische Christuskirche und die katholische Herz-Jesu-Kathedrale. Und an der Wilhelmstraße, 250 Meter vom Meeresufer entfernt, erhob sich der Gouverneurspalast. Eine Festungsanlage, flankiert von zwei Wehrtürmen, die Fassade verbrämt mit Jugendstil-Elementen – ein Repräsentationsbau, der zu den protzigsten in den deutschen Kolonien zählte. Einer der Baumeister war übrigens jener Ernst Schmidt, vor dessen Grab wir in Missahoé standen. Der Anblick des burgartigen Gebäudes sollte den an der Sklavenküste vorbeifahrenden Schiffen signalisieren: Hier herrscht für immer und ewig das Deutsche Reich. Doch die Ewigkeit währte nur bis zum Ersten Weltkrieg. Nach der Vertreibung der Deutschen residierten französische Gouverneure im Palast, und als das Land anno 1960 unabhängig geworden war, zog der togoische Präsident ein. Das monumentale Gebäude wirkt unverwüstlich, aber nach den Unruhen in den 1990er-Jahren wurde es von rebellierenden Soldaten demoliert und rottete jahrelang vor sich hin. Dann wurde beschlossen, es in ein Kulturzentrum umzuwandeln.

Wir gehen hinunter zum Meeresufer, an die einstige Landungsbrücke, die bei der Einweihung anno 1904 als technisches Wunderwerk gepriesen wurde: eine Eisenkonstruktion mit fünf Dampfdrehkränen, Gleisanschlüssen und einem Zollhaus. Sie führte 354 Meter in den Atlantik hinaus, um das Anlanden von Fracht- und Passagierschiffen zu ermöglichen. Denn vorher war dies wegen der sogenannten *calema* stets ein großes Wagnis gewesen: die enorme Wucht der anrollenden Dünung brachte oftmals Landungsboote zum Kentern, die Personen und Güter von den im tieferen Wasser ankernden Schiffen aufs Land übersetzten. Das Wunderwerk ist nur noch ein kümmerliches Gerippe, die Rammen und Querträger sind vom Rost zerfressen, gerissene Verstrebungen ragen wie schwarze Giftstacheln aus dem Sand. Einheimische haben Holzplanken über das Gerüst gelegt, auf denen sie zum Angeln ins Meer hinausbalancieren. Das Konstrukt wankt bedenklich, viele Bohlen sind angefault, wir brechen auf halbem Weg ab. Irgendwann wird der Ozean auch die letzten Überreste der Seebrücke verschlungen haben.

Aber es gibt ein koloniales Erbe, das noch viele Generationen lang nachwirken wird, denn es hat sich eingeschrieben in die Namen der Menschen. Der Mann, der uns in Lomé herumführt, heißt zum Beispiel Müller, Joseph Müller. Wir treffen ihn im Studio von Sport FM, dem ersten Sportradiosender in Afrika. Er verliest gerade die *Socca News*. Das macht er jeden Tag zwei Mal, morgens und abends, und dazwischen macht er tausend andere Jobs und Deals: Er berät das Staatsfernsehen in Fußballfragen, unterrichtet Englisch, dolmetscht für Delegationen, kommentiert gelegentlich für die BBC, erforscht die Geschichte der Sklaverei, gründet Zeitungen, arbeitet als Werbeberater und Hotelmanager. Müller ist stolz auf seinen Namen mit dem lustigen Umlaut, der auf seinen deutschen Großvater zurückgeht. Der sei ein Händler gewesen, ein Glücksritter, der im Togoland einträgliche Geschäfte betrieben und mit einer schönen Einheimischen ein paar Kinder gezeugt habe.

Müllers Großvater war kein Einzelfall. Nach Schätzungen der Historikerin Bettina Zurstrassen sollen neun von zehn Kolonialbeamten sexuelle Beziehungen mit Afrikanerinnen gehabt haben; 1912 lebten nach offiziellen Angaben bereits 263 sogenannte Mischlinge im Togoland – das entsprach beinahe der Zahl der dort niedergelassenen Europäer. Man muss sich die koloniale Gesellschaft einerseits als streng hierarchische Sozialordnung vorstellen, in der die Weißen ganz oben und die Schwarzen ganz unten standen. Andererseits öffneten sich innerhalb des institutionalisierten Rassismus Grauzonen, in denen Europäer und Afrikaner zusammenarbeiteten, den Alltag teilten, Beziehungen eingingen und manchmal sogar geheime Freundschaften schlossen. In der *situation coloniale* verschwammen bisweilen die Grenzen zwischen Unterdrücker und Unterdrücktem, Täter und Opfer, Kollaboration und Widerstand. Es gab opportunistische Schwarze, die Privilegien genossen, und es gab lüsterne und disziplinlose Weiße, die die »Rassenschranken« ignorierten.

Das Leben der überwiegend jungen Kolonialisten war in der Regel eintönig und langweilig, sie hatten keine Familien, fühlten sich auf einsamen Stationen isoliert, verstanden die lokalen Sprachen nicht und wollten sie auch gar nicht lernen. Sie hatten Angst vor unheilbaren Tropenkrankeiten, vor wilden Tieren, vor allem aber vor den »Eingeborenen«, diesen unberechenbaren, abergläubischen »Augenblicksmenschen«, wie der Oberstleutnant Julius Smend schrieb. Die Vergnügungen für Beamte und Soldaten waren überschaubar: Saufgelage, Spiel- und Kasinoabende oder Jagden, bei denen sie alles niederschossen, was ihnen vor die Flinte kam. Sie sahen monatelang keine weiße Frau. Um dem sexuellen Notstand abzuhelfen, nahmen sie sich afrikanische Konkubinen. Das war zwar offiziell untersagt, wurde aber stillschweigend geduldet. Selbst Gouverneur Julius von Zech zeugte Kinder mit »Eingeborenen«. Auch verheiratete Kolonialbeamte pflegten ein zügelloses Sexualleben, der Bezirksamtmann Hans Gruner etwa, der in Begleitung seiner Ehegattin in den Kolonialdienst gegangen war und den Militärposten Misahöhe ab 1892 in eine Forschungsstation umwandelte. Was er nebenher trieb, ahnte seine Frau, die gute Luise, vermutlich nicht: Gruner legte eine Sammlung mit Aufnahmen von nackten Afrikanerinnen an; sein pornografischer Bildnachlass wurde in der Staatsbibliothek zu Berlin katalogisiert. Ledige Beamte gingen oftmals eheähnliche Verbindungen ein – trotz der amtlichen Warnungen, dass dadurch das »rassereine« Herrenvolk degenerieren und auf die Ebene der »Neger« herabsinken werde. Um der sogenannten »Verkafferung« vorzubeugen, wurden übrigens in britischen Kolonialhaushalten nur »boys« beschäftigt, männliche Domestiken.

Unter seinesgleichen sei es nach Aussage des Bezirksamtleiters Georg Schmidt allgemein üblich gewesen, »das Weib zu gebrauchen, sobald es geschlechtsreif ist«. Er hielt sich in Atakpamé einen Harem junger Mädchen. Seine Umtriebe wurden schließlich von katholischen Missionaren am Ort aufgedeckt. Die Gottesmänner führten von Anfang an einen zelotischen Feldzug gegen »sittliche Verirrungen« aller Art, schließlich sollten die Heidenkinder zur Keuschheit erzogen werden. Im Kampf gegen den Götzenglauben zerstörten sie Fetische und ersetzten sie durch Marienbilder. Sie verdammten archaische Kulte, Blutrache, Gottesurteile, Kindstötungen, vor allem aber die Vielweiberei. Sie predigten den Afrikanern und Afrikanerinnen das Ideal der monogamen Ehe. Und sie prangerten die sexuellen Ausschweifungen der Kolonialbeamten an, die nicht nur gegen »rassehygienische« Vorschriften verstießen, sondern, schlimmer noch, christliche Gebote missachteten: Was soll der Knecht denken, wenn sein Herr unablässig sündigt?

Auch gebildete Togoer – Kaufleute, Missionsschüler, Intellektuelle, Journalisten – klagten die Prügelorgien und Sexbesessenheit der Kolonialherren an, sie sandten Petitionen nach Berlin und schrieben Berichte in Zeitungen wie dem *Gold Coast Leader* oder der in London erscheinenden »African Times«. Die effektivsten Enthüllungskampagnen aber steuerten die Missionare. Dabei nutzten sie ihre engen Verbindungen zur katholischen Zentrumspartei. Abgeordnete wie Matthias Erzberger geißelten vor dem Reichstag die Schweinereien im Togoland und lösten in der Bevölkerung helle Empörung aus. Die Historikerin Rebekka Habermas hat über dieses Kapitel der deutschen Kolonialherrschaft ein brillantes Buch geschrieben: »Skandal in Togo«. Darin spielt der schon erwähnte Georg Schmidt eine Hauptrolle. Der sexbesessene Bezirkamtsleiter wurde Ende 1903 wegen Unzucht mit Minderjährigen angeklagt. Es habe »kein Mädel in Atakpamé« gegeben, das Schmidt nicht »gebraucht« hätte, sagte ein Zeuge aus. Auch die Kautschukhändlerin Adjaro Nyakuda wurde bei diesem Prozess angehört. Sie beschrieb, wie sie der Angeklagte sexuell misshandelte. »Ich hatte große Schmerzen und schrie. Als Herr Schmidt fertig war, blutete ich aus der Scheide.« Schmidt gab sogar zu, Geschlechtsverkehr mit Nyakuda gehabt zu haben. Weil sie aber bereits volljährig war und viele Zeugen widersprüchlich ausgesagt hatten, wurde er in allen Anklagepunkten freigesprochen.

Schuldgefühle kannten die Kolonialbeamten ohnehin nicht, sie lebten ja nur den Machismo des triebgesteuerten Herrenmenschen aus. Afrika, das war in ihrer Fantasie ein wildes, widerspenstiges, unheimliches, immerzu geiles Weib, das gezähmt und unterworfen werden musste. Die sexuelle Inbesitznahme von Afrikanerinnen, sprich: Vergewaltigung, sahen weiße Eroberer nicht nur als ihr Vorrecht an, sondern geradezu als chauvinistische Pflicht. Besonders herausfordernd und lockend war übrigens Kamerun: »… fast an keiner Stelle zeigte Afrika, die schwarze Schöne, ein so ernstes, finsteres Antlitz, drohend abschreckend!« warnt das »Buch der deutschen Kolonien«.

Die Öffentlichkeit im Deutschen Reich erregte sich zwar über die vielen »Kolonialskandale«, die die Zeitungen genüsslich ausbreiteten. Aber zumeist wurden die Exzesse der Charakterschwäche einzelner Personen zugeschrieben oder mit dem sogenannten Tropenkoller entschuldigt: Wenn der weiße Mann ständig Gefahren ausgesetzt ist, dreht er eben manchmal durch. Ein Kolonialdirektor entblödete sich nicht, die Verbrechen eines Carl Peters in Ostafrika mit der Seelenlast zu erklären, die dieser wie einst die spanischen Konquistadoren Pizarro oder Cortés zu tragen hatte. Das Großunternehmen Welteroberung wurde indes nie ernsthaft infrage gestellt. Die Skandalisierung kolonialer Gewaltpraktiken habe noch lange nicht bedeutet, »dass man koloniale Herrschaft grundsätzlich ablehnte«, bilanziert Rebekka Habermas. Vorfälle wie in Atakpamé hätten sich »hundert-, ja tausendfach in den deutschen Kolonien ereignet«. Im Rückblick scheint in jeder singulären Schandtat das Gesamtverbrechen auf; so besehen lässt sich die Geschichte der Kolonialisierung als Prozess fortgesetzter Vergewaltigung beschreiben.

Aber solche Gedanken sind Joseph Müller fremd, er erzählt lieber von seinem Großvater, der, wie er glaubt, seine Großmutter geliebt hat. »Irgendwann ist er dann wieder verschwunden, mehr ist in der Familiengeschichte nicht bekannt«, sagt

Müller. Er ist davon überzeugt, dass er nicht nur den Namen, sondern auch die deutsche Arbeitsethik von seinem Vatersvater geerbt hat. Auf seiner Visitenkarte steht: Journalist, Animateur, Übersetzer, Marketingdirektor, Kommunikationsberater. Müller schläft nie. Müller hält keine Sekunde inne. Müller läuft toujours auf Hochtouren, als müsse er auch noch das Karma seines afrikanischen Beinamens erfüllen: Khodo, der Junge, der an einem Montag geboren wurde. Bei Joseph Müller ist es seit 32 Jahren Montagmorgen.

In Lomé stößt man auch auf andere deutsche Nachnamen, auf Herzog zum Beispiel. »Sie stehen für das gute Verhältnis zu Deutschland, sonst hätte man sie längst geändert«, glaubt Müller. »Es sind überhaupt keine Ressentiments aus der Kolonialzeit geblieben, die Deutschen hatten immer einen guten Ruf.« Der togoische Germanist Gilbert Dotsé Yigbe fragt sich, warum seine Landsleute »mehrheitlich eine unkritische und eher positive Einstellung zur deutschen Kolonisierung haben«. Er führt es auf die lange zurückliegende und relativ kurze Fremdherrschaft zurück, auf das ungebrochene Ansehen deutscher Missionare und auf den Einfluss des 1924 von ehemaligen Missionsschülern und Mitarbeitern des Kolonialregimes gegründeten Deutsch-Togo-Bundes; dieser Verein, sagt Yigbe, habe wesentlich zur Entstehung der Germanophilie in Togo beigetragen. Die Zuneigung ließ selbst in der finstersten Zeit nicht nach: »In den 1930er-Jahren bekannte sich der Deutsch-Togo-Bund zum Nationalsozialismus.« In der Nachkriegszeit schlug die Vereinigung sogar vor, dass Togo ein Freistaat der Bundesrepublik werden solle. So wie Bayern.

Apropos Bayern: Von dort stammt ein schwergewichtiger Politiker, dessen Ruf in Lomé so gut war, dass man sogar eine

Straße nach ihm benannt hat: die Avenue Joseph Strauss, die vom Boulevard du 30 Aout abzweigt und quer durch das Zentrum der Hauptstadt führt. Der Geehrte heißt zwar genau genommen Franz Josef Strauß, aber auf den Straßenschildern hat man seinen Namen der französischen Schreibweise angepasst. Der bayerische Ministerpräsident selig war ein gern gesehener Gast in Afrika. Er ließ sich von den Mächtigen hofieren, praktizierte zum Ärger von Außenminister Hans-Dietrich Genscher seine »Neben-Außenpolitik«, schoss auf Jagdsafaris Antilopen und frönte im Gedenken an das untergangene deutsche Weltreich und seiner Errungenschaften auf dem »schwarzen Kontinent« der kolonialen Nostalgie. In Togo gab er seinem hochgeschätzten Freund, dem Präsidenten Gnassingbé Eyadéma, des Öfteren die Ehre. Motto: »Wir Schwarzen müssen zusammenhalten.« Strauß, der ja im Bayernland eine Art Alleinherrscher war, hatte ein Faible für afrikanische Autokraten. Im Frühjahr 1988 durfte ich meinen »Landesvater« bei seiner letzten Auslandsreise im Pressetross begleiten (er verstarb im September jenes Jahres), nach Südafrika und Namibia, wo er sich mit dem Apartheid-Präsidenten Pieter Willem Botha und mit Lucas Mangope traf, dem Despoten aus dem Schwarzenreservat Bophuthatswana. Aber ganz besonders schätzte er Gnassingbé Eyadéma aus Togo, den Ex-Offizier, der 1967 per Staatsstreich die Macht an sich gerissen und ein übles Militärregime errichtet hatte. Strauß logierte beim zehnjährigen Putschjubiläum als Ehrengast des Diktators im Gouverneurspalast. Zu diesem Anlass wurde »Francois Schossef« mit dem höchsten Verdienstorden des Landes dekoriert. Die deutschen Kolonialherren hätten seinen Landsleuten die Disziplin beigebracht, schwärmte Eyadéma. So seien die »kolonialen Mythen« wiederbelebt worden, sagt der Germanist Yigbe. Obwohl Eyadéma Togo geplündert und zu einem der ärmsten Staaten heruntergewirtschaftet hatte, blieb ihm Strauß stets freundschaftlich verbunden. Als er 1983 wieder einmal in Lomé weilte, lobte er den Kleptokraten und prophezeite, dass unter dessen starker und weiser Führung Togo wieder ein Musterland werden würde.

Von der einstigen Musterkolonie zum künftigen Musterland: Dazu wollte natürlich auch Josef März aus Rosenheim beitragen, ein Spezi von Strauß, der es als Fleischfabrikant, Großschlächter und Viehhändler zum Multimillionär gebracht hatte. Dank der vom Franzl eingefädelten Geschäftsverbindungen schlug der Sepp in Togo eine Dependance seines Fleischimperiums namens Marox auf; sie umfasste Wurst- und Konservenfabriken, eine Reismühle, einen Landmaschinenhandel, Baufirmen, Brauerei-Beteiligungen, Restaurants sowie eine 27 000 Hektar große Rinderfarm. Marox Afrique stand für einen bajuwarischen Neokolonialismus, der als Wirtschaftshilfe getarnt war. Märzens Unternehmen ging nach seinem Tod unter, aber in Lomé erinnerten der Marox Supermarché und der Marox Grill noch viele Jahre an sein afrikanisches Abenteuer. Die Gaststätte Alt-München wird mittlerweile von einem Deutsch-Franzosen geführt. Franz Josef Strauß soll gerne hier eingekehrt sein, um den deftigen Schweinsbraten mit Sauerkraut und andere heimatliche Schmankerl zu genießen. In einer Ecke des Wirtshauses steht auch noch der bunt bemalte Bauernkasten, den angeblich seine Gattin Marianne aus dem Voralpenland mitgebracht hat. Im Supermarkt von Marox traf ich bei meinem ersten Togo-Besuch im Jahr 1987 einen einheimischen Metzger, der sein Handwerk in Rosenheim gelernt hatte. Der Name des Mannes ist mir leider entfallen, aber die Weißwürste, die er herstellte, bleiben unvergessen – es waren die besten, die ich je in Afrika gegessen habe.

Fast zwanzig Jahre später sollte ich noch einmal an die segensreiche Kooperation meines Landesvaters mit dem kleinen Togo erinnert werden, oben in den Togobergen, kurz vor dem Ort Kouma-Konda, wo sich eine unwirkliche Erscheinung aus dem Tropenwald erhebt: das Château Viale. Die mittelalterlich anmutende Burg wurde in den 1940er-Jahren von einem schrulligen Deutschen gebaut. In ihren Mauern beliebte der Raubritter Gnassingbé Eyadéma afrikanische Staatschefs und seine besten Freunde aus dem Westen zu umschmeicheln. Die Bewohner von Kouma-Konda denken mit gemischten Gefühlen an diese Zeit. Denn über ihren Ort wurde eine Ausgangssperre verhängt, wenn der Chef und seine Staatsgäste per Hubschrauber einflogen; niemand durfte nach sechs Uhr abends das Haus verlassen. Der Despot ging 2005 zu den Ahnen, sein Schloss ist seit vielen Jahren verwaist. Eigentlich darf es niemand betreten, aber gegen ein üppiges Entgelt führt uns ein Wachmann hinein. Das Chateau ist im Stil der DDR-Bonzensiedlung Wandlitz eingerichtet, 1970er-Jahre, viel Resopal und Sperrholz. Der Wächter führt uns in ein Gelass im Eckturm, wo die Unterredungen mit Eyadéma stattgefunden haben. In der Ecke steht eine mannshohe Statue, aus deren Schädel zwei Köpfe herauswachsen. Angeblich ein Totem des Oberhäuptlings, der seine Besucher ermahnte: Was hier besprochen wird, ist streng geheim. Präsidenten aus Afrika und Europa sollen hier gesessen haben, mächtige Männer wie François Mitterrand, und auch dieser Dicke aus Deutschland, Monsieur Stroos, erzählt man uns im Dorf.

»Bienvenue, Allemagne!«, ruft ein junger Mann, als wir bei Einbruch der Dämmerung unser Ziel erreichen. Er lotst uns zum Campement de Klouto. Auf der Terrasse sitzen drei ältere Herren. Mit ihren buschigen Mustaches und den randvollen Pastis-Gläsern, die vor ihnen auf dem Tisch stehen, sind sie unschwer als Franzosen zu erkennen. Sie vergleichen die prächtigen Falter, die sie am Nachmittag in ihren *filets à papillon* gefangen haben, in Schmetterlingsnetzen mit Bambusstielen. »Ah, boches! Setzt euch, wir sind jetzt Verbündete«, sagt einer der Pensionäre und fügt augenzwinkernd hinzu: »Damals waren wir noch Erzfeinde.«

Damals, im August 1914, ging alles ganz schnell. Die Briten begannen schon am 12. des Monats die Invasion des Togolands und nahmen die Hauptstadt Lomé ein. Die deutschen Einheiten hatten sich ins Landesinnere zurückgezogen, um die strategisch bedeutende Großfunkstation Kamina zu verteidigen. Die Franzosen marschierten von Osten aus Dahomey ein und verstärkten für den Angriff auf diese Stellung die britischen Soldaten mit 500 Senegal-Schützen. Die deutsche Truppe war viel zu klein und zu schwach, um die verbündeten Westmächte abzuwehren, überdies kam es zu Meutereien in den eigenen Bataillonen. Afrikanische Hilfssoldaten schossen wild um sich und töteten sechs deutsche Offiziere. Viele desertierten angesichts der Übermacht der Alliierten, gleichzeitig schlugen sich immer mehr Häuptlinge auf deren Seite. In der Nacht vom 24. auf den 25. August sprengten die Deutschen die neun Funkmasten von Kamina und setzten die Anlage in Brand, damit sie nicht in die Hände des Feindes falle. Der von der Firma Telefunken zwischen 1911 und 1914 errichtete Sender war eine technische Meisterleistung, die die drahtlose transkontinentale Kommunikation ermöglichte und den Vorsprung des deutschen Nachrichtenwesens demonstrierte. Am 2. August 1914 ging in Kamina jenes berühmte Telegramm aus dem 5200 Kilometer entfernten Nauen bei Berlin ein, in dem Wilhelm Solf, Staatssekretär im Reichskolonialamt, Entwarnung gibt: »AN SÄMTLICHE GOUVERNEURE. GROSSMÄCHTE SIND BEMÜHT ZUR ERHALTUNG EUROPÄISCHEN FRIEDENS… BERUHIGT ANSIEDLER. UNSERE SCHUTZGEBIETE AUSSER KRIEGSGEFAHR«. Eine eklatante Fehleinschätzung. In Togo war der Erste Weltkrieg vorbei, kaum dass er begonnen hatte; die deutsche »Schutztruppe« musste schon Ende August kapitulieren. In Kamina, unweit der Stadt Atakpamé, sind noch Fragmente der zerstörten Funkstation zu besichtigen, vom Gras und von Schlinggewächsen überwucherte Maschinenteile, Kolben, Pumpen, Generatoren, der Dampfkessel, die Ruinen des Wasserspeichers, und mit ein wenig Einbildungskraft kann man es zwischen den Trümmern noch Raunen hören: »Kamina ruft Nauen!«

Das Campement de Klouto, in dem wir zwei dunkle, schäbige, von Kakerlaken bevölkerte Zimmer beziehen, diente kurze Zeit als deutsches Lazarett. Hier und im Krankenhaus unten in Kpalimé hat vermutlich auch Dr. Werner Alborus von Raven gewirkt. Der Tropenmediziner, der sich in der Berliner Charité erste wissenschaftliche Meriten verdient hatte, war ab 1908 als Bezirksamtmann und Regierungsarzt in Togo im Einsatz. Er hat unter anderem die Schlafkrankheitskommission geleitet und in einem Lager für Schlafkranke in Klouto medizinische Experimente durchgeführt. Er soll hochtoxische Wirkstoffe an einheimischen Patienten erprobt haben: Arsphenamin, das gegen die Syphilis eingesetzt wurde, und Atoxyl, mit dem man die von der Tsetsefliege übertragene Tropenkrankheit Trypanosomiasis bekämpfte. Von Raven war einer der Ärzte, die in der Kolonie intensiv forschten. Ein gewisser Dr. Hermann Kersting hat Studien über den Körperbau der »Negerin« betrieben und zwecks rassenbiologischer Untersuchungen den Schädel seines Kochs präpariert; es hielt sich das Gerücht, dass der arme Mann nicht eines natürlichen Todes gestorben, sondern von Kersting umgebracht worden sei. Auch Claus Schilling sammelte als Tropenmediziner im Togoland praktische

Erfahrungen. Er wollte ein Heilmittel gegen Malaria entwickeln und setzte bis ins hohe Alter seine Experimente im Konzentrationslager Dachau fort. Schilling wurde im Dachauer Prozess zum Tode verurteilt und im Mai 1946 hingerichtet.

Es ist ein gespenstischer Ort, diese Herberge in Klouto. Ein Ort der stummen Schreie. Ein Ort, der lange Schatten bis zu den medizinischen Verbrechen der Nazi-Zeit wirft, bis zu Josef Mengele. Hat Dr. von Raven womöglich auch in der spartanischen Kammer, in der ich unruhig schlafe, Menschen gequält? Hat er hier seinen Versuchskaninchen, schwarzen Männern, Frauen und Kindern, Giftspritzen gesetzt und dann mit wissenschaftlicher Akribie beobachtet, wie sie elendiglich verreckten? Eine Vorstellung, die mir in die Alpträume dieser Nacht folgt. Ich habe leider nicht viel über diesen Mann und seine grausamen Experimente herausfinden können, die einschlägigen Archive enthalten wenig Hinweise. Aber vielleicht findet irgendwann ein junger Wissenschaftler oder eine angehende Medizinhistorikerin den Weg herauf nach Klouto, um diese Verbrechen gegen die Menschlichkeit zu dokumentieren. Vielleicht blättert er oder sie ein weiteres dunkles Kapitel unserer Kolonialgeschichte auf, von denen es noch so viele gibt.

Sechs Pullen Rum

Die Gewaltexzesse und Plünderungen in Deutsch-Kamerun

Der Weg führt zwischen wild wuchernden Bambusstauden hinunter zum Atlantikufer, zehn Minuten entfernt von der zerklüfteten Straße, die die drei Dörfer der Gemeinde Bimbia im Südwesten Kameruns verbindet. Edimo Mbimbi, ein schlanker, hochgewachsener Mann, schreitet mit weiten Schritten voraus. Er scheint nicht besonders gut aufgelegt zu sein, vielleicht ist heute einer jener Tage, an denen es ihn nervt, irgendwelche Weißnasen mit ihren Betroffenheitsgesichtern über das dunkelste Kapitel der Geschichte seines Landes aufzuklären. Sei's drum, der Job als Führer durch den Sklavenmarkt von Bimbia sichert ihm ein kleines Grundeinkommen. Mbimbi bleibt vor einem länglichen Betontrog stehen. »Das Sklavenrestaurant«, sagt er mit einem höhnischen Lächeln. Er senkt seinen Kopf über den Trog und macht Schmatzgeräusche. »Die gefesselten Gefangenen durften nicht mal ihre Hände benutzen. Sie mussten fressen wie Tiere.« Man denkt unweigerlich an einen Saubarren oder an einen Futtertisch für Kühe. Mbimbi schlägt mit einem Anflug von Zorn an die rostigen Glieder der seitlich eingelassenen Ketten, mit denen die Sklaven bei der Nahrungsaufnahme gefesselt wurden. Dann führt er uns zu einem käfigartigen Gerüst, in dem ihnen Halseisen und Fußketten angeschmiedet wurden. Weiter zum »Strafhof«, wo renitente

»Eingeborene« an Säulen gebunden, ausgepeitscht und oft totgeschlagen wurden. Wer die Torturen überlebte, wurde durch einen engen Ausgang getrieben, der sich zum Wasser hin öffnete. »The door of no return«, erklärt Mbimbi. Die Tür ohne Wiederkehr, ein schmaler Durchbruch, hinter dem die Meeresbläue leuchtet.

Hier gingen sie durch, Männer, Frauen und Kinder, Hunderte, Tausende, die im Landesinneren gefangen und an die Küste verschleppt wurden, und in dieser so lieblich wirkenden Bucht bei Bimbia waren sie endgültig verloren. Denn draußen auf dem Ozean lagen die Schiffe der weißen Sklavenhändler, die sie auf die Inseln Fernando Póo und São Tomé e Príncipe transportierten. Oder hinüber nach Brasilien, in die Karibik, nach Nordamerika, wo sie wie Lebendvieh verkauft und zur Fronarbeit in Silberminen, auf Zuckerrohrfeldern, in Kaffee-, Tabak- oder Baumwollplantagen gezwungen wurden.

Portugiesen, Spanier, Briten, Franzosen, Holländer, Schweden, Dänen waren an diesem verbrecherischen Geschäft von Anfang des 16. Jahrhunderts bis Mitte des 19. Jahrhunderts beteiligt, und kurze Zeit kreuzten auch die Preußen am westafrikanischen Gestade auf, um sich am Handel mit dem »schwarzen Gold« zu bereichern (siehe Kapitel 1). Dass auch die Afrikaner kräftig mitverdienten und einige dabei sogar wohlhabend wurden, erwähnt Edimo Mbimbi allerdings nicht. Er gehört zum Küstenvolk der Isubu, seine Vorfahren waren Mittelsmänner, die mit Elfenbein, Kolanüssen und anderen Tropenprodukten handelten – und mit ihren Brüdern und Schwestern. Einheimische Kollaborateure fingen die Sklaven im Landesinneren zusammen, denn die europäischen Menschenhändler waren militärisch zu schwach, um die Beutezüge selbst durchzuführen. Überdies fürchteten sie die »Wilden« im unwegsamen Hinterland, sie warteten lieber an der Küste auf die begehrte Ware. Viele Gefangene wurden übergesetzt nach Nicol Island, eine kleine, dicht bewaldete Insel vor der Bucht, auf deren Meerseite die Sklavenschiffe ankerten. »Von dort war die Flucht unmöglich, denn keiner konnte schwimmen«, sagt Mbimbi.

Elmina in Ghana, Ouidah in Benin oder die senegalesische Insel Gorée zählten zu den berüchtigten Deportationszentren in Westafrika, die Verbrechen, die dort geschahen, sind gründlich dokumentiert; über die Rolle Bimbias aber war lange Zeit nur wenig bekannt. Erst 2010 rekonstruierte die afro-amerikanische Politologin Lisa Aubrey die tragischen Ereignisse an diesem Ort; sie fand heraus, dass hier 166 Schiffe ablegten, um Sklaven in die Neue Welt zu verfrachten. Afro-amerikanische Persönlichkeiten wie der Filmregisseur Spike Lee, der Musiker Quincy Jones oder die Kongressabgeordnete Karen Bass konnten ihre DNA-Spuren zurück nach Kamerun verfolgen.

Nach dem Sklavenhandel kam der Kolonialismus über Afrika, man könnte auch sagen: der Pest folgte die Cholera. Und hier, auf dem einstigen Menschenmarkt von Bimbia, stoßen wir auch auf die ersten Spuren der deutschen Eroberer. Am Eingang des Geländes stehen die Überreste einer Kakaotrocknungsanlage. Rostige Stahlrohre mit sauber geschnittenem Gewinde liegen in der Ruine herum, aus dem Mauerwerk haben sich gestrichene Normziegel gelöst, sie tragen den Aufdruck JFK. Welche überseeische Ziegelbrennerei sich hinter diesem Markenzeichen verbirgt, lässt sich nicht eindeutig verifizieren, aber unser Führer glaubt, das Baumaterial sei aus dem Deutschen Reich importiert worden. Historisch belegt ist, dass hanseatische Unternehmen wie die Firma C. Woermann Handelsposten in Bimbia unterhielten. Und dass 1894 auch an diesem Küstenabschnitt die Flagge des Deutschen Reiches in den Sand gerammt wurde. In jenen Jahren kreuzte das Kanonenboot »Cyclop« in der Bucht auf, um einen Häuptling namens Money zur Raison zu rufen. Das Dorf wurde beschossen und niedergebrannt, der aufsässige Chief durch einen unterwürfigen ersetzt. Mbimbi erzählt von seinem Urgroßvater, der den Beinamen »The German« trug, vermutlich weil er sich gut mit den Invasoren gestellt hatte. Allein, die Erinnerung an diese Zeit ist fast vollständig erloschen, das zeigt auch der Höflichkeitsbesuch bei Victor Kingue. Der traditionelle Führer von Bona Ngombe, einem der drei Dörfer von Bimbia, empfängt uns auf der Veranda seines windschiefen Holzhauses; er raucht Kette, trinkt lauwarmes Bier. Kolonialzeit? Kaiser Wilhelm? Bismarck? Wenn er »Deutschland« hört, denkt er zuallererst an Fußball. Er würde gerne das nächste Spiel von Bayern München in der Champions League sehen, doch ärgerlicherweise fließt momentan kein Strom, weil gestern Nacht ein morscher Leitungsmast umgekracht ist. Überhaupt macht sein Dorf einen ziemlich armen Eindruck, es gibt kaum Arbeit, keine ordentliche Straßenverbindung, keine Trinkwasserversorgung. Der staatliche Gesundheitsposten ist nicht besetzt. Die Regierung schere sich einen Teufel um diese Region, klagt der Chief. Man schlägt sich irgendwie durch, baut Yams-Wurzeln an, erntet Kochbananen, produziert Palmöl, holt Fische aus dem Meer. Den Stromanschluss verdankt das Dorf auch nur einem korrupten Manager der kamerunischen Entwicklungsgesellschaft, der sich hier eine protzige Villa mit Meerblick hingestellt hat. Aber der Mann wurde seit einer halben Ewigkeit nicht mehr im Dorf gesichtet.

Bimbia, ein isoliertes Nest im Südwesten Kameruns, das scheinbar zeitlos vor sich hindämmert und seine eigene Geschichte vergessen hat. Die Einwohner haben jedenfalls noch nie von den hinterlistigen Plänen gehört, die man sich vor über 130 Jahren in einem Hamburger Kontorhaus ausgedacht hatte. In einem handschriftlichen Telegramm, datiert auf den 9. Mai 1884, teilt Adolph Woermann, Eigentümer der Reederei C. Woermann, seinem in Kamerun stationierten Agenten Eduard Schmidt vertraulich mit, dass die verschiedenen Bestrebungen, »welche dahin gingen, die deutsche Reichsregierung zum Erwerb überseeischer Besitzungen zu veranlassen«, endlich Erfolg gehabt hätten. Er, Woermann, sei höchstselbst zum Fürsten Bismarck berufen worden, »um mit ihm die Art & Weise zu besprechen, wie am besten zur Erreichung dieses Zweckes vorzugehen sei«. Der Zweck war, sich das Land der »Eingeborenen« unter den Nagel zu reißen. Man muss dazu wissen, dass europäische Kaufleute schon Mitte des 19. Jahrhundert an der kamerunischen Küste Handel trieben. Zu den Pionieren gehörte schon damals Carl Woermann, der Vater Adolphs. 1868 eröffnete seine Firma eine schwimmende Dependance auf dem Kamerunfluss, ein abgetakelter Hulk diente gleichzeitig als Warendepot, Verkaufsraum und Wohnschiff; die erste feste Niederlassung wurde 1881 in Douala aufgeschlagen. In der Zwischenzeit hatte auch das von zwei ehemaligen Woermann-Angestellten gegründete Konsortium Jantzen & Thormälen Faktoreien in Bimbia, Malimba und Victoria in Betrieb genommen. Die Hanseaten betreiben einträgliche Geschäfte mit tropischen Erzeugnissen, aber der Konkurrenzkampf ist hart, nicht nur mit britischen und französischen Kaufleuten, sondern auch mit einheimischen Zwischenhändlern. Um ihnen das Handelsmonopol zu entreißen, beschließen Woermann und andere deutsche Unternehmungen, sich die Hoheitsgebiete der Häuptlinge anzueignen und unter den Schutz des Reiches stellen zu lassen. Die »Herren Chiefs« scheinen gar nicht abgeneigt zu sein, »eine ordentliche reguläre Regierung eines civilisierten Staates anzuerkennen«, telegrafiert Adolph Woermann nach Douala und kündigt die Ankunft der »Möwe« in den ersten Julitagen an. Es ist der Name des Kanonenbootes, auf dem der namhafte Afrika-Forscher Gustav Nachtigal eintreffen wird, um als Abgesandter der Reichsregierung die formelle Inbesitznahme des »Schutzgebietes« zu vollziehen. Vorher aber solle sich Schmidt schleunigst von King Bell, King Akwa, Lock Preso und Dido, den vier Häuptlingen in Cameroons, die Oberhoheit über das »ganze diesen gehörige Gebiet« abtreten lassen, befiehlt Woermann. Es müsse alles Schlag auf Schlag gehen. »Cameroons muss deutsch geworden sein, ehe die Engländer auch nur eine Ahnung davon haben.«

»The Big Woermann«, wie der Hamburger Großkaufmann in Afrika ehrfürchtig genannt wurde, ist im Kolonialfieber. Am 12. Mai 1884 kabelt er weitere Instruktionen an seinen Agenten: »Ganz ebenso müßen Sie in Bimbia verfahren. Hier wird, wie ich annehme, die Abtretungs Urkunde noch leichter zu erlangen sein.« Schmidt möge sich »gern recht ausgedehnte Ländereien abtreten laßen, als Privat-Eigenthum – besonders solche, welche sich zur Anlage von Plantagen eignen«. Schmidt müsse natürlich versuchen, das Land möglichst billig zu erwerben, man könne es »ja beinahe umsonst bekommen«, um es später gewinnbringend weiterzuverkaufen.

Die Abmachung mit King Bell und seinen Amtskollegen wird in Windeseile getroffen, am 12. Juli treten sie ihre Souveränitätsrechte an die deutschen Unterhändler ab. Zwei Tage später trifft die SMS »Möwe« wie angekündigt am Kamerunfluss ein, und Nachtigal vollzieht das übliche Brimborium: feierliche Schutzerklärung, kleine Parade, 21 Salutschüsse, Hissen der schwarz-weiß-roten Flagge. Alles ganz rechtmäßig – nach reichsdeutschem Gesetz. Und daheim an den Stammtischen erschallt schon bald darauf ein beliebtes Schunkellied:

King Akwa und der König Bell
Sagten unlängst »very well«
Schenkten für sechs Pullen Rum
Uns ihr ganzes Königtum
Jupheidi, jupheida …

Die Vertreter der Handelshäuser besiegeln eine Reihe von krummen Deals, die die Landabtretung zu einem Spottpreis garantieren. So erhalten zum Beispiel die Chiefs von Awuni für die Überlassung ihrer Territorien die stolze Summe von 200 amerikanischen Dollar. In Bimbia dürfen sich die überrumpelten Großleute 60 britische Pfund teilen. King William, Häuptling Preso und sieben weitere Großmänner signierten die Vereinbarung hinter ihren in lateinischer Schrift verzeichneten Namen mit kleinen Kreuzen. Otto von Bismarck hatte offenbar Zweifel an der Rechtsgültigkeit der Verträge und mokierte sich über die »Papiere mit einigen Negerkreuzen«. Immerhin war es Adolph Woermann gelungen, dem Reichskanzler die koloniale Idee schmackhaft zu machen, doch der alte Fuchs blieb reserviert. »Bismarck will sich einstweilen nicht darauf einlassen, eine eigentliche Garnison dort (in Kamerun) einzurichten«, notiert der Großkaufmann.

Adolph Woermann, geboren 1847, hatte nach dem Tod seines Vaters im Jahre 1880 das Handelshaus als alleiniger Teilhaber übernommen. Er stand an der Spitze der größten Privatreederei der Welt mit einer Gesamttonnage von 75 000 Tonnen. Sie betrieb Dampfschifffahrtslinien an die westafrikanische Küste, nach Deutsch-Südwestafrika und später auch nach Deutsch-Ostafrika. Als Reichstagsabgeordneter der Nationalliberalen Partei, Mitglied des Kolonialrates und Präsident des Westafrika-Syndikats hatte er maßgeblichen Einfluss auf die wilhelminische Kolonialpolitik. Woermann konnte auf den direkten Zugang zu Bismarck bauen und das Streben nach privatem Profit als nationales Interesse verschleiern. Sein Unternehmen betrieb einen schwunghaften Handel mit Palmöl, Kautschuk und anderen Naturalien, der Absatz von exotischen Waren lief gegen Ende des 19. Jahrhunderts immer besser, denn findige Kaufleute hatten 1898 in Berlin die Einkaufsgenossenschaft der Kolonialwarenhändler gegründet, die »Edeka«, die zur größten Supermarktkette Deutschlands aufsteigen sollte und heutzutage einen Jahresumsatz von über 50 Milliarden Euro macht.

Woermann belieferte Westafrika mit Stoffen, Pulver, Salz, Reis, Tabak, Schmuck, Werkzeugen und Fertigwaren. Die Exportschlager nach Togo und Kamerun aber waren alkoholische Erzeugnisse. Branntwein, Rum und Genever gehörten quasi zum Eroberungsprogramm der Kolonisatoren, Adolph Woermann machte auch gar kein Hehl daraus und erklärte vor dem Reichstag: »Es ist das der Punkt gewesen, wodurch sich die Deutschen überhaupt in den Handel mit Westafrika haben hineinbohren können … Ich meine, dass es da, wo man Zivilisation schaffen will, hier und da eines scharfen Reizmittels bedarf.« Ein Basler Missionar berichtet 1898 an seine Zentrale: »Das ganze Leben hier ist gewissermaßen vom Branntwein durchtränkt.«

Nebenbei sei angemerkt, dass sich für Woermann auch in Deutsch-Südwestafrika der Aufbau der »Zivilisation« auszahlte, er wurde sogar zu einem der großen Kriegsgewinnler. Seine Dampfer verschifften 15 000 Soldaten und 11 000 Armeepferde in die Kolonie; sie wurden gebraucht, um den Aufstand der Herero und Nama in den Jahren 1904 bis 1907 niederzuschlagen. Matthias Erzberger, Abgeordneter der Zentrumspartei, beschuldigte die Firma, überhöhte Frachtkosten und Liegegebühren in Rechnung gestellt und die Reichsregierung um sechs Millionen Mark betrogen zu haben.

Der Reichtum und die Macht der Woermanns spiegelten sich in den Bauwerken des Unternehmens, im ultramodernen Agenturgebäude der Woermann-Linie AG in Douala, das nur noch auf alten Fotografien existiert. Oder im opulenten Woermannhaus im namibischen Swakopmund, das bis heute zu den beliebtesten Sehenswürdigkeiten der Stadt gehört. Oder im Afrikahaus zu Hamburg, wo die Wirtschaftsaktivitäten des »königlichen Kaufmanns« in einem recht milden, exotischen Licht erscheinen. In meinen Jahren als Redakteur der ZEIT ging ich gelegentlich in dieses Kontorgebäude an der Großen Reichenstraße 27 hinüber, es waren nur drei Fußminuten vom Pressehaus bis zum Stammsitz der Woermanns.

Am Eingang hält die Statue eines schwarzen Kriegers mit Spieß und Schild Wacht. Aus dem schmiedeeisernen Torgepränge blitzen vergoldete Palmfrüchte. Im Hinterhaus empfangen uns zwei gusseiserne Elefanten. Die Ikonologie eines kolonialen Handelsimperiums, Anschauungsmaterial zur These der sogenannten Dependenzlehre, das Zentrum – also die Kolonisierer – habe sich auf Kosten der Peripherie – der Kolonisierten – entwickelt. Das Haus Woermann verdankt seinen Aufstieg einer überseeischen Beutewirtschaft, deren Erschließungs- und Unterhaltungskosten die Steuerzahler des Deutschen Reiches getragen haben. Gewinne privatisieren, Verluste sozialisieren – das bewährte kapitalistische Prinzip. Eben weil die meisten Kolonien unter dem Strich nur Verluste machten, wurden die Vertreter der Dependenztheorie häufig kritisiert. Aber im Hinblick auf einzelne Zweige und Akteure der Wirtschaft sind ihre Argumente stichhaltig. Unternehmer wie Adolph Woermann wurden im Wettlauf um Afrika zu *global players*, zu Schrittmachern der Globalisierung.

Anno 2012, zum 175-jährigen Firmenjubiläum, erscheint ein Rückblick mit dem Titel »Immer wieder Afrika – what else?«

»Immer wieder Afrika – was sonst?«: Eingang zum Stammhaus der Firma Woermann in Hamburg

Was denn sonst? Hochglanzbilder illustrieren das segensreiche Wirken des Unternehmens, selbstkritische Gedanken aber sucht man in diesem Bildband vergeblich. Die Gelegenheit, sich mit den Gründervätern und einer nicht immer glorreichen Vergangenheit auseinanderzusetzen, wurde vertan. Auch Detlev Woermann, der heute die Firma zusammen mit einem Kompagnon leitet, redet nicht gerne über die dunklen Seiten der Vorgeschichte. Er hat keine guten Erfahrungen gemacht mit Historikern und Journalisten, die sein Haus nur negativ darstellen. Erst im Dezember 2016 hatte ein SPIEGEL-Kollege wieder so einen ärgerlichen Artikel geschrieben, in dem er Hamburg als »eine der Brutstätten des deutschen Imperialismus« geißelte. Auch die alte Speicherstadt wurde darin erwähnt, diese stattlichen Lagerhäuser und Repräsentationsbauten, die vom florierenden Übersee-Geschäft und dem daraus gewonnenen Reichtum erzählen. »Ganz feine Kaufleute« stand über den Text, gemeint waren Kaufleute wie Woermann & Co. Ich rechnete also nicht damit, einen Gesprächstermin im »Afrikahaus« zu erhalten.

Doch im darauffolgenden Mai, an einem kühlen, regnerischen Tag, empfängt mich Detlev Woermann: ein freundlicher älterer Herr mit einem fein getrimmten Pastorenbart, durch und durch Hanseat, ein Mann, der Traditionen pflegt und das Unternehmen wie seine Vorfahren aus dem 2. Stock des Afrikahauses steuert. Die Büroräume wirken wie ein Kolonialmuseum: afrikanische Objekte, alte Landkarten, Ölgemälde von Dampf- und Segelschiffen, Porträts der Altvorderen. »Ein Viertel, ein Achtel, ein Sechzehntel, wie viel ist von meinen Vorvätern noch in mir?«, fragt Detlev Woermann. Es hört sich an wie: Alles schon so lang her, drei Generationen, wie viel Schuld bleibt da noch? So ähnlich sehen es offenbar auch die Nachfahren der Geschädigten. »Sie haben mir einen feierlichen Empfang bereitet, als ich letzten Sommer Kamerun besuchte«, sagt Woermann. Der Gastgeber, Seine königliche Hoheit Eboumbou Douala Manga Bell, sprach in blumigen Worten von einem großen Kapitel der Geschichte, das die Vorväter gemeinsam aufgeschlagen hätten, und von einer neuen Generation, die sich zwar der widersprüchlichen Vergangenheit bewusst sei, aber die »einstige Herrlichkeit« wiederherstellen wolle. Am Ende seiner Rede betonte der König, man setze auf Kontinuität, und die könne nicht auf »relativer Schuld« beruhen. »Unser Verhältnis war herzlich«, sagt Woermann. Er ist ein Freund Afrikas, er möchte, dass der Kontinent durch gute Handelsbeziehungen wirtschaftlich vorankommt, er schaut lieber in die Zukunft.

Die Vergangenheit scheint vergangen zu sein, nicht nur für die Nutznießer der Fremdherrschaft, sondern auch für deren Opfer. Selbst die Hinrichtung seines Großvaters erwähnt King Bell beim Empfang für Detlev Woermann nur am Rande, er wollte nicht in dieser Wunde herumbohren. Manga Bell wurde am 8. August 1914 in Douala aufgehängt. Es war einer der schändlichsten Justizmorde in der deutschen Kolonialära, aber darauf kommen wir am Ende dieses Kapitels noch einmal zurück.

Die Bevölkerung wehrte sich zwar gegen die Eroberer, leistete aber keinen gemeinschaftlichen Widerstand. Denn Volksgruppen wie die Douala waren innerlich zerstritten, die mächtigen Clans lieferten sich erbitterte Auseinandersetzungen um die Anteile am schwindenden Zwischenhandel mit den einheimischen Zulieferern aus dem Hinterland, die sie mit Elfenbein, Kolanüssen oder Kautschuk versorgten. Andererseits gab es traditionelle Herrscher, die von Anfang an mit den Besatzern zusammenarbeiteten, Männer wie Ibrahim Mbombo Njoya zum Beispiel. Der kamerunische Literaturwissenschaftler Patrice Nganang schildert, wie der König der Bamum seine Untertanen davon abbrachte, gegen die Invasoren zu kämpfen: »Wenn wir Krieg führen gegen die Weißen, werden alle Bamum vernichtet werden.« Also Kooperation statt Konfrontation, man könnte auch sagen: Kollaboration. Njoya wurde zum Statthalter des deutschen Kolonialregimes ernannt; er stellte der »Schutztruppe« sogar freiwillig Krieger zur Verfügung, um Aufstände anderer Volksgruppen niederzuschlagen.

Umgekehrt hatten ihm die Deutschen geholfen, den Schädel seines Vaters zurückzuerobern, den das verfeindete Nachbarvolk der Nso geraubt hatte. Njoya muss eine imposante Gestalt gewesen sein, ein blitzgescheiter Mann, der für sein Volk eine eigene Schriftsprache erfunden hat, Schumom. Sein gravitätisches Auftreten, seine Gelehrtheit und sein lebhaftes Interesse an der deutschen Kultur beeindruckten die Kolonialbeamten. Er trug gern europäische Fantasieuniformen, darin erinnerte er allerdings eher an eine Operettenfigur. Njoyas Germanophilie hielt auch nach dem Ende der deutschen Besatzungszeit an, man sieht es an dem Palast, den er 1917 in Foumban bauen ließ, dem Machtzentrum seines Reiches im nordwestlichen Grasland von Kamerun: Der wuchtige Backsteinbau ist einem preußischen Herrschaftshaus nachempfunden.

Im Jahre 1999 führt mich Prinz Yaya Nfouapon, ein Bruder des heutigen Königs, durch das Palastmuseum. Er will veranschaulichen, wie freundschaftlich die Bamum den Preußen verbunden waren. Da ist etwa die Liste mit den zum Teil falsch geschriebenen Namen der Fremdherrscher, die Nfouapon »German chiefs« nennt: Ramsay, Sandrock, Hauptmann, Ebermayer, Fuhrmann. Und die Kürassieruniform der Kaiserlichen Garde, die Wilhelm II. seinem »königlichen Bruder« Njoya geschenkt hat. Gleich daneben eine Abbildung des ungleich wertvolleren Geschenks, das dieser dem Monarchen nach Berlin senden ließ: Mandu Yenu, der Thron der Sultane von Bamum. Ein Sessel aus schwerem Tropenholz, verziert mit Tausenden von bunten Perlen, die Sitzfläche aus Kaurischnecken, darunter winden sich indigoblaue Schlangen. Das wunderschöne Original habe ich erst 2016 im Ethnologischen Museum zu Berlin-Dahlem gesehen, kurz bevor es in einem Zwischenlager verschwand, um demnächst im Humboldt-Forum des wiederaufgebauten Berliner Stadtschlosses ausgestellt zu werden.

Den gegenwärtigen Herrscher, Sultan Al-Haji Mbombo Njoya, einen Enkel des legendären Njoya, treffen wir erst am nächsten Tag in einem kleinen Dorf namens Malantuen. Dort empfängt er die Honoratioren der Region, stolze Muslime, die mit Goldfäden durchwirkte Gewänder aus Brokat, Seide und Damast tragen, dazu weiße Turbane oder rote Kappen, die an Jakobinermützen erinnern. Hofschützen feuern mit alten Vorderladern in die Luft, Musikanten schlagen Schlitztrommeln oder stoßen in Fanfaren. Mittendrin der Sultan, der sich so majestätisch bewegt, als würde er unter seinem Umhang von Rädern getragen. Ein Herold preist den Erlauchten, zwei Diener vertreiben mit Wedeln aus Straußenfedern die Fliegen, einer hält einen Sonnenschirm über sein Haupt. Wir werden zum Festmahl eingeladen, dürfen einen Eintopf probieren, der angeblich Löwenfleisch enthält. Der Sultan hat nicht viel Zeit für uns. Er sagt nur: »Welcome. Germany is a good country.« Man wundert sich immer wieder über die Wertschätzung, die Deutschland in Ländern genießt, die es unterdrückt und ausgeplündert hat. Im Land der Bamum liegt das vermutlich daran, dass die koloniale Herrschaft ihre starke und prachtvolle Kultur nicht zerstören konnte. Und dass sich selbstbewusste Führer wie Njoya stets als ebenbürtige Bündnispartner der Deutschen sahen. In Wahrheit war er den preußischen Kommissköpfen intellektuell wohl weit überlegen.

Bamum wurde zwar nicht gänzlich von gewalttätigen Übergriffen verschont, blieb aber doch ein Ausnahmefall. In anderen Regionen der Kolonie ging die »Schutztruppe« hingegen immer rücksichtsloser gegen die Afrikaner vor. Nicht nur in Deutsch-Südwestafrika und Deutsch-Ostafrika wüteten die wilhelminischen Herrenmenschen, ihre Grausamkeit lässt sich auch in Kamerun exemplarisch nachzeichnen. Dort war ab 1892, in der Amtszeit des überforderten Gouverneurs Eugen von Zimmerer, eine regelrechte Terrortruppe im Einsatz; sie wurde angeführt von Zimmerers Stellvertreter Heinrich Leist und dem Gerichtsassessor Ernst Wehlan, der die Polizei kommandierte. Sie entsandten sogenannte Strafexpeditionen, um rebellische Regionen zu unterwerfen und die lokalen Konkurrenten der deutschen Händler aus dem Weg zu räumen. Es war auch hier eine Politik der verbrannten Erde, die zerstörte Dörfer, verwüstete Felder und zahllose Opfer hinterließ. Wehlan soll seinen Schergen befohlen haben, »alten Weibern die Hälse abzuschneiden«. Nach einem Feldzug gegen die Bakoko notiert er: »Zahlreiche Gegner nach kurzer Gegenwehr niedergeschossen, viele Weiber und Kinder niedergehauen … fast jeder Soldat brachte zum Andenken ein Bakokohaupt nach der Beach.« Heinrich Leist, der Kanzler, ordnete exzessive Prügelstrafen an, und manchmal sah er bei deren Vollstreckung lustvoll zu. Einmal soll er sich daran ergötzt haben, wie angeblich arbeitsunwillige Frauen von schwarzen Hilfssoldaten mit Rhinozerospeitschen traktiert wurden, jeweils zehn Hiebe auf das nackte Hinterteil. Das kann man nachlesen im anonymen Bericht eines Regierungsbeamten, dem die Schindereien zu weit gegangen waren.

Am Anfang des Jahres 1895 wurde Jesko Albert Eugen von Puttkamer zum Gouverneur von Kamerun ernannt, ein pommerscher Adeliger, der das Leben der Bevölkerung noch unerträglicher machen sollte, als es ohnehin schon war. Auch diesen Eisenfresser haben wir bereits im Togoland kennengelernt, wo er das Amt des Kaiserlichen Kommissars bekleidet hatte und später zum Landeshauptmann befördert worden war. Nun suchte er Kamerun heim, um bis zu seiner unehrenhaften Absetzung – er hatte den Pass seiner Mätresse gefälscht – zwölf Jahre lang wie ein Despot zu regieren. Puttkamer war der Prototyp des deutschen Kolonialherrschers, eitel, egomanisch, brutal, durch lächerlichste Anlässe in seiner soldatischen Ehre gekränkt, ein leidenschaftlicher Verfechter der Vergewaltigungspolitik mit unverhohlen genozidalen Gelüsten. Mittelmäßige Männer wie er, die es in der politischen Elite des Kaiserreiches zu wenig Ansehen gebracht hatten, konnten in den Kolonien deutsche Allmachtsfantasien ausleben und mit tyrannischen Methoden ihre eigenen Staatsgebilde formen. Die Douala, das umtriebige Küstenvolk, schimpfte Puttkamer »das faulste, falscheste und niederträchtigste Gesindel, welches die Sonne bescheinet«, und er fügte mit einem Unterton des Bedauerns hinzu, dass es am besten gewesen wäre, »wenn sie bei der Eroberung des Landes wenn nicht ausgerottet, so doch außer Landes verbracht worden wären«. Ein Afrika ohne Afrikaner, das war die Idealvorstellung des Gouverneurs. Unter seiner Ägide wurde das »Schutzgebiet« bis an die Ufer des Tschadsees ausgedehnt und okkupiert. Die Gesamtzahl der deutschen Militäroperationen ist unbekannt, Fachhistoriker schätzen, dass allein zwischen 1899 und 1912 146 größere Feldzüge stattgefunden haben. Im »Buch der deutschen Kolonien«, dieser reichhaltigen Quelle der kolonialen Weltanschauung, erscheinen die Strafexpeditionen selbstverständlich in einem ganz anderen Licht: als Niederschlagung der »zahlreichen Unruhen der Eingeborenen«, als »Befriedung der Kolonie«, die viel Blut gekostet habe.

Einer von Puttkamers grausamsten Bluthunden war Hans Dominik, auch er wäre ein vorzügliches Studienobjekt für die noch ungeschriebene Psychopathologie des deutschen Kolonialsadisten. Der Gouverneur schätzte die Dienste seines Adjutanten sehr: »Er hatte gegenüber den Negern das einzig richtige Prinzip im Sinn: Sie müssen zu spüren bekommen, daß ich ihr Herr und der Stärkere bin.« Sie bekamen es zu spüren. Leutnant Dominik ließ sich gerne die abgeschlagenen Köpfe von Aufständischen vor die Füße legen, er befahl, Gefangenen die Geschlechtsteile abzuschneiden und Kinder zu ersäufen. Daheim im Reich wurde er als vorbildlicher Kolonialkrieger gefeiert, und sein Ruhm hielt auch noch an, als das deutsche Imperium längst untergangen war.

Dieser Hans Dominik war es auch, der die zweite Strafexpedition gegen das Volk der Bakweri anführte. Die erste war im November 1891 gescheitert, weil das Maximgeschütz, das effektivste Mordinstrument der »Schutztruppe«, Ladehemmung hatte. Ausgerechnet Hauptmann Karl Freiherr von Gravenreuth, der »Löwe von Afrika«, der schon in Deutsch-Ostafrika eine breite Blutspur gezogen hatte, musste die erste empfindliche Niederlage der deutschen Kolonialmacht in Kamerun hinnehmen und wurde durch einen vergifteten Pfeil getötet. Als Dominik drei Jahre später mit seiner Soldateska aufmarschierte, funktionierte das Maschinengewehr. Die Bakweri wurden niedergemäht und massenhaft vertrieben, Buea, ihr Hauptdorf, dem Erdboden gleichgemacht. Endlich war der Weg frei, um die fruchtbaren Vulkanböden an den Flanken des Kamerunbergs zu konfiszieren. Mittels der berüchtigten Kronlandverordnung aus dem Jahr 1896, die das Siedlungsgebiet der Einheimischen zum »herrenlosen Land« erklärte, legitimierte Puttkamer die staatliche Raubpolitik; die Bakweri und andere Volkgruppen wurden enteignet und in unwirtliche Gebiete deportiert. Ein Teil der Subsistenzbauern wurde zum Bleiben gezwungen, schließlich brauchte man Arbeitssklaven auf den großflächigen Pflanzungen, die nun rund um den Kamerunberg aus dem Busch gehauen wurden.

Natürlich hatte auch die Firma Woermann eine Zweigstelle am Kamerunberg aufgeschlagen, unweit von Buea, jenem idyllischen Ort, den Puttkamer 1901 zum neuen Regierungssitz der Kolonie bestimmten sollte. Denn hier oben, knapp

1000 Meter über Null, war nicht nur Profit zu machen. Es ließ sich auch gut aushalten, denn im Vergleich zum sumpfig-schwülen Küstengebiet war es angenehm kühl und oft neblig wie in einem herbstlichen Alpental, man schlief ruhig und wurde nicht von Moskitos getriezt. Trinkwasser sprudelte aus den Quellen im Regenwald, in den Hausgärten gediehen Kartoffeln, Kohlrabi, Kraut, Spargel und Erdbeeren. Buea erinnert an einen Kurort im Harz, das Lebensgefühl der damaligen Zeit lässt sich hier gut nachempfinden. Einige der typisch deutschen Bauten stehen noch, man sieht aufgeständerte Wohnhäuser, Fachwerkfassaden, Windbretter mit niederdeutschem Giebelschmuck, zementierte Stege, die über Bergbäche führen. Im Zentrum der Siedlung die Verwaltungszentrale mit Turmuhr. Das schmucke Postamt, eröffnet 1902. Das Baubüro mit gegossenen Betonwänden. In der Sennerei am höchsten Punkt des Ortes wurden Allgäuer Milchkühe gehalten. Im deutschen Friedhof ruhen die kaiserlichen Beamten, Leute wie Otto Zahn, Unterzahlmeister in der »Schutztruppe«, verschieden am 9. Februar 1907. Und über allem erhebt sich wie eine unwirkliche Erscheinung ein pompöses Herrenhaus: das sogenannte Puttkamer-Schlösschen, ein Bauwerk im Stil der spätwilhelminischen Zeit, das ebenso gut im Grunewald stehen könnte. Der verschwendungssüchtige Gouverneur ließ es sich hinstellen, es hagelte Kritik in Berlin, weil die Baukosten maßlos überzogen wurden. Aber der Statthalter des Reiches brauchte schließlich auch einen Tennisplatz, einen lauschigen Rosengarten und offene Kamine, denn es konnte bitterkalt werden in Buea.

Das Eingangstor des Schlösschens wird von Soldaten der Präsidentengarde bewacht, sie schauen so grimmig drein, dass man erst gar nicht zu fragen wagt, ob man es besichtigen dürfe. Paul Biya, seit über dreißig Jahren Staatschef von Kamerun, ist jetzt der Burgherr. Er ist zwar nur selten da, aber auch in absentia symbolisiert dieses Gebäude seine absolute Herrschaft, es wurde zu einem Totem der Macht. So setzt sich die Despotie der Kolonialzeit in die Gegenwart fort: Die schwarzen Herren übernehmen die Rolle der weißen Herren und unterdrücken wie diese ihre Völker.

Und da galoppiert er auch schon heran, der Gouverneur, und bringt seinen Rappen vor dem Bismarckbrunnen zum Stehen. Er trägt eine lilienweiße preußische Gardeuniform und eine weiße Schirmmütze, der Schnauzbart ist perfekt gezwirbelt, er sieht so aus wie alle Kolonialoffiziere – wie eine Kopie von Kaiser Wilhelm II. Auf dem Brunnen hinter ihm erkennt man die Plakette mit dem steinernen Konterfei des Reichskanzlers. Es gibt noch ein weiteres historisches Foto, das genau an dieser Stelle aufgenommen wurde: Darauf ist Jesko von Puttkamer nach einem Ausritt zusammen mit seinem Schlächter Hans Dominik zu sehen. Wie die Herren der Welt thronen sie auf ihren Rössern, steif und stramm und hoffärtig. An diesem Brunnen vor dem Alten Postamt zu Buea scheint die Zeit stehen geblieben zu sein. Das Denkmal wurde mit Unterstützung der Deutschen Botschaft in Yaoundé restauriert, hin und wieder kommen deutsche Touristen vorbei und betrachten es mit nostalgischem Staunen. Die Schreckensherrschaft ihrer Vorfahren können sie nur erahnen.

Im Juni 1905 sandten King Dika Akwa und 27 weitere Könige und Würdenträger der Akwa und Douala einen Beschwerdebrief »an den allerdurchlauchtigsten allergnädigsten deutschen Reichstag Berlin«. Darin prangerten sie »die Quälereien des hiesigen ›deutschen Gouvernements‹« an, namentlich die erdrückende Steuerlast, den Arbeitszwang, die Enteignungen, die Justizwillkür, die exzessiven Auspeitschungen. Die Unterzeichner erklärten, dass sie den Herrn Gouverneur v. Putt-

Herrenreiter vor dem Bismarck-Brunnen in Buea: Gouverneur Jesko von Puttkamer und sein Schlächter Hans Dominik

kamer und dessen ganze Regierungsbesatzung hier nicht mehr haben wollen, denn die hätten die »redliche deutsche Macht« zu einer »wucherischen und gäunerischen Macht« gemacht.

Die Wucherer und Gauner hatten zwei getrennte juristische Sphären institutionalisiert: das Recht für die weißen Herren und das Recht für die schwarzen Knechte, das zum Teil auf dem traditionellen Gewohnheitsrecht beruhte. Gerichtsverfahren gegen Einheimische liefen ab wie Prozesse während der Inquisition; die jeweiligen Stationsleiter oder Bezirksamtschefs waren Ermittler, Ankläger und Richter in Personalunion. Sie verhängten Geld-, Prügel- oder Gefängnisstrafen, verurteilten zu Kettenhaft und Zwangsarbeit, sprachen Todesurteile aus. Amtliche Aufzeichnungen belegen, dass die Willkürjustiz in allen Kolonien zunahm, doch nirgendwo führten sich die Beamten so despotisch auf wie in Kamerun: 1900/01 wurden 315 Verurteilungen zu körperlichen Züchtigungen erfasst, 1912/13 waren es 4800 – eine Steigerung um das 15-Fache!

In Berlin nahm man das Protestschreiben aus Douala kaum zur Kenntnis, vor Ort aber wurden seine Verfasser wie Landesverräter behandelt, und die »gäunerische Macht« herrschte unangefochten weiter. Die Kolonie wurde unterdessen »Puttkamerun« genannt. Das war spöttisch gemeint, entsprach aber der Realität: In der Amtszeit Jesko von Puttkamers nahm der Südwesten Kameruns jene Gestalt an, der man die Folgen der Kolonialwirtschaft bis zum heutigen Tag ansieht – es ist eine Landschaft der Plünderer. Sie beginnt gleich hinter Bonabéri, der immerzu verstopften Trabantenstadt Doualas: eine streng geometrische Welt, exakt vermessen, sauber parzelliert, gleichförmig, monoton. Gummibaum an Gummibaum, Ölpalme an Ölpalme, Bananenstaude an Bananenstaude. Endlose Pflanzungen, die sich an der Atlantikküste vom Ästuar des Wari-Flusses bis zur nigerianischen Grenze hinziehen und die Flanken des Kamerunbergs hinaufwuchern – es ist die größte zusammenhängende Plantagenregion Westafrikas. Diese Welt wurde von den reichsdeutschen Kapitalgesellschaften geschaffen, und man muss bei ihrem Anblick an das Nationalsymbol denken, das Elias Canetti uns Deutschen zugeschrieben hat: den Wald, den marschierenden Wald, in dem sich die Bäume zu einem Heer vereinen.

Eugen Zintgraff war einer der ersten Männer, die das große Geschäft witterten. Der Forschungsreisende war durch Expeditionen in den Norden Kameruns schon Ende der 1880er-Jahre berühmt geworden, er leitete unter anderem eine Handelskarawane, die vom Hamburger Unternehmen Jantzen & Thormälen ausgerüstet worden war. 1897 war Zintgraff federführend an der Gründung der Westafrikanischen Pflanzungsgesellschaft Victoria (WAPV) beteiligt, die größte ihrer Art in Kamerun; sie baute auf 20 000 Hektar überwiegend Kakao an. Auch Gouverneur Jesko von Puttkamer erwarb in Erwartung üppiger Dividenden Anteilsscheine des Konsortiums. 15 Jahre später war die Zahl der Plantagenbetreiber auf 58 angewachsen, ihre Pflanzungen hießen Bibundi, Moliwe, Debundja oder Esser-Oechselhäuser, eine Liegenschaft trug den skurrilen Namen Kriegsschiffhafen. Als besonders lukrativ erwies sich das Geschäft mit Kautschuk, denn die Nachfrage nach diesem Rohstoff war weltweit explosionsartig angestiegen. Schon 1839 hatte der amerikanische Tüftler Charles Goodyear per Zufall die Herstellung von Hartgummi aus Kautschuk entdeckt, 1887 entwickelte der Schotte John Dunlop den ersten luftgefüllten Fahrradreifen. Das zu Gummi verarbeitete Baumharz wurde zum Beispiel als Isoliermaterial in der boomenden Elektroindustrie gebraucht, dann aber vor allem zur Produktion von Autoreifen; nach der Jahrhundertwende war den französischen Gebrüdern Michelin der wirtschaftliche Durchbruch bei der Serienfertigung von Pneus gelungen. Die Lieferanten des Naturstoffs hatten allerdings ein gemeinsames Problem: den Mangel an Arbeitskräften in ihren Plantagen. Doch sie konnten sich diesbezüglich auf das Kolonialregime verlassen, dessen Soldaten, Polizisten und Askari, schwarze Söldner, die erforderlichen Lohnsklaven für die Pflanzungen zwangsrekrutierten. Die Arbeitsbedingungen, die Massenunterkünfte, die Ernährung und die hygienischen Verhältnisse waren menschenunwürdig. »Es ist nicht zu viel gesagt, wenn behauptet wird, dass jährlich bis zu zwanzig Prozent der Arbeiter als Kulturdünger dienten«, heißt es in einer journalistischen Bestandsaufnahme aus dem Jahre 1900. Kulturdünger – ein anderes Wort für die Verwandlung von Menschen in Material. Während der feucht-kühlen Regenzeit lag die Sterberate in mancher Pflanzung bei dreißig und mehr Prozent. Der Kaufmann Vietor gab 1913 zu Protokoll: »Als ich im Vorjahr in Kamerun war, wurde mir berichtet, daß auf der Tiko-Pflanzung 50 Prozent der Arbeiter innerhalb von sechs Monaten verstorben seien, was die Direktoren ungeniert zugaben.« Missionare, die sich jahrzehntelang für die Abschaffung der Sklaverei eingesetzt hatten, sprachen von einer neuen, staatlich organisierten Versklavung.

Versklavung? Man tut doch den Afrikanern nur Gutes, man hebt sie auf eine höhere Kulturstufe! Davon waren jedenfalls Wirtschaftspioniere wie Johannes Thormälen überzeugt. O-Ton des hanseatischen Unternehmers: »Der heute noch in kindlicher Albernheit und blödem Stumpfsinn dahin dämmernde Neger wird durch nichts dem civilisierten Menschen nähergebracht werden können, als durch ernste Arbeit.« Und sein Hamburger Kollege Julius Scharlach, Advokat, Entrepreneur, Mitglied des Kolonialrates, Gründer der Gesellschaft Süd-Kamerun, sekundierte: »Der Neger ist seiner Natur nach ein Sklave.« Er wollte die »Eingeborenen« nicht zu zivilisierten Menschen machen, denn Kolonisieren bedeutete für ihn, sie zurückzudrängen und schließlich zu vernichten.

An dieser Stelle verlassen wir kurz Kamerun und gehen nach Kommetjie, einem kleinen südafrikanischen Ort am Atlantischen Ozean. Dort, wo der riesige Erdteil Afrika endet, treffen wir Achille Mbembe, den einflussreichsten zeitgenössischen Denker des Kontinents. Der Philosoph und Historiker lehrte an amerikanischen Eliteuniversitäten, in Yale, Berkeley und an der Columbia University in New York, zurzeit forscht er an der Johannesburger Witwatersrand-Universität. Als führender Theoretiker des Postkolonialismus wirft Mbembe einen ganz anderen Blick auf die Geschichte Afrikas und der modernen Welt, einen Blick aus dem globalen Süden, der die eurozentrische Perspektive dekonstruiert. Wir sitzen im Garten des Feriendomizils seiner Familie im Schatten eines Milkwood-Baums, hinter uns rauscht die Meeresbrandung. Plötzlich hoppelt ein schneeweißes Kaninchen über den Rasen, das Haustier der beiden Töchter Mbembes. Man denkt an das Kaninchen, das Alice ins Wunderland entführt, in eine parallele Wirklichkeit, in der sich unsere Gewissheiten auflösen. So geht es einem bei der Lektüre von Mbembes »Kritik der schwarzen Vernunft«, die 2015 auf Deutsch erschienen ist und mit dem Geschwister-Scholl-Preis ausgezeichnet wurde. Man lernt, Afrika und seine Vorgeschichte neu zu sehen. Und fängt an zu begreifen, was diesem Kontinent tatsächlich angetan wurde.

Achille Mbembe, 1957 im Dorf Malandè in Zentralkamerun geboren, hat die kolonialen Verwüstungen in seinem Heimatland gründlich analysiert. Dabei nimmt die Plantage eine zentrale Stellung ein. Sie ist in seinen Augen das »Taufbecken der Moderne«, der Ort, an dem der globalisierte Raubkapitalismus seinen Ausgang nimmt. In der ersten Phase arbeiten afrikanische Sklaven auf Pflanzungen in der Karibik, in Brasilien, in Nordamerika, dann, im Zeitalter des Hochimperialismus, breiten sich die Plantagen in Afrika und auf der gesamten Südhalbkugel aus. Man ist zunächst irritiert, wenn Mbembe für ausgebeutete Afrikaner den rassistischen Terminus »Neger« verwendet. Er begründet das so: »Das Wort ›Neger‹ bezeichnet ursprünglich ein Objekt, das wie ein Mensch aussieht und verkauft werden kann. Neger ist also ein anderes Wort für Ware. Ich verwende es als analytische Kategorie, um die Geschichte des Kapitalismus zu beschreiben.« Der transatlantische Sklavenhandel und das koloniale Unterdrückungssystem haben einen weltweiten Zustand eingeleitet, den Mbembe *Conditio nigra* nennt. »Ich beschreibe damit die Bedingungen, die heutzutage die Existenz von Millionen Menschen bestimmen. Es ist das wachsende Heer der Armen, Abgehängten, Ausgegrenzten, die gegenwärtig erleiden, was die Afrikaner während der Zeit des Sklavenhandels erlitten haben. Neger ist also ein Synonym für alle Unterdrückten dieser Erde, für das fortdauernde Herr-Knecht-Verhältnis.« Die *Conditio nigra* habe sich im Zeitalter des entfesselten Neoliberalismus universalisiert, die Figur des Negers sei auf die gesamte subalterne Menschheit ausgeweitet worden. »Die Welt wird schwarz.«

Sisal, Kautschuk, Tropenhölzer, Zucker, Bananen, Erdnüsse, Kakao, Tee, Kaffee, Tabak, Öl- und Kokospalmen, Baumwolle – die fruchtbaren Regionen Afrikas wurden mit Pflanzungen überzogen. Das gleiche Muster in sämtlichen Kolonien. Der Anbau von *cash crops* für die Märkte der »Mutterländer« schuf nicht nur jene landwirtschaftlichen Monokulturen, von denen viele afrikanische Staaten nach wie vor abhängig sind, sondern auch ein strukturelles Nahrungsmitteldefizit. Der Export begründete eine neue Dimension des Mangels: den Hunger. Denn die kleinen Subsistenzbauern wurden auf unfruchtbare Flächen abgedrängt, sie waren nicht mehr in der Lage, ihre Großfamilien zu ernähren, und daher gezwungen, ihre Arbeitskraft auf den Plantagen zu verkaufen; nur so konnten sie das Geld für die Kopf- oder Hüttensteuer verdienen, die die Kolonialisten nicht nur zwecks Eigenfinanzierung ihrer Regime eingeführt hatten. Das Steuerwesen war das Kernstück ihrer zivilisatorischen Mission, den »faulen Neger« zu einem fleißigen Knecht zu erziehen. Der Tag, an dem der weiße Beamte oder der schwarze Hilfspolizist durch das Dorf schritt und aus jedem Hüttendach einen Strohhalm zupfte, um die Zahl der Tributpflichtigen zu ermitteln, markierte für seine Bewohner den letzten Akt der Unterwerfung. »Du weißt, wenn du Steuern zahlst, heißt das, du bist besiegt worden«, sagte ein Chief im alten Simbabwe.

Die »Neger« schufteten nicht nur auf den Plantagen Kameruns, sie bauten auch Straßen, Brücken, Eisenbahntrassen, Buschfaktoreien, und sie leisteten Transportdienste. Um 1914 waren allein zwischen der Küstenstadt Kribi und Yaoundé im Landesinneren 80 000 Träger im Einsatz, darunter zahlreiche Frauen und Kinder. »Die ganze arbeitsfähige Bevölkerung war in Bewegung geraten. Die Dörfer waren leer«, berichtete Gouverneur Theodor Seitz, der den 1907 in Ungnade gefallenen und in den Ruhestand versetzten Jesko von Puttkamer abgelöst hatte. Als er seinen Dienst antrat, war Bernhard Dernburg an die Spitze des neu gegründeten Reichskolonialamtes getreten, ein liberaler Bankier, der erkannte, dass ein kapitalistisches Ausbeutungssystem ohne Auszubeutende nicht funktionieren kann. Seine Reformstrategie hatte das Ziel, die »Zerstörungsmittel« der Kolonialherrschaft durch »Erhaltungsmittel« zu ersetzen, man sprach deshalb von einer »negererhaltenden Politik«. Fortan legten sich die Plünderer ein humanitäres Mäntelchen um, aber für die Afrikaner änderte sich nicht viel.

Wir verlassen Buea und fahren über die Ausläufer des Mount Cameroon hinunter an den Atlantik, nach Limbe. Die Küstenstadt mit circa 100 000 Einwohnern hieß einst Victoria, zu Ehren der britischen Queen. Der Missionar Alfred Saker hatte ihr 1858 diesen Namen gegeben. An der Beach Road erinnert ein Denkmal an den Gründervater. 1887 tauschten die Deutschen den Ort von den Briten ein, diese erhielten dafür das Mahinland im Nigergebiet und St. Lucia in Südafrika. Eine übliche Praxis seinerzeit, die europäischen Fremdherrscher schacherten mit afrikanischen Landstrichen wie in einem Monopoly-Spiel. Fortan wurde Victoria germanisiert und manchmal mit K geschrieben: Viktoria. Es bekam ein Bezirksamt, eine Postagentur, eine Zollbehörde, eine Regierungsschule, ein Krankenhaus sowie eine Leprastation. Vom Landungssteg, der durch das flache Wasser in die Bucht hinausführte, sind nur noch die korrodierten Eisenpfeiler zu sehen. Ein urtümlich anmutendes Artefakt vor dem Hintergrund einer Kette von Vulkanfelsen, die wie der Schwanz eines Lindwurms aus dem Meer zacken.

Wie überall, wo es Heidenkinder zu bekehren galt, ließen sich auch in Limbe Missionare nieder, zunächst allerdings nur protestantische. Später durften auch katholische Seelenfischer in die Kolonie, was ihnen infolge des Bismarck'schen Kulturkampfs gegen den Katholizismus lange Zeit verwehrt worden war. Aber wenn man einen einheimischen Priester wie Vater Emmanuel fragt, dann wurden sie von Himmelsmächten gerufen. Seine Kirche sei just an der Stelle gebaut worden, an der einst Schwestern des Palottiner-Ordens das Geläut von Engelsglocken hörten. Deshalb hätten sie den Ort Engelsberg getauft. Das gelb und kakaobraun gestrichene Gotteshaus sitzt wie ein dickes Insekt auf einem Berg hoch über Limbe. Hat die Missionsstation nicht auch eine Plantage betrieben, auf der evangelisierte Afrikaner für ihr Seelenheil arbeiten durften? Vater Emmanuel überhört diese unanständige Frage. Er zeigt uns lieber das Grab eines Pfarrers, der von einem Kreuz erschlagen wurde. Es fiel vom Kirchturm herunter.

Zu den wirtschaftlich bedeutsamen Einrichtungen in Limbe gehörte der 1892 gegründete Botanische Garten, eine weitläufige Anlage, 250 Hektar groß, die heute auf 48 Hektar geschrumpft und ziemlich verwahrlost ist. Sie liege nicht nur am schönsten, sondern auch am fruchtbarsten Punkt der ganzen Westküste Afrikas, schwärmte Dr. Paul Preuss, ein aus dem Reich entsandter Fachmann für Hortikultur, der den Garten aufgebaut hatte. Unter seiner Leitung wurden tropische Nutzpflanzen untersucht, die im großen Stil angebaut und exportiert werden sollten: Kaffee, Tee, Kakao, Pfeffer, Zuckerrohr, Vanille, Ingwer, Palmen aller Art, Ananas, Mangos, Karambolen, Avocados, Zitrusfrüchte. Auch Gemüsesorten aus der fernen Heimat wollte Preuss kultivieren, doch er musste enttäuscht feststellen, dass Weißkraut, Rosenkohl, Wirsing oder Rote Beete unter der sengenden Äquatorsonne nicht so recht gedeihen wollten. Im Garten verrotten einige der ursprünglichen Gebäude, darunter auch ein kleines Gewächshaus. Die Diagonalverspannungen im Dachgerüst sind unschwer als Zangen aus der Gründerzeit zu erkennen. Oder auch die Fenstergitter am ehemaligen Herbarium, Eisenringe, verbunden mit zeittypischen Schlössern, solides deutsches Handwerk.

Hinter Limbe: Plantagen, Plantagen, Plantagen. Bis wir Idenau erreichen. Schöner Name, klingt nach Bodensee. Man denkt an Mainau oder Reichenau, an blühende Apfelbäume. Aber Idenau ist ein verdammt heißes und heruntergekommenes Kaff am Ende der Nationalstraße N3, unweit der Grenze zu Nigeria. Es wurde um 1897 herum vom Mannheimer Unternehmer Ferdinand Scipio gegründet, der auf der gleichnamigen Pflanzung mit Kaffee, Kakao, Bananen, Ölpalmen und Kautschuk Gewinne machte. In jener Zeit war Idenau ein rühriger Ausfuhrhafen, das Hafenbecken war tief genug für Frachtschiffe. Die Schmalspurgleise, auf denen die Transportzüge aus den Plantagen und Palmöl-Fabriken ratterten, hat der Boden beinahe verschluckt, aber stellenweise sind sie noch sichtbar. Der Schienenstrang bricht genau an der Wasserkante ab. Auch ein Lagerhaus steht noch, das dem Ozean zugewandte Tor, durch das die Züge fuhren, wurde irgendwann zugemauert. An der Mole legen bunt bemalte Holzboote an. »Benzinschmuggler aus Nigeria«, erklärt einer der Tagediebe, die im Hafen herumhängen. Wir schütteln den Mann ab, er ruft uns nach: »Grüßt Frau Merkel von mir. Sagt ihr, ich werde auch kommen!« Zweihundert Meter landeinwärts führt eine Stahlbrücke über das Hafenbecken, deutsche Wertarbeit, unverwüstlich. Auf der gegenüberliegenden Seite erreicht man nach eineinhalb Kilometern eine Industrieruine. Dies sei die größte deutsche Ölmühle gewesen, sagt ein alter Mann, der die Gebäudereste bewacht. Ob es tatsächlich so war, lässt sich nicht überprüfen, die Vergangenheit wird in Kamerun gerne besuchergerecht imaginiert, je nachdem, wer welche Fragen stellt. Wir kommen aus Germany, ein Brite hätte womöglich eine andere Antwort erhalten.

Aus dem Busch ragt ein gewaltiges Skelett, geschätzte zwanzig Meter hoch, unterm Dachstuhl baumeln graue Deckenlampen, ein paar verschlierte Oberlichtscheiben sind nicht zerbrochen. »Seid vorsichtig«, warnt der Alte, »manchmal krachen Blechplatten vom Dach herunter«. Die Anwohner scheint das nicht zu beunruhigen, sie kommen jeden Tag zu den Wasseranschlüssen, die mitten auf dem Gelände reaktiviert wurden. Eine Mutter wringt gerade Wäsche aus, ihre splitternackte Tochter steht unter dem Hahn und genießt das kühle Nass. Die auf Doppel-T-Trägern ruhenden Gebäudereste wirken wie ein verwunschenes Industrieschloss, in dem alle Gerätschaften stillstehen, die Ständerbohrmaschine der Firma Edwards Ltd. aus London, die Laufkatze an der Schmiergrube, die Werkbank, der umgefallene Zylinder eines Destillationstanks. Dazwischen verlaufen Gleise mit der gleichen Spurweite wie am Hafen, genau sechzig Zentimeter – ein Indiz, dass es sich tatsächlich um eine reichsdeutsche Anlage handeln könnte.

Am Ortsrand von Idenau zwei von Ranken und Flechten überwucherte Bauten, ein Wasserturm und ein Schlot, vermutlich ein Kalkofen: beide nach deutscher Bauart. Deutsch auch der Leuchtturm am Cap Debunja, den man allerdings nicht besichtigen kann, weil er in einer militärischen Sperrzone liegt. Das gilt auch für den Bismarck-Turm, der 1901 auf der Affenhalbinsel zwischen Limbe und Bimbia errichtet wurde; ein zehn Meter hoher, burgartiger Bau mit neogotischem Torbogen und dem Wahlspruch des Reichskanzlers, der sich auf sein Wappen bezieht, ein silbernes Kleeblatt mit goldenen Eicheln: »In Trinitate Robur – in der Dreiheit liegt die Kraft«. 240 solcher Türme wurden in Deutschland und in aller Welt gebaut, in Österreich, Frankreich, Tschechien, Polen und Russland, ja sogar im fernen Chile und in Papua-Neuguinea; 174 existieren noch, einer davon in Afrika, an der Küste von Kamerun. Die putzigen Bauwerke huldigten dem Staatsmann Bismarck und repräsentierten zugleich den imperialen Anspruch des Kaiserreichs.

Auf der Rückfahrt nach Douala werden wir an einer Straßensperre gestoppt. »Ich heiße Adolf, wie Adolf Hitler«, sagt ein Gendarm in froschgrüner Uniform. Er sagt das voller Stolz und zückt zum Beweis seinen Personalausweis. »Hitler wollte Kamerun wiederhaben. Das wäre gut für uns gewesen«, sagt er. Die deutschen Kolonialherren sind bekanntlich nie zurückgekehrt, und der »Führer« hat auch keine ernsthaften Versuche unternommen, die nach dem Ersten Weltkrieg verlorenen Territorien zurückzuerobern. Sein Kolonialreich lag nicht im Süden, sondern im Osten, in den unermesslichen Weiten der Sowjetunion. Die Vision von einem nationalsozialistischen Mittelafrika, das sich von Deutsch-Ostafrika nach Deutsch-Südwestafrika quer über den Kontinent erstreckt, blieb nur eine fixe Idee von ein paar Kolonialrevisionisten in der NSDAP. »Hitler, good man«, wiederholt der Gendarm. Fragt man junge Leute wie ihn nach der mit den Deutschen verbundenen Vergangenheit, reicht das Gedächtnis oft nur bis zu Winnie Schäfer zurück, dem Ex-Trainer der kamerunischen Fußball-Nationalmannschaft. Und immer wieder bekommt man zu hören, dass die Deutschen zurückkehren und das Land zur Blüte bringen mögen. Aber diese schräge Diskussion wollen wir am Kontrollposten bei Debunja vermeiden. Wir fahren schnell weiter.

Douala, das Wirtschaftszentrum Kameruns, drei Millionen Einwohner, entstanden auf einem morastigen Gebiet, das Anfang des 18. Jahrhunderts von einem Volk besiedelt wurde, das der Stadt den Namen gab. Auf der trockenen Jossplatte, im heutigen Stadtteil Bonanjo, verwalteten die Deutschen ab 1895 ihr »Schutzgebiet«, ehe der Regierungssitz 1901 nach Buea verlegt wurde, des gesünderen Klimas wegen. Einige Baulichkeiten sind noch erhalten, die meisten mehr schlecht als recht: das deutsche Hauptquartier an der Rue Lugard; das alte Postamt; der Schlot von Banakuamuang, Relikt eines Wasserwerks. Die ehemalige Kaserne, in der die Stammkompanie der »Schutztruppe« untergebracht war, wird von der Sûreté National du Littoral genutzt, der Bezirksgendarmerie. Und davor dehnt sich auch noch der Exerzierplatz aus, von dem es eine Fotografie vom 27. Januar 1901 gibt, als Kaisers Geburtstag zelebriert wurde. An der Balustrade im ersten Stockwerk der Kaserne hängt eine Reichsdienstflagge, darunter steht eine Abteilung von Askari stramm, daneben gruppieren sich deutsche Offiziere in blütenweißen Uniformen, die mit Hochrufen auf Seine Majestät ihre Tropenhelme schwenken.

Eher unscheinbar wirkt das damalige Polizeirevier, ein Zweckbau, blassgelb getüncht, die Fenster im Parterre vergittert. Dafür ist die historische Bedeutung dieser Wache umso größer. Hier wurden Rudolf Douala Manga Bell und sein Sekretär Adolf Ngoso Din festgesetzt und verhört, man beschuldigte sie des Hochverrats. Manga Bell war der König der Douala, ein gebildeter, elegant auftretender Mann, der fließend Deutsch sprach. Sein wohlhabender Vater hatte ihn zur Ausbildung nach Deutschland geschickt. Er besuchte ein Gymnasium in Ulm, las Schiller und Goethe, pflegte europäische Umgangsformen. Die Kolonialregierung setzte ihn sogar als Oberhäuptling ein, er soll der einzige Schwarze gewesen sein, den die weißen Beamten siezten. Manga Bell verhielt sich stets loyal gegenüber Kaiser und Reich, seine wohlhabende Familie konnte weiterhin ihren Geschäften nachgehen. Aber unter Jesko von Puttkamers Unrechtsregime schwand sein Vertrauen in die Kolonialverwaltung. Er schloss sich dem Protest der traditionellen Würdenträger an und unterzeichnete 1905 den offenen Brief, in dem sie die Ablösung des tyrannischen Gouverneurs forderten. Ein paar Jahre später versuchte er ein besonders perfides Vorhaben der Deutschen zu verhindern: die Zwangsumsiedlung seines Volkes aus dessen angestammtem Wohngebiet in Douala. Der Plan folgte der in allen Kolonien üblichen Politik der Rassentrennung: auch in der Hafenstadt am Kamerunfluss sollten die Afrikaner von den Weißen abgesondert werden, aus wirtschaftlichen, gesundheitlichen und rassehygienischen Gründen, wie es hieß. Wilhelm Solf, der zum Leiter des Kolonialamts beförderte Ex-Gouverneur von Samoa, rechtfertigte die Segregation mit einem olfaktorischen Argument – er sprach vom unangenehmen »Eigengeruch« der Schwarzen, der ein Zusammenleben mit ihnen unmöglich mache. Im Klartext: Der »Neger« muss weg, weil er stinkt. Man kann das nachlesen im Buch »Der gute Deutsche«, in dem der Jurist und Autor Christian Bommarius das traurige Schicksal Manga Bells rekonstruiert hat; es ist der packendste Bericht über ein deutsches Kolonialverbrechen, den ich bei den Vorarbeiten zu diesem Buch gelesen habe.

Manga Bell gelingt es, die zerstrittenen Clans seiner Volks-

Protest gegen den tyrannischen Gouverneur Puttkamer: Justizopfer Manga Bell

gruppe im friedlichen Widerstand zu einen, aber das Unheil nimmt seinen Lauf: Die Douala werden vertrieben, ihre Hütten niedergebrannt, ihre Viertel geschliffen. In seiner Not überlegt Manga Bell, sich an vermeintlich gnädigere Kolonialherren zu wenden. »Um zu retten, was zu retten ist, wird man wohl in der Ferne suchen müssen«, schreibt er in einem Brief an einen Unterstützer. Er hofft auf die Briten und Franzosen, »die dem Gedanken der Enteignung nie in ihren Kolonien näher treten können«. Genau diese Überlegungen werden Manga Bell zum Verhängnis. Zugleich wird er schwer belastet durch eine angebliche Aussage Njoyas, des Königs der Bamum. Der soll nämlich erklärt haben, dass er über einen Bruder Manga Bells zum Aufstand gegen die Deutschen angestachelt worden sei. Obwohl die Aussage nie belegt werden kann, dreht man dem Beschuldigten daraus den Strick: Verschwörung, Aufruhr, Hochverrat. Am 9. August 1914 werden Manga Bell und sein Sekretär in Douala hingerichtet. Zur allgemeinen Abschreckung lassen die Henker ihre Leichname drei Tage am Galgen baumeln.

Man hat den Justizmord vor Augen, wenn man vor Rudolf Douala Manga Bells Residenz an der Place du Gouvernement in der Stadtmitte steht. Die deutschen Herrenmenschen wollten ihn auslöschen, weil er zu ihnen hinaufgestiegen war. Weil er sie auf ihre eigenen Rechtsprinzipien – pacta sunt servanda – verpflichten wollte. Weil er ihren rassistischen Schwachsinn von der biologischen Minderwertigkeit und geistigen Unterlegenheit der Afrikaner widerlegt hatte. Manga Bell wohnte in einem viergeschossig gestaffelten Palais im chinesischen Stil, das die Deutschen 1905 seinem Vater König August Manga Ndumbe Bell zum Dank für seine Vasallentreue geschenkt hatten. Heute ist im Erdgeschoss das »Café des Palabres« untergebracht: schattiger Garten, leckere Speisen, alles sehr Französisch. »La Pagode« heißt das Gebäude, ein Name, den sich Louis-Ferdinand Céline ausgedacht haben soll, der französische Schriftsteller und Antisemit, der sich 1916/17 in der Stadt aufhielt; er erwähnt die Pagode in seinem Schlüsselwerk »Reise ans Ende der Nacht«. Es ist einer der sprachgewaltigsten Romane, der je über die Grausamkeiten der Kolonialära und des Ersten Weltkriegs geschrieben wurde.

Ein Augenzeuge hat die letzten Worte Manga Bells unmittelbar vor Vollstreckung des Todesurteils überliefert: »Unschuldiges Blut hängt ihr auf. Umsonst tötet ihr mich. Aber die Folge davon wird die größte sein. Ich scheide jetzt von meinen Leuten ab. Aber verdammt seien die Deutschen. Gott! Ich flehe dich an, höre meinen letzten Willen, dass dieser Boden niemals mehr von Deutschen betreten werde!«

Gewisse Ungewissheiten

Deutsch-Südwestafrika, das dunkelste Kapitel der deutschen Kolonialherrschaft

So magisch ist das Abendlicht nur in Afrika. Es leuchtet bernsteingelb, es durchglüht den dürren Busch, ehe die Dämmerung anbricht. Dunkel und starr liegt der Wasserspiegel im Schatten der Dornakazien, ein paar Antilopen grasen auf der Lichtung dahinter. Vielleicht war der Abend damals genauso zauberhaft, als die Großmänner der Herero an der Viehtränke Onguera Kriegsrat hielten. Den ganzen Tag über – es war der 11. August 1904 – hatte die Schlacht getobt, ihre Streitmacht war nicht geschlagen, aber sie ahnten, dass die mit Krupp-Geschützen und Maschinengewehren technisch überlegene deutsche Kolonialtruppe sie besiegen würde. Es war nur eine Frage der Zeit.

An diesem Ort unterhalb des Waterbergs, einem Felsmassiv im Nordosten des heutigen Namibia, sollen die Anführer der Herero beschlossen haben, durch eine Lücke in den Stellungen des Feindes mit ihrem Volk und den Rinderherden zu entweichen. Oder trieb die schiere Verzweiflung Tausende von Menschen in die Flucht, hinaus auf das öde Sandveld der Omaheke, hinein ins Verderben? Wir werden es nie erfahren. Aber so viel steht fest: Am Fuße des Waterbergs wurde das grausamste Kapitel der deutschen Kolonialgeschichte eingeleitet. Die Mehrheit der Historiker ist davon überzeugt, dass hier der erste Völkermord des 20. Jahrhunderts begann.

»Ein Völkermord? Das ist Unsinn!«, sagt Hinrich Schneider-Waterberg. Der alte Mann sitzt auf der Veranda seiner Farm und schaut auf den Felsriesen, nach dem sich seine Familie benannt hat: Waterberg, Berg des Wassers. Es ist ein Morgen im März 2016, die schroffen Zinnen leuchten rötlich, darunter dehnen sich endlose Ebenen bis zum Horizont. »Das ist geschichtsträchtige Erde«, sagt Schneider-Waterberg und schlurft, gestützt auf einen Stock, in die Hausbibliothek. An den Wänden drei Dutzend alte Landkarten, überall Papierberge, Dokumente, historische Bücher, allein die Namibiana-Sammlung umfasst über tausend Werke. Hier hat sich Schneider-Waterberg hineingewühlt in die koloniale Vorgeschichte seines Landes, hier liegen die Quellen seines höchst umstrittenen Buches »Der Wahrheit eine Gasse«. Es ist der Versuch, die These vom Völkermord zu widerlegen.

Hinrich Schneider-Waterberg, ehemaliger Farmer, langjähriger Politiker, Hobbyhistoriker, ist ein freundlicher Herr von 83 Jahren. Er verbringt den Lebensabend auf seiner Farm mit dem klangvollen Namen Okosongomingo, »Platz des Jungviehs« in der Sprache der Herero, sein Vater hat den Besitz vor über hundert Jahren erworben. »Ganz rechtmäßig«, sagt der Sohn. Was er nicht sagt: Dieses prächtige Land liegt auf dem Gebiet, das nach dem Krieg gegen die Herero vom Deutschen Reich konfisziert und weißen Siedlern zum Kauf angeboten wurde. Es ist geraubtes Land, auf dem einst die Herero lebten. Aber dieses Thema ist tabu, hätte ich weitere Fragen dazu gestellt, wäre unser Gespräch schon zu Ende gewesen, ehe es richtig angefangen hätte.

Zwei Jahrzehnte hat Schneider-Waterberg daran gearbeitet, die seiner Meinung nach »tendenziöse und falsche Geschichtsschreibung« über den Hererokrieg in den Jahren 1904 bis 1907 zu korrigieren, doch manchmal beschleicht ihn das

Gefühl, dass er gegen Windmühlen kämpft. »Es herrscht ein Deutungsmonopol der progressiven Historiker«, sagt er, »ihre Version ist sogar in die Schulbücher eingegangen.« Die Version, die bundesdeutsche Schüler heute lesen können, lautet in Kurzform so: Anfang des Jahres 1904 erhoben sich die Herero gegen das deutsche Kolonialregime im heutigen Namibia. Im August, nach der Kesselschlacht am Waterberg, trieb die deutsche »Schutztruppe« die Aufständischen in die Omaheke und riegelte das wüstenartige Gebiet weiträumig ab. Es gab kein Entkommen mehr, Tausende und Abertausende von Herero verdursteten und verhungerten.

Im Abschlussbericht des Großen Generalstabs in Berlin, der den Feldzug koordinierte, heißt es triumphierend: »Die wasserlose Omaheke sollte vollenden, was die deutschen Waffen begonnen hatten: Die Vernichtung des Hererovolkes.« 60 000 Menschen sollen damals umgekommen sein, manche Schätzungen gehen bis zu 80 000. Die genaue Zahl der Opfer lasse sich zwar nicht beziffern, aber das Verhalten der deutschen Armee sei eindeutig als Genozid zu identifizieren, stellt der Kolonialhistoriker Jürgen Zimmerer fest. Er stützt sich dabei auf eine Proklamation vom 2. Oktober 1904, in der Generalleutnant Lothar von Trotha, der Oberkommandeur der »Schutztruppe«, unmissverständlich anordnete: »Innerhalb der deutschen Grenze wird jeder Herero mit oder ohne Gewehr, mit oder ohne Vieh erschossen, ich nehme keine Weiber und Kinder mehr auf, treibe sie zu ihrem Volk zurück oder lasse auf sie schießen.« Dies sei ein »Vernichtungsbefehl« gewesen, sagt Zimmerer.

Graf von Schweinitz, ein Oberleutnant der »Schutztruppe«, schilderte das Leiden der Opfer mit drastischen Worten: »Das Röcheln der Sterbenden und das Wutgeschrei des Wahnsinns ... verhallten in der erhabenen Stille der Unendlichkeit.«

Die furchtbaren Ereignisse hallen bis heute nach. Im Frühjahr 2016 forderte die Fraktion Die Linke, der Bundestag möge sich endlich für den Völkermord in der ehemaligen Kolonie Deutsch-Südwestafrika entschuldigen. Die Abgeordneten der Großen Koalition lehnten den Antrag mehrheitlich ab. Im gleichen Jahr reichte der Verband der traditionellen Herero-Führer beim Ständigen Schiedsgericht in Den Haag eine Klage gegen die Bundesrepublik Deutschland ein. Begründung: Die Bundesregierung weigere sich, über »symbolische und materielle Reparationen« zu verhandeln. Die Kläger hoffen, dass Deutschland wegen seiner Kriegsverbrechen in der Kolonialzeit verurteilt und zu einem Paria-Staat erklärt wird.

Es war nicht der erste juristische Anlauf, den hochrangige Repräsentanten der Herero gegen die einstige Kolonialmacht unternahmen. Schon im September 2001 hatten ihre Anwälte bei einem Distriktgericht in New York eine Sammelklage angestrengt, die schließlich abgewiesen wurde. Sie forderten im Namen aller Herero vier Milliarden Dollar Schadenersatz von der Bundesrepublik Deutschland und den Rechtsnachfolgern deutscher Unternehmen wie der Hamburger Reederei Woermann, die vom Kolonialkrieg profitiert hatten. »Wir wollen, dass die Dinge endlich in Ordnung gebracht werden«, sagte Kuaima Riruako, als ich ihn ein paar Wochen später in Windhoek interviewte. Er war in jenen Jahren der oberste Vertreter der Herero. Riruako ließ anderthalb Stunden auf sich warten, dafür ging er gleich in die Vollen. »Ihr habt die jüdischen Zwangsarbeiter entschädigt, ihr müsst auch uns entschädigen.« Riruako, ein rundlicher Mann von damals 66 Jahren, war der *Paramount Chief* seines Volkes, aber nicht alle Herero erkannten ihn als ihr Oberhaupt an, und viele Deutsch-Namibier hielten ihn für einen halbseidenen Stammesfürsten, der sich nur selbst bereichern wolle. Auffällig viele Sätze begann er mit dem

Wort »ich«, fragte man ihn aber danach, wer genau die Reparationen erhalten solle und nach welchen Kriterien sie an wen verteilt werden würden, verloren sich seine Antworten im Ungefähren.

In einem Büchlein mit dem Titel »Die Oberhäuptlinge der Herero« schreibt der Studienrat Wolfgang Reith, Riruako habe nach seiner Wahl zum höchsten Herero-Repräsentanten im Juni 1978 den Deutschen die Hand zur Versöhnung gereicht. »Von ›Völkermord‹ oder ›Reparationen‹ war nie die Rede.« Rechte Deutsch-Namibier glauben, dass die »Völkermord-Propaganda« linker Historiker seinen Sinneswandel bewirkt habe. Deutsche Politiker gingen Riruako lieber aus dem Weg, weil er die Vergangenheit einfach nicht vergehen lassen wollte. Bis zu seinem Tod im Juni 2014 verlangte er ein klares Schuldbekenntnis und Wiedergutmachung. Bereits 1998 gehörte der streitbare Mann zu einer Delegation der Herero, der beim Staatsbesuch von Bundespräsident Roman Herzog ein offizielles Treffen verwehrt wurde. Eine Entschuldigung sei nur eine Worthülse, die mehr schade als nutze, erklärte das deutsche Staatsoberhaupt. Gewiss, die Vorkommnisse anno dazumal seien »nicht in Ordnung gewesen«, aber sie würden schon allzu lange zurückliegen. Schluss, aus, vorbei. Jeder Stammtisch in Namibia dürfte dem Bundespräsidenten zugeprostet haben. Wer gehofft hatte, die rot-grüne Koalition würde anders mit der kolonialen Erblast umgehen, sah sich spätestens nach der Stippvisite von Joschka Fischer im Oktober 2003 getäuscht. Der Außenminister betonte das »tiefe Bedauern« und den »tiefen Schmerz«, aber der Schmerz war offenbar nicht tief genug für eine Entschuldigung; er werde »keine Äußerung vornehmen, die entschädigungsrelevant wäre«, verkündete Fischer. Entschädigungsrelevant – ein Wort wie aus deutschem Eichenholz geschnitzt.

Seit der Unabhängigkeit Namibias im Jahre 1990 praktizieren alle Bundesregierungen die gleiche Abwehrstrategie. Jetzt noch um Vergebung bitten? Wieder blechen? Zahlt Deutschland, in Namibia Entwicklungshelfer Nummer eins, nicht schon genug? Gemessen am Pro-Kopf-Anteil erhält kein anderes Land der Welt mehr Unterstützung aus Deutschland. Wenn das Auswärtige Amt darauf hinweist, klingt das wie die Aufrechnung von Ablasszahlungen. Offenbar fühlt man sich in Berlin doch ein bisschen verantwortlich für die Verheerungen der Kolonialzeit.

»Wir haben seinerzeit alles verloren, das Land und das Vieh, alles. Es ist auch uns Nachfahren geraubt worden,« diktierte mir Kuaima Riruako in den Notizblock. »Ihr müsst das Unrecht anerkennen, es gibt kein Zurück, denn sonst …« – der Chief klopfte mit der Handkante auf den Tisch – »… sonst könnte es kommen wie in Simbabwe. Dann besetzen auch unsere Jungen die weißen Farmen und holen sich das Land zurück.« Riruako war eigentlich ein recht umgänglicher Zeitgenosse, der oft herzerfrischend lachte. Aber bei diesem Thema konnte er so bullig auftreten, dass seine Worte Hörner bekamen. Er beschwor ein Szenario herauf, das für die deutschstämmigen Großgrundbesitzer der schlimmste Albtraum wäre: die Besetzung und Enteignung ihrer Farmen, so wie es der Despot Robert Mugabe im Nachbarland Simbabwe vorgemacht hat.

Im Laufe der Jahre nahm auch in Deutschland der öffentliche Druck zu. Die Initiative »Völkermord verjährt nicht!« appellierte an die Bundesregierung, die deutschen Verbrechen im heutigen Namibia als Genozid anzuerkennen und die Nachfahren der Opfer zu entschädigen. Tausende von Bürgern unterschrieben den Aufruf, darunter namhafte Historiker, Afrikanisten, Politiker, Kirchenvertreter und humanitäre

Organisationen. Deutschland müsse sich seiner eigenen Vergangenheit stellen, forderte Cem Özdemir, der als Parteichef der Grünen unterzeichnete. »Nachdem sich der Bundestag ehrlich gemacht hat und offen vom Völkermord an den Armeniern spricht, kann das Kapitel Deutsch-Südwest in der deutschen Kolonialgeschichte nicht unbearbeitet bleiben.«

»Diese Politiker beten doch nur die Geschichtsklitterei nach, die sich mittlerweile durchgesetzt hat«, sagt Hinrich Schneider-Waterberg. »Aber von dem, was seinerzeit tatsächlich geschah, haben sie wenig Ahnung. Und sie wollen die Wahrheit auch gar nicht wissen.« Er nennt keinen Namen, meint aber wohl Abgeordnete wie Niema Movassat, der den Antrag der Linken im Bundestag begründete und unter Einbeziehung der Opfer vom Volk der Nama die Gesamtzahl der von den Deutschen Getöteten auf 100 000 hochrechnete. Movassat hatte bei einer Informationsreise nach Namibia auch auf der Gästefarm Okosongomingo übernachtet, aber ein Treffen mit Schneider-Waterberg tunlichst vermieden – es hätte womöglich jene Deutung der Geschichte erschüttert, die seit fünfzig Jahren als Gewissheit gilt.

Sie stammt von Horst Drechsler, einem DDR-Historiker, dem es nach eigenem Bekunden darum ging, den verhassten Kolonialismus in all seinen Spielarten zu entlarven – die Wissenschaftler erfüllten damit den antiimperialistischen Auftrag des 22. Parteikongresses der sowjetischen KP, wie Drechsler im Vorwort seiner Studie schreibt. In den ideologischen Gefechten des Kalten Kriegs zielte er vor allem auf die BRD und ihr »neokolonialistisches Eindringen« in Afrika. Zugleich sollte dem unverbesserlichen Westdeutschland alle Schuld an den Kolonialverbrechen allein aufgebürdet werden. Drechsler beruft sich in seiner 1966 erschienenen Habilitationsschrift hauptsächlich auf das berüchtigte »Blue Book« der Briten vom

Mai 1918. Darin wird das Vorgehen der Deutschen in Südwestafrika als besonders grausam dargestellt, um ihnen im darauffolgenden Jahr in Versailles, bei den Friedensverhandlungen nach Ende des Ersten Weltkriegs, die moralische Eignung als Kolonialmacht abzusprechen. 1926 ließ die englische Regierung das Blaubuch aus allen Bibliotheken entfernen und einstampfen – es hatte seinen Zweck als antideutsche Propagandaschrift erfüllt. Es sei »von geringem historischen Wert«, befindet der renommierte US-Historiker William Roger Louis, der die »Oxford History of the British Empire« herausgibt. Das räumt selbst Drechsler ein, und dennoch bescheinigt er dem Blaubuch eine »weitgehend zuverlässige Darstellung« der Ereignisse. Er kommt auf der Grundlage dieses Pamphlets zu dem Schluss, dass der »deutsche Imperialismus« erstmals die »Methoden des Genozids« angewandt habe.

Drechslers Urteile wurden von den meisten Kolonialhistorikern vorbehaltlos übernommen und in populärwissenschaftlichen Büchern zugespitzt. »The Kaiser's Holocaust« übertitelte der anglo-nigerianische Journalist David Olusoga seinen Rückblick, in dem er die »Ausrottungsstrategie« in Deutsch-Südwestafrika als Vorspiel der Judenvernichtung durch das NS-Regime darstellt. Diese Kontinuitätsthese vertritt auch Jürgen Zimmerer: Er zieht eine massenmörderische Traditionslinie, die von Afrika nach Auschwitz führt.

Ausgerechnet eine linksliberale Historikerin und Sozialanthropologin sollte dieser Verkettung 1989 erstmals entschieden widersprechen. Sie hieß Brigitte Lau, leitete das namibische Nationalarchiv in Windhoek und hatte dort sieben Jahre lang zum Herero-Krieg geforscht. Sie fand das Dokumentationsmaterial zur Völkermord-These »erschreckend unvollständig« und kam zu dem Ergebnis, dass es für eine »in die Tat umgesetzte Kolonialpolitik des Genozids« keine Beweise gebe.

Brigitte Lau starb 1996 durch einen Autounfall. Die Querdenkerin wurde bis zu ihrem Tod von fortschrittlichen Kolonialhistorikern angefeindet. Hinrich Schneider-Waterberg sagt, er habe quasi ihr Erbe übernommen, »um die Mythe vom Völkermord zu entlarven«. Er spricht den meisten deutschstämmigen Nachfahren der Kolonialisten aus der Seele. Rund 20 000 leben noch im heutigen Namibia, eine wohlhabende, aber schwindende Minorität. Die Generation der Alten pflegt ein antiquiertes Deutschtum, manche nennen sich bis heute »Südwester« und verklären die Kolonialgeschichte. Angesprochen auf das Thema Genozid, reagieren viele abwehrend, mitunter auch aggressiv.

In der Bundesrepublik Deutschland wurde die kurze Kolonialära während der Kaiserzeit vergessen. Zwei Weltkriege und der Holocaust überlagerten die Erinnerung an alle vorhergehenden Gräuel. Erst über hundert Jahre später entflammte eine neue Debatte über die Kolonialpolitik und ihre verheerenden Folgen, die bis heute nachwirken. Aber was ist auf der dunklen Bühne der namibischen Geschichte wirklich geschehen? Sind die Tatbestände so eindeutig, wie sie mittlerweile sogar über Wikipedia verbreitet werden? Das sind die Fragen, die Hinrich Schneider-Waterberg umtreiben.

Auch ich hatte nicht die geringsten Zweifel an der Richtigkeit der Völkermord-These. Bis mich eines Tages Gustav Obermair anrief, ein alter Freund aus Swakopmund, dessen Urteil ich sehr schätze. Er schlug vor, die Vorgänge noch einmal gemeinsam zu überprüfen, denn er hatte erhebliche Widersprüche in der Völkermord-These entdeckt. Obermair war der erste linksliberale Rektor einer bayerischen Hochschule, er lehrte Theoretische Physik an der Universität Regensburg, wo ich in den 1970er-Jahren Philosophie, Soziologie und Kunstgeschichte studierte. Ich besuchte eines seiner Seminare über Quantenmechanik, musste aber bald aussteigen, weil mir die mathematischen Grundlagen fehlten. Nach der Emeritierung zog Obermair mit seiner Frau, einer deutschstämmigen Namibierin, nach Swakopmund, und engagierte sich dort in der Wissenschaftlichen Gesellschaft. Ich sagte mir: Wenn ein fortschrittlich denkender Professor wie er an der gängigen Lehrmeinung zweifelt, dann muss etwas dran sein. Und so übernahm Gustav Obermair die wissenschaftliche Beratung bei meinen Recherchen.

Die Geschichte der Kolonie Deutsch-Südwestafrika beginnt mit einem raffinierten Betrug. Im Mai 1883 kauft ein Agent des Bremer Tabakhändlers Adolf Lüderitz dem Volk der Nama für einen lächerlichen Preis – 100 englische Pfund und 200 antiquierte Gewehre – ein Stück Land an der Atlantikküste ab, das später den Namen Lüderitzbucht tragen wird. Die Verkäufer, namentlich der Nama-Kapitän Joseph Frederiks, nehmen an, dass die Fläche in englischen Meilen vermessen wurde, aber der durchtriebene Kaufmann Lüderitz wendet die vier Mal längere deutsche Meile an – und erschleicht auf diese Weise ein sechzehn Mal größeres Gebiet. Es ist die Keimzelle einer Kolonie, die Reichkanzler Otto von Bismarck im April 1884 unter den Schutz des Deutschen Reiches stellen lässt. In den darauffolgenden Jahren werden die »Besitzungen« durch sogenannte Schutzverträge oder die Okkupation angeblich herrenlosen Landes systematisch erweitert, und der mancherorts aufflammende Widerstand der Einheimischen erstickt. 1890 erstreckt sich das Territorium vom Oranje-Fluss im Süden bis zum Kunene-Fluss im Norden, 835 100 Quadratkilometer, eineinhalb Mal so groß wie das »Mutterland«. Hier, in »des Reiches Sandbüchse«, sollte die einzige deutsche Siedlerkolonie entstehen.

»Omuinjo uetu uri mongombe«, sagen die Herero. Unser Leben ist von den Rindern abhängig. Das nach den Ovambo zweitgrößte Volk im Lande lebt von der Viehhaltung. Aber seine Existenz wird bedroht durch die verheerende Rinderpest im Jahr 1896/97, die 95 Prozent ihrer Herden hinrafft. Zugleich wird das Land der Ahnen immer kleiner, die deutschen Kolonialherren haben gewaltige Flächen an sich gerissen oder durch trickreiche Verträge erworben, manchmal werden sie auch von korrupten Führern der Herero verscherbelt, von Großleuten wie Samuel Maharero. Er wird heute als einer der unbeugsamsten Widerstandskämpfer verehrt. Ausgerechnet dieser Mann, der zunächst mit den Deutschen kollaboriert, um seine Machtposition zu stärken. Der mit falschen Beschuldigungen dafür sorgt, dass unerwünschte Rivalen von der »Schutztruppe« hingerichtet werden. Maharero ist ein kluger Stratege, aber auch ein gerissener Opportunist, dem man nachsagt, gemeinsam mit seiner Mutter den eigenen Vater vergiftet zu haben. Sein Ruf ist zweifelhaft, aber er kämpft für eine gerechte Sache.

In den Jahren vor dem Kriegsausbruch leiden immer mehr Herero unter Mangelernährung und Seuchen. Sie verschulden sich bei erpresserischen Feldhändlern, werden um ihre Rinder gebracht und um ihr Land betrogen. Ihre Hirtengemeinschaften zerfallen. Ohne Vieh und Weideflächen sind viele gezwungen, als Lohnsklaven für die weißen Farmer zu arbeiten. Sie werden ausgebeutet, erniedrigt, misshandelt. Zahlreiche Aufzeichnungen von Missionaren belegen, wie der deutsche Herrenmensch seinen Rassismus auslebt. Einer der schlimmsten Leuteschinder war Oberleutnant Zürn, der Distriktchef von Okahandja. Kolonialbeamte seines Schlages und *jingoistische* Siedler hätten den Krieg ausgelöst, schreibt der Historiker Jan-Bart Gewald in einer der gründlichsten Studien über die Geschichte der Herero.

Am 12. Januar 1904 befiehlt Samuel Maharero: »Ich kämpfe, tötet alle Deutschen!« Missionare, Engländer, Buren und andere Weiße sollten ausdrücklich verschont werden. Am Abend jenes Tages erheben sich seine Männer gegen die Fremdherrschaft. Sie töten 123 Siedler, Händler und Soldaten – und entfachen den *Furor Teutonicus.* Pater August Elger berichtet in einem Brief an die Rheinische Missionsgesellschaft vom »Blutdurst gegen die Herero«, man höre nichts als »aufräumen, aufhängen, niederknallen bis auf den letzten Mann, kein Pardon«. Daheim im Kaiserreich herrscht Pogromstimmung. Der vergleichsweise gemäßigte und verhandlungsbereite Gouverneur Theodor Leutwein wird als Oberkommandeur der »Schutztruppe« entmachtet und durch Lothar von Trotha ersetzt, einen Eisenfresser, der seine Bösartigkeit schon bei der Niederschlagung von Aufständen in China und Deutsch-Ostafrika bewiesen hat. Der Generalleutnant lässt von Anfang an keinen Zweifel an seiner Mission aufkommen: »Ich glaube, dass die Nation (der Herero, d. Verf.) als solche vernichtet werden muss.«

Die entscheidende Militäroperation gegen den Aufstand begann am 11. August 1904 frühmorgens um sechs Uhr am Waterberg, wo die Herero ihre Streitmacht zusammengezogen hatten. »Hier rückte die Hauptabteilung unter General von Trotha an«, sagt Schneider-Waterberg. Er steht auf der sanften Bodenwelle über einer *omuramba*, einem Trockenflussbett, und schaut auf den 15 Kilometer entfernten Waterberg. Dazwischen dichter Dornenbusch, in dem der Blick keine vierzig Meter reicht. Schneider-Waterberg rechnet vor, dass in diesem unübersichtlichen Gebiet den knapp 1600 deutschen Soldaten mit ihren 30 Geschützen und 12 Maschinengewehren bis zu 6000 mit modernen Gewehren bewaffnete Herero-Krieger gegenüberstanden. »Sie waren mit dem Gelände vertraut, konnten sich

Gefallen für Kaiser und Reich: Deutscher Soldatenfriedhof am Waterberg

viel flinker darin bewegen und waren zahlenmäßig weit überlegen. Wenn sie sich ihrer Übermacht bewusst gewesen wären, hätten sie den Kampf sogar für sich entscheiden können.«

Eine offene Feldschlacht hätten die Herero aufgrund der Feuerkraft der »Schutztruppe« verloren, aber mit ihrer Partisanen-Taktik brachten sie die Deutschen immer wieder in Bedrängnis. Es gelang ihnen sogar, ein orientierungslos im Busch herumirrendes Bataillon des 1. Feldregiments aufzureiben. Ein Spähtrupp berichtete von Trotha, dass die Feinde anschließend Siegestänze aufgeführt hätten. Von diesem Scharmützel zeugt ein kleiner Friedhof auf der Farm Hamakari, den ich am hundertsten Jahrestag der Schlacht besucht habe: zehn Gräber, Reiter der Abteilung unter Major Hermann von der Heyde, wahrscheinlich die ersten deutschen Gefallenen des 11. August

1904. Eine wilhelminische Heldengedenkstätte im afrikanischen Busch – ein absurder Anblick, der durch die mit Vogel- oder Paviankot verkrustete Kaiserkrone über der Gedächtnistafel verstärkt wurde.

Fünf Tage nach Kampfbeginn kabelt General Trotha nach Berlin: »Feind nach Gefecht am 11. in voller panikartiger Flucht zurückgegangen … Unsere Truppen haben … mit höchster Bravour gekämpft.« Eine Siegesmeldung. In Wirklichkeit hatte die große Entscheidungsschlacht nie stattgefunden, sie wurde auch nicht von der »Schutztruppe« gewonnen, sondern ging unentschieden aus. Selbst im angeberischen Abschlussreport des Großen Generalstabs kommt das Wort »Sieg« nicht vor. Die Schlacht, bei der auf deutscher Seite übrigens auch einheimische Witboois und Baster aus Rehoboth mitkämpfen, war eine Abfolge von einzelnen Gefechten, Attacken und Gegenattacken. Das kann man nachlesen in den täglichen Kriegsberichten der *Deutsch-Südwestafrikanischen Zeitung*, deren Originalausgaben in der Sam Cohen Bibliothek in Swakopmund aufbewahrt werden. Im Archiv finden sich überdies Aufzeichnungen von Offizieren, die ein ganz anderes Bild vom Gefechtsfeld zeichnen. Die deutschen Einheiten standen auf einer Frontlinie von geschätzten hundert Kilometern viel zu weit auseinandergezogen, um den Feind einkreisen zu können. Die Truppe leide an Wassermangel, das Tierfutter sei ausgegangen, Pferde und Zugochsen würden verdursten, berichtet Maximilian Bayer, Generalstabsoffizier im Oberkommando der »Schutztruppe«. Nach der Schlacht fragt er sich: »War unter derart beklagenswerten Umständen eine Verfolgung der Herero überhaupt möglich?«

Der Oberbefehlshaber hingegen teilt dem Generalstab in Berlin mit, die Hauptmacht des Feindes sei »zersprengt und im Rückmarsch nach allen Seiten begriffen«. Dass der Gegner, den er am Waterberg umzingeln und vernichten wollte, entkommen war, erwähnte er zunächst nicht. Hermann von der Heyde, Kommandeur des überrannten Bataillons, hatte Trotha schon am Vortag vor dem Durchbruch des Feindes gewarnt. Der DDR-Historiker Horst Drechsler konstruiert daraus eine perfide und wohldurchdachte Strategie: Trotha habe den Durchbruch der Herero »verbrecherisch geplant«, um sie anschließend in die Omaheke zu jagen und das Durstgebiet durch einen 250 Kilometer langen Sperrgürtel abzuriegeln. »Ein solches Verbrechen kann man nur als Völkermord bezeichnen.«

Dieses Argument übernimmt auch Jürgen Zimmerer. Die »Schutztruppe« habe die fliehenden Herero »zangenförmig« vor sich hergetrieben, dies sei der Beginn der »eigentlich genozidalen Phase gewesen«, behauptet der in Hamburg lehrende Historiker. Ich weiß nicht, ob er je auf der Hauptstraße C22 die 250 Kilometer vom Waterberg nach Epukiro nachgefahren ist, jene Strecke, an der der angeblich undurchdringliche Sperrgürtel zur Omaheke gezogen wurde. Sie führt durch endloses, krachdürres, menschenleeres Land, und man kann sich nicht vorstellen, wie eine ziemlich erschöpfte, demoralisierte und durch Krankheiten dezimierte Truppe, die erst zwei Tage nach der Schlacht am Waterberg die Verfolgung aufnahm, eine lückenlose Postenkette errichten und jedes Wasserloch abriegeln konnte. In seinem Buch »Sturm über Südwest« analysiert Walter Nuhn den tatsächlichen Zustand der deutschen Einheiten, die von hochnäsigen Offizieren ohne Afrika-Erfahrung angeführt wurden. Viele Soldaten stammten aus einem Expeditionscorps der Marine und waren nicht tropentauglich, viele wurden durch Typhus oder Ruhr außer Gefecht gesetzt. Hinzu kamen eine Reihe von militärischen Unzulänglichkeiten: schlechte Ausrüstung, lückenhafte Nachschublinien, knappe Munition und Verpflegung, ungenaues Kartenmaterial, unzuverlässige einheimische Führer, die oft gestörte Kommunikation per Heliograf oder Funkballon. Der Hafer für die Reit- und Zugtiere ging aus, die deutschen Armeepferde hatten sich in der vegetationslosen Steppe ohnehin als unbrauchbar erwiesen. Selbst der äußerst brutal vorgehende Hauptmann Victor Franke schreibt am 21. August in seine Kladde: »Die beabsichtigte Art der Verfolgung scheint mir gänzlich aussichtslos. In dem ganzen Offizierscorps ist, soweit ich es beobachten konnte, auch nicht die Spur eines Interesses an der Sache vorhanden.« Auch Oberleutnant Erich von Salzmann, Ordonnanzoffizier beim Kommandeur des 1. Feldregiments, klagt über »unsere sehr schwachen Streitkräfte« und stellt resigniert fest: »Diese Halunken werden es … sicher verstehen, über das Sandveld zu entkommen.« Sogar der Generalstab in Berlin berichtet von Einheiten, die die Verfolgung abbrechen mussten, um die Truppe zu erhalten. »Weiterreiten unmöglich«, wird ein Hauptmann zitiert, der mit seinen Männern umkehrt.

Wie aber konnte dieser desolate, von zweifelnden Offizieren befehligte Haufen von weniger als 1600 Mann zu einer effizienten Mordmaschine mutieren, die einen Genozid vollstreckte? Das fragte sich auch die Nationalarchivarin Brigitte Lau nach der Auswertung des 4000-seitigen »Sanitätsberichts über die deutsche Truppe in Südwestafrika«. Dieser minutiös zusammengestellte Regierungsreport ergebe »ein umfassendes, wenn auch verdecktes Bild des Elends, der Unfähigkeit, des Leidens und der Schwäche.«

Nichtsdestotrotz habe Generalleutnant von Trotha immer nur prahlerische Erfolgsmeldungen nach Berlin telegrafiert, um als ruhmreicher Sieger dazustehen, das sei auch ganz im Sinne des Großen Generalstabs gewesen, glaubt Schneider-Waterberg. »Aber man muss seine Tagebücher kennen, da steht drin, wie es wirklich war.« Die persönlichen Aufzeichnungen des Oberbefehlshabers sind bislang unveröffentlicht, seine Nachfahren halten sie aus unerfindlichen Gründen zurück. Schneider-Waterberg gehört zu den wenigen Zeitgenossen, die Einblick erhielten. »Das Tagebuch liest sich stellenweise wie ein Protokoll des Versagens.«

Eintrag 11. August, am Tag der Schlacht: »Schwierigkeiten der Kolonne Heyde … Eine Zeit lang war ich in dem Glauben, dass die Abteilung und das Hauptquartier verloren sei.«

Eintrag 27. August: »Hoffentlich stellt er (Offizier Deimling und seine Einheit, d. Verf.) noch die Bande … ehe sie ganz ausbimsen.«
Ein Oberarzt der Truppe berichtet, dass es zwar gelungen sei, den Feind »um einiges Menschenmaterial zu vermindern«, aber es hätten kaum noch Kämpfe stattgefunden. Seine Sprache dokumentiert den Vernichtungswillen der deutschen Truppe und zugleich den begrenzten Erfolg ihres Handelns: Die Mehrheit der flüchtenden Herero konnte den Treck in die Omaheke fortsetzen.

Eintrag 6. September: »Stänkereien im Stab.« Hunger und Durst plagen die Soldaten, sie sind entmutigt durch die strapaziösen und vielerorts misslungenen Verfolgungsversuche.

Am 19. September fragt sich Trotha: »Wo sind die Hereros geblieben?« Und am 30. September schreibt er: »Verfolgen tue ich nicht mehr. Basta! … Alle unsere Vorräte sind am Ende.«

Zwei Tage später gibt der General den berüchtigten Schießbefehl aus, der als Hauptbeweis für den vorsätzlichen Völkermord angeführt wird: Auf alle schießen, Frauen und Kinder inklusive! Um den guten Ruf der deutschen Soldaten zu wahren, ergänzt Trotha, sei der Befehl zum Schießen auf Weiber und Kinder so zu verstehen, »dass über sie hinweggeschossen wird, um sie zum Laufen zu zwingen.« Dieser Befehl lässt sich auch ganz anders interpretieren: Als Eingeständnis des Scheiterns einer militärischen Mission, das Trotha durch eine mörderische Drohung kaschiert. Seine Tagebuch-Notiz vom 1. Oktober deutet jedenfalls darauf hin: »Nachmittags Proklamation an die Herero fabriziert.« Er nennt seinen Schießbefehl eine Fabrikation – ein Machwerk. Es scheint, als hätte er selbst an seiner Wirksamkeit gezweifelt.

Die meisten Offiziere hätten den Erlass des Generalleutnants abgelehnt, schreibt Ludwig Schlüter, ein Reiter der »Schutztruppe«, in seinen unveröffentlichten Erinnerungen. Der Schießbefehl wurde nach neun Wochen durch Bernhard von Bülow aufgehoben. In seiner Rückschau unter dem Titel »Denkwürdigkeiten« schildert der damalige Reichskanzler, wie er dem Kaiser auseinandergesetzt habe, dass man dem »Vorschlag« Trothas keinesfalls entsprechen dürfe; seine Pläne, so von Bülow, seien militärisch undurchführbar und würden den Prinzipien des Christentums und der Menschlichkeit widersprechen. Seine Majestät sei zunächst aufgebraust, habe aber nach mehrtägigem Zögern zugestimmt. Am 9. Dezember 1904 wies Wilhelm II. den blindwütigen Generalleutnant fernschriftlich an, seinen Befehl zurückzunehmen und den sich ergebenden Herero Gnade zu gewähren. Es war ein Kurswechsel der Kriegspolitik in Südwest, den die Regierung allerdings nicht nur aus humanitären Gründen vollzogen hatte. Sie wollte auch verhindern, dass die starke SPD-Fraktion im Reichstag den nächsten Wehretat ablehnte; die Sozialdemokraten gehörten zu den schärfsten Kritikern Trothas und seiner mörderischen Strategie. Regierungschef von Bülow akzeptierte sogar deutsche Missionare als Vermittler, »um die völlige Vernichtung des Hererovolkes zu verhindern«. Trotha soll getobt haben.

Dieser Mann war der Prototyp eines preußischen Militärs, im Offizierskorps galt er als machthungrig, unversöhnlich und kaltherzig. Drechsler nennt ihn einen »Schlächter in Generalsuniform«. Im November 1905 wurde Trotha seines Kommandos enthoben – das unrühmliche Ende einer militärischen Karriere. Nach seiner Heimkehr soll er in besseren gesellschaftlichen Kreisen sogar geächtet worden sein, weil er Schande über das wilhelminische Weltreich gebracht habe. Dieser blutrünstige Führungsoffizier war von der Wahnidee eines »Rassenkrieges« gegen die minderwertigen »Neger« besessen; er hegte ganz eindeutig genozidale Absichten. Doch der Vorwurf eines unter seiner Regie durchgeführten Völkermord-Planes der Reichsregierung lässt sich ebenso wenig erhärten wie die These, dass Deutschland damals einen Sonderweg eingeschlagen habe, der in den Faschismus mündete und im Holocaust gipfelte. Im Zeitalter der kolonialen Gewaltexzesse sei die Vernichtung von Zivilisten »Teil von Unterwerfung und Herrschaft« gewesen, es habe keinen deutschen »Tabu-Bruch« gegeben, befindet der Kriegshistoriker Robert Gerwarth.

--

Unbestreitbar aber ist, dass die deutsche »Schutztruppe« schwerste Kriegsverbrechen und Verbrechen gegen die Menschlichkeit verübt hat. Wahllos erschossen, erstachen, erhängten und vergewaltigen die deutschen Soldaten ihre Gegner, fast alle haben sich in blindem Gehorsam mitschuldig ge-

Verbrechen gegen die Menschlichkeit: Gefangene im Konzentrationslager Swakopmund

macht. Als der Krieg entschieden war, wurden in Swakopmund und auf der Haifischinsel vor Lüderitz in Gefangenschaft geratene oder sich freiwillig stellende Herero, Nama und Angehörige anderer Volksgruppen in Lager gepfercht – in Konzentrationslager. Diese Bezeichnung wurde von den Engländern übernommen, die während des anglo-burischen Kriegs von 1899 bis 1902 in Südafrika erstmals »Concentration Camps« errichtet hatten, in denen Tausende Frauen und Kinder umkamen. Auch die in Deutsch-Südwestafrika inhaftierten Einheimischen hausten in menschenunwürdigen Unterkünften, litten Hunger, mussten Zwangsarbeit leisten, wurden in Ketten gelegt, ausgepeitscht und schwer misshandelt. Viele starben an Entkräftung und Krankheiten.

Major Ludwig von Estorff, ein frommer, für damalige Verhältnisse liberaler Offizier, hatte schon während des Feldzugs die »ebenso grausame wie törichte Politik« Trothas kritisiert und machte später deutlich, dass dieser »unedle, selbstsüchtige und kaltherzige Mensch« eigenmächtig handelte. Estorff ließ das Konzentrationslager auf der Haifischinsel auflösen. 7682 der rund 17 000 Gefangenen überlebten die inhumane Haft in den Lagern nicht – die Statistik der reichsdeutschen Bürokraten war da sehr genau. Wie viele Menschen insgesamt getötet wurden, weiß man allerdings bis heute nicht. Tausende von Herero verdursteten in der Omaheke – und Tausenden gelang die Flucht. Missionare berichteten von großen Gruppen, die sich in den Westen und Norden des Landes durchgeschlagen hatten, ins Kaokoveld, nach Kavango oder ins Ovamboland bis hinauf in die portugiesischen Gebiete im heutigen Angola. 1800 Flüchtlinge hatten nach Angaben der englischen Regierung bis Ende November 1904 das Sandveld durchquert und die Grenze zur britischen Kolonie Betschuanaland überschritten.

Schneider-Waterberg entdeckte bei Recherchen im Public Record Office, dem britischen Staatsarchiv in London, ein Schreiben von Samuel Maharero, datiert auf den 28. September 1904. Darin beantragt der Führer der Herero Asyl in Betschuanaland. Er hatte mit seiner Gruppe den beschwerlichen Weg durch die Omaheke in acht Tagen hinter sich gebracht, berichtet Hija Usino, ein Teilnehmer des Marsches. Schneider-Waterberg verwahrt die maschinenschriftliche Transkription eines Interviews mit ihm. Es zeige, dass diese Randzone der Kalahari gar nicht so lebensfeindlich sei, wie sie durchgängig beschrieben werde, erläutert er. Die Herero hätten alle Wasserstellen in den Trockenflussbetten gekannt und die Omaheke seit Generationen problemlos durchwandert. Heute siedeln dort etwa 80 000 Menschen mit 300 000 Rindern.

Im Jahr 1936 sollen nach Schätzungen der Ethnologin Katesa Schlosser rund 5000 Herero im Betschuanaland gelebt haben. Horst Drechsler warf ihr vor, die Ausrottung dieses Volkes »bagatellisieren« zu wollen. Er geht davon aus, dass nur »ein verschwindend geringer Teil der 80 000 Herero« die Vertreibung in die tödliche Ödnis überlebt hat, erwähnt aber an anderer Stelle 15 000 in den Konzentrationslagern internierte Herero. Seine ohne sicheren Beleg hochgerechnete Bevölkerungszahl steht in krassem Gegensatz zu den Schätzungen deutscher Herero-Missionare: Vor dem Krieg habe ihre Zahl »nicht viel mehr als 35 000 betragen«, 1906 seien »23 000 bis 25 000 vorhanden« gewesen. »Danach wären 10 000 bis 12 000 infolge des Aufstandes zugrunde gegangen«, bilanziert der Missionar Peter Friedrich Bernsmann.

All diese Rechnungen müssen indes Spekulationen bleiben, denn verlässliche demografische Daten gab es nicht. Zahlreiche Unterlagen seien von den Südafrikanern vernichtet worden, die die deutsche Ex-Kolonie 1919 als Mandatsgebiet des Völkerbunds treuhänderisch übernommen und später ihrem Apartheid-Staat einverleibt hatten, schreibt die Historikerin Brigitte Lau nach der Analyse ihrer Quellen im namibischen Nationalarchiv. Sie bestreitet keineswegs, dass Tausende von Herero in der Omaheke entsetzlich umgekommen sind, spricht aber von einem »nationalen Exodus«, den die Führer dieses stolzen Volkes beschlossen hätten, um der kolonialen Unterdrückung zu entfliehen. Lau stellt sämtliche Statistiken infrage: die Gesamtzahl der Herero vor dem Krieg, die Schätzungen bezüglich der Überlebenden, die Stärke der deutschen Truppe. Sie nennt das Bestreben, aus all den »ungewissen Gewissheiten« einen Genozid abzuleiten, »geschichtlichen Unsinn.«

Sicherlich hat auch dieses Verdikt Schneider-Waterberg zu zynisch klingenden Nachfragen veranlasst. »Ein Völkermord in dem vermuteten Ausmaß müsste doch Leichenberge hinterlassen haben. Aber wo sind die sterblichen Überreste der Opfer?«, fragt er. »Man hätte doch im Lauf der Jahrzehnte zahllose Gebeine entdecken müssen. Warum wurden sie bis heute nicht gefunden?« 2003 seien die Nachforschungen einer Gruppe von Herero erfolglos geblieben, eine systematische Suche habe es nie gegeben. »Und keiner der Völkermord-Theoretiker hat Zeitzeugen der Herero befragt, keiner versteht ihre Sprache.« Schneider-Waterberg spricht leidlich Otjiherero. Er hat sich oft mit angesehenen Großmännern über die Vergangenheit unterhalten. Mit David Kambazembi zum Beispiel, dem 2006 verstorbenen Chef eines königlichen Hauses der Herero, bei dessen Beerdigung er eine Grabrede halten durfte – eine hohe Ehre für den Nachgeborenen eines weißen Siedlers, der vom Landraub profitiert hat. Schneider-Waterberg sagt, Kambazembi habe manchmal von alten Orlogleuten erzählt, von Veteranen des Befreiungskampfes, die sich rühmten, die Schlacht am Waterberg gewonnen zu haben.

»Es stimmt einfach nicht, dass die Herero nur hilflose Opfer waren. Sie waren auch Täter«, sagt Schneider-Waterberg. Er legt seine Hand auf einen verwitterten Grabstein, der in einer abgelegenen Ecke seiner Farm steht. Acht Soldaten der Kolonialtruppe ruhen hier, »gefallen für Kaiser und Reich«. Die Patrouille des Leutnants von Bodenhausen war am 6. August 1904 in einen Hinterhalt der Herero geraten und vernichtet worden. Ein Militärarzt protokollierte Leichen mit ausgestochenen Augen und abgehackten Händen. In seiner Studie würdigt der DDR-Historiker Drechsler die »ausgesprochen humane Kriegsführung« der Herero, die deutsche »Schutztruppe« erscheint hingegen als entmenschlichte Soldateska. Das sei eine »rein eurozentrische Perspektive«, sagt Schneider-Waterberg. »Hier die edlen Afrikaner, dort die barbarischen Deutschen.

In Wahrheit wurde der Krieg von beiden Seiten mit äußerster Brutalität geführt.«

In Kriegstagebüchern schildern die Soldaten immer wieder lustvoll, wie sie Herero niedermetzelten – es waren in ihren Augen ja nur verbrecherische Wilde, keine gleichwertigen Gegner. Umgekehrt sind von Kämpfern der Herero kaum Berichte überliefert. Zu den wenigen Ausnahmen zählen die Rückblicke auf den Befreiungskrieg von Peter Katjavivi oder Zedekia Ngavirue, der bei den bilateralen Verhandlungen mit der Bundesregierung die namibische Seite vertritt. Es gibt ein altes Fernsehinterview, in dem Herero-Historiker G. Zeze mündliche Überlieferungen zitiert und Trothas barbarische Methoden anklagt, schließlich das schon erwähnte Protokoll des Gesprächs mit Hija Usino. Er erzählt von kaltblütigen Mordtaten der »Schutztruppe«, aber auch von diversen Scharmützeln, die die Herero respektive die Deutschen für sich entschieden hätten. Usino hat am Waterberg mitgekämpft, er schaut wie so viele Veteranen mit Stolz zurück, nach seinen Angaben sind auf Hamakari gleich zwei deutsche Einheiten besiegt worden. Was tatsächlich geschah und was nur erfunden ist, lässt sich kaum beurteilen.

Diesen gemischten Eindruck hinterließ auch das Gespräch, das ich 2004 mit dem greisen David Kambazembi in Okakarara führte. Der Herero-Chief sprach vom *ovita*, vom Krieg gegen die Deutschen; auch er prangerte ihre Brutalität an, das Wort Völkermord aber führte er nicht im Munde. Er hat viele Jahre in Botswana gelebt. Dort, sagte Kambazembi, hätten die Überlebenden erzählt, dass es gar nicht so schwer gewesen sei, auf der Flucht vor den Deutschen durch die Omaheke ins britische Protektorat zu gelangen. Aber auch das kann man nicht mehr überprüfen, die Erinnerungen sind widersprüchlich und verwirrend. Der Missionar Werner Wienecke führt das auf den Ahnenglauben zurück, der das Geschichtsverständnis der Herero bestimme. Es verlaufe nicht auf einer linearen Zeitachse, sondern gleiche einer großen Fläche, auf der alles Geschehene erhalten sei; zurückliegende Ereignisse könnten vergessen, aber niemals als vergangen abgehakt werden. David Kambazembi forderte einen Friedensvertrag mit den Deutschen, »damit die Toten und die Lebenden endlich Ruhe haben«. Er war übrigens nicht gut auf den Oberhäuptling Riruako zu sprechen: »Der soll für sein eigenes Haus reden, nicht für unser ganzes Volk. Ich folge jedenfalls seinen Worten nicht.« Man muss in Afrika lange nach einem Volk suchen, das so zerstritten ist wie die Herero. Aber in einem sind sich die meisten einig: Sie verlangen Entschädigung für das erlittene Unrecht. »Wir wollen Wiedergutmachung, dann können wir uns endlich versöhnen,« sagte Kambazembi. »Wir leben seit hundert Jahren auf einem Friedhof, schauen Sie sich nur um.«

Ich schaute mich um in Okakarara, einem staubigen Städtchen in der Nähe des Waterbergs. Ein paar Kirchen, Schulen, Amtsgebäude, drei Parteibüros mit windzerzausten Fahnen, zwei Tankstellen, ein bescheidenes Hospital, keine Bank, dafür jede Menge Termitenhügel, Schnapsläden und Bars. Auf der Hauptstraße gingen arbeitslose junge Männer auf und ab. Am Straßenrand nähten Frauen Trachtenpüppchen, die mit wilhelminischen Röcken und Kopfgebinden bekleidet waren und aussahen wie sie selbst. »Wir sind die Ärmsten der Armen in Namibia«, schimpfte Asser Mbai, der Bezirksrat. Warum ist das so? »Wie sollte es anders sein?«, entgegnete er und zählte die Ursachen auf: Erst die deutsche Kolonialära, dann die Jahrzehnte der Apartheid unter den südafrikanischen Besatzern, schließlich die Amtszeit der korrupten South-West Africa

People's Organisation (SWAPO), die Namibia seit der Unabhängigkeit 1990 mit absoluter Mehrheit regiert. »Sie vernachlässigt unsere Region, weil die Leute nicht SWAPO wählen.«

»Das ist nicht wahr«, sagte Tjatjitrani Kandukira, der frisch gewählte Bürgermeister, 44 Jahre alt, Rastafari, Mitglied der Regierungspartei. »Wir neigen dazu, immer nur andere zu beschuldigen, das hat Tradition in Afrika. Dabei gab es hier jede Menge Missmanagement – von Herero.« 9000 Einwohner hatte Okakarara seinerzeit, rund 70 Prozent seien arbeitslos, schätzte Kandukira. »Die Jungen trinken, weil sie keine Perspektive haben.« Gerade waren der Stadt wieder einmal Strom und Wasser abgedreht worden, Kandukira war das peinlich. Seine Kommune sei bankrott, die meisten Einwohner würden keine Steuern zahlen, weil sie nichts verdienten. Ein Ort im Teufelskreis der Unterentwicklung, die jede Eigeninitiative lähmt. Die Folgen konnte ich in der Turnhalle der Secondary School besichtigen, die 1989 ausgebrannt war: man hatte es in 15 Jahren nicht geschafft, sie zu renovieren.

Der alte Kambazembi durfte noch erleben, wie erstmals Bewegung in die festgefahrenen deutsch-namibischen Beziehungen kam. Bei einer Gedenkfeier im August 2004, genau hundert Jahre nach der Schlacht am Waterberg, erklärte Heidemarie Wieczorek-Zeul, seinerzeit Bundesministerin für wirtschaftliche Zusammenarbeit, dass man die damaligen Gräueltaten heute als Völkermord bezeichnen würde. Sie bat »im Sinn des gemeinsamen ›Vater unser‹ um Vergebung unserer Schuld«. Auf die Entschädigungsforderungen ging sie nicht ein, aber sie versprach kraft ihres Amtes mehr Entwicklungshilfe. Im September 2011 wurden aus Berlin und Freiburg Herero-Schädel, die für rassenbiologische Studien geraubt worden waren, an Namibia zurückgegeben. Es war ein beschämender Akt, an dem kein einziger hochrangiger Vertreter der

Bundesregierung teilnahm. Im Juli 2015 rang sich das Auswärtige Amt durch, die Gräueltaten zwischen 1904 und 1908 als »Kriegsverbrechen und Völkermord« zu bezeichnen. Seit November 2015 bemühen sich Sonderbeauftragte der namibischen und der deutschen Regierung, dieses verdrängte Kapitel der deutschen Kolonialgeschichte einvernehmlich »aufzuarbeiten«.

Hinrich Schneider-Waterberg hofft, »dass dann endlich die Fiktionen durch Fakten ersetzt werden«. Durch seine Fakten, versteht sich. Was er als Autodidakt herausgefunden hat, ist beachtenswert: Er untermauert durch zuvor unzureichend erschlossene Quellen die Zweifel an der Völkermord-These. Seine Argumente wären allerdings überzeugender, wenn er sich nicht immer wieder ideologisch verrennen würde. Er wittert ein »Meinungskartell« der politisch korrekten Historiker, Gutmenschen und »Genozidversessenen«, gar eine Verschwörung der 68er, die einen deutschen »Schuldkult« pflegen und alle deutschstämmigen Namibier in Sippenhaft nehmen würden. Diese Ressentiments lassen ihn bisweilen als einen unbelehrbaren alten Reaktionär erscheinen, der immer noch die Grabenkämpfe des Kalten Kriegs ausficht. Vermutlich ist das auch der Grund, warum die meisten Historiker seine Ergebnisse ignorieren; sie halten ihn für einen wissenschaftlich nicht qualifizierten Freizeitforscher und lehnen das Gespräch mit ihm ab. Und so sitzt er jeden Tag allein in seiner Bibliothek und schaut hinüber auf die Felsen des Waterbergs. Aber diese Zeugen der Vergangenheit bleiben für immer stumm.

Heimat, deine Sterne

Deutsche in Namibia und die Frage des Völkermords

Es war zu erwarten, dass mein sechsseitiger Report unter der Überschrift »Gewisse Ungewissheiten«, der im Juni 2016 im SPIEGEL erschien, extreme Reaktionen auslösen würde. Aber noch nie war die Ablehnung respektive Zustimmung nach der Veröffentlichung eines meiner Texte so groß. Ich hatte die gesamte Historikerzunft gegen mich aufgebracht, die man gemeinhin progressiv nennt. Die Professoren Henning Melber, Reinhart Kößler und Jürgen Zimmerer, drei führende Vertreter der Genozid-These, schrieben gemeinsam mit Ex-Ministerin Heidemarie Wieczorek-Zeul einen geharnischten Protestbrief an die Chefredaktion und warfen mir vor, ein »politisch konservativ-reaktionäres und kolonialapologetisches Verständnis« der damaligen Geschehnisse in Deutsch-Südwestafrika aufzuwärmen. Ein Leserbriefschreiber fragte, ob der SPIEGEL nach dem Völkermord an den Herero demnächst auch den Holocaust leugnen werde. Freunde und Geistesverwandte waren konsterniert, manche meiden mich seither wie einen Aussätzigen. Tenor der Kritik: Wie kann es sein, dass ein erfahrener und fortschrittlich denkender Afrika-Korrespondent auf die Geschichtsfälschung eines starrsinnigen Greises hereinfällt?

Umgekehrt erhielt ich auch Zuschriften von renommierten Wissenschaftlern wie Professor Nils Ole Oermann von der

Leuphana Universität Lüneburg, die meiner skeptischen Haltung zustimmten. Horst Gründer, der bekannteste deutsche Kolonialhistoriker, schrieb in einer Mail, der SPIEGEL-Text sei für ihn »immer noch das Vernünftigste, was in der deutschen Presse zu finden ist«. Und es gab, wen wundert's, positive Kommentare von deutschstämmigen Namibiern. Quersumme in einem Satz: Endlich widerlegt mal ein seriöses Nachrichtenmagazin die ewigen Vorwürfe und schreibt, wie es seinerzeit wirklich war. Solche Aussagen bekam ich schon bei meinen Vorrecherchen in Namibia zu hören – und es war jedes Mal unerträglich. Denn das Lob ging stets einher mit übelsten Ausfällen gegen die dummen linken Historiker und die noch dümmeren Afrikaner, die sich auch noch erfrechen, Entschädigung für Verbrechen zu fordern, die gar keine waren.

Einmal saß ich beim Abendessen auf einer Jagdfarm, deutsches Brot, deutsche Wurst, deutsche Butter. Der Gastgeber erklärte, nicht nur die gesamte Kolonialgeschichte müsse korrigiert werden, sondern auch die Geschichte nach der Unabhängigkeit Namibias, damit jeder kapiere, »wie die Schwarzen unser schönes Land kaputtregieren«. Seine Frau fügte hinzu: »Diese Affen vermehren sich wie wild. Sie müssten alle kastriert werden.« So reden verbohrte »Südwester«, Nachfahren der deutschen Kolonialisten, die ihre rassistische Gesinnung von Generation zu Generation weitervererbt haben.

In den frühen 1990er-Jahren, bei meiner ersten Reise in den Norden Namibias, lernte ich ein neues Wort: »bobbejaan«; es kommt aus der Burensprache Afrikaans und bedeutet Pavian. Ein deutschsprachiger Gast des Minen Hotels in Tsumeb hatte es verwendet, und ich wusste zunächst nicht, auf wen es gemünzt war. In der Wirtsstube herrschte zünftiges Deutschtum, Schnulzen von Jürgen Marcus und Tony Marshall schallten durch den Raum. Über dem Tresen eine Kicker-Stecktabelle der Bundesliga, im Regal daneben eine Feuerzeugkollektion sowie eine Bierdosensammlung, auf der Kredenz Autogrammkarten von Franz Josef Strauß, dem Schutzpatron der Deutsch-Namibier. Die jungen Burschen trugen Vokuhila-Frisuren. Auf der Speisekarte standen Matjeshering, Thüringer Bratwurst, Eisbein, dazu gab es Windhoek-Bier, gebraut nach deutschem Reinheitsgebot. Heimat, deine Sterne. Und draußen, im Biergarten, zog ein Zecher über die *bobbejane* her, die Paviane, die »sein« Land seit 1990 ruinieren würden. Und die noch immer vom Unrecht der Kolonialzeit redeten. »Was haben denn wir damit zu tun?«, fauchte der Mann. »Es muss doch endlich mal ein Schlussstrich gezogen werden.«

Von solchen Leuten erhielt ich nun Beifall. Doch die Botschaft, dass es mir keineswegs um eine Verharmlosung oder gar Exkulpierung der reichsdeutschen Kriegsverbrechen ging, haben sie nicht verstanden. Sie wollen sie auch gar nicht verstehen, denn in ihren Köpfen ist die Kolonialära als gute alte Zeit abgespeichert. Und es hat sich seither ja auch nicht so viel verändert, Südwestafrika heißt jetzt Namibia und ist eine Demokratie, aber die Mehrheit der rund 20 000 deutschstämmigen Bürger weiß das nicht zu schätzen. Die Kinder und Kindeskinder der Kolonialisten besitzen nach wie vor das beste Land und sind die wohlhabendste Volksgruppe. Sie konservieren das Deutschtum in ihrer Sprache, Alltagskultur und Religion, im öffentlichen Leben, in der Traditionspflege, den Sitten und Verhaltensregeln, den Baustilen und Ortsnamen. Und in ihrer »Nationalhymne«, dem Südwester-Lied, das besonders stramm von Heino geschmettert wird: »In Treue fest, Südwest!« Keine andere Ex-Kolonie ist so unverkennbar deutsch geblieben. Man fährt durch dieses weite, dürre Land, durch kahle Gebirge, endlose Steppen, durch das Sandmeer der Wüste, und plötzlich tauchen aus dem Hitzegeflimmer einsame Gehöfte auf. In den

Steingärten davor stehen oft antiquierte Gerätschaften herum, Pflüge, Eggen, Mähmaschinen, säuberlich in leuchtenden Farben lackiert, von Kakteen und Euphorbien eingesäumt, mit geradezu kindlicher Hingabe arrangiert wie in der Miniaturwelt einer Märklin-Eisenbahn. Mitunter entdeckt man Landgüter, die von preußischen Junkern erdacht sein könnten, herrschaftliche Bauten mit Palmenalleen, kitschigen klassizistischen oder barocken Gipsstatuen und plätschernden Zierbrunnen.

Wohin man in Namibia auch kommt, überall finden sich Orte, Spuren und Zeichen der kolonialen Nostalgie. Beginnen wir in Kolmannskuppe. Mit diesem Namen verband sich die Verheißung, in der Fremde schnell reich zu werden. Heute ist der Wüstenort unweit der Stadt Lüderitz menschenleer. Die Wohngebäude sind verfallen, die Fensterscheiben zerbrochen, die Wege verweht. In den kahlen Räumen liegen meterhohe Sandhaufen. Ich sammle auf meinen Reisen Fundstücke, die etwas von der Geschichte der jeweiligen Schauplätze erzählen; aus Kolmannskuppe habe ich eine Türklinke aus Messing mitgenommen. Sie öffnet das Tor in eine versunkene Welt, in ein Eldorado der Glücksritter und Diamantensucher, die sich hier ansiedelten. Die Edelsteine, die man zunächst für Bergkristalle hielt, lagen buchstäblich auf dem Boden herum. In den 1920er-Jahren galt das wasserlose Nest als reichster Ort der Welt. Die Geschäfte mit den Klunkern liefen blendend, die neureichen Bürger residierten in stattlichen Villen, ihre Gemeinde konnte sich die luxuriösesten Einrichtungen leisten: ein Meerwasserschwimmbad, eine Eisfabrik, ein Karussell für die Kleinen, eine Turnhalle mit Casino, Kegelbahn und Theaterbühne für die Großen, ein Hospital mit der ersten Röntgenstation Afrikas. Doch nach dem Diamantenrausch kam die Ernüchterung. Die

Schätze aus der Erde gingen zur Neige, das Gebiet wurde von Bergbaukonzernen übernommen und zur Sperrzone erklärt. Und das deutsche Klondyke verwandelte sich in eine Geisterstadt. Ende der 1950er-Jahre zogen die letzten Einwohner weg. Wenn nicht gerade Touristenhorden einfallen, liegt Stille über Kolmannskuppe, man hört nur noch das Säuseln des Wüstenwinds, der die Überreste eines glitzernden Zeitalters umweht.

Der berühmteste Erinnerungsort dürte der Waterberg sein, wo im August 2004 die Enscheidungsschlacht zwischen Herero und Deutschen tobte. An manchem Kampfplatz im Busch kann man noch Patronenhülsen, Metallteile oder verrostete Konservendosen finden. Die Ruinen der ersten Niederlassung der Rheinischen Mission, die kleine steinerne Vogeltränke mit dem preußischen Adler am Eingang des Nationalparks, die Porträts von Kaiser und Kaiserin im Speisesaal des Gasthauses unter den Felsen, das einst eine Polizeistation war – Geschichte auf Schritt und Tritt. Am Rand der Talebene liegt der mit Zuschüssen der Deutschen Kriegsgräberfürsorge liebevoll gepflegte Friedhof, auf dem der tapfere Reiter Robert Rakete und all die weiteren deutschen Gefallenen ruhen. Ihrer heroischen Taten wurde bis 2002 alljährlich bei der Waterbergfeier gedacht, einem vom Traditionsverband ehemaliger Schutz- und Überseetruppen, den Alten Kameraden und dem Pfadfinderbund organisierten Treffen. In einer begeisterten Schilderung der Zeremonie beschreibt der Freizeithistoriker Wolfgang Reith, wie die deutsche Reichskriegsflagge auf Halbmast gezogen und das Lied »Ich hatt' einen Kameraden« gesungen wurde. Und wie die Abordnungen der Veteranen, der Pfadfinder, der Wehrmacht (sic!) und der Polizei Kränze niederlegten. Es sei ein »Akt der Völkerverständigung« gewesen, schreibt der Chronist. Schließlich waren neben weißen Kolonialrevisionisten sowie alten und neuen Nazis auch ein paar Vertreter der Herero geladen, darunter der umstrittene Paramount Chief Kuaima Riruako. Aber leider hatte Präsident Sam Nujoma kein Verständnis für diese Art von »Versöhnungsfeier« und untersagte im Jahr 2003 den Kriegerzirkus.

Warum lässt man uns das Gedenken an die Toten nicht? Es schien mir, als stünde diese Frage in den Gesichtern der alten Männer geschrieben, die in einem Café in der nächsten größeren Ortschaft Otjiwarongo beieinandersaßen. Das Café gehörte zur Bäckerei Carstensen, einer deutschen Institution, die mittlerweile geschlossen wurde. Das plüschige Interieur, die Zebra-Bilder an der Wand, die blauen Tischdecken und das kirschrote Gestühl versetzten mich zurück in die späten 1960er-Jahre. An den großen, von Gardinen gesäumten Fenstern gingen Afrikaner vorbei und warfen verstohlene Blicke auf die Köstlichkeiten, die hier aufgetragen wurden: Berliner Nussecken, Bienenstich, Schwarzwälder Kirschtorte, mit Rohhack oder Fleischsalat belegte Brötchen, dazu frisch aufgebrühter Bohnenkaffee. Unter den Passanten waren auch Herero-Frauen in ihrer eigentümlichen Tracht, weiten Röcken und Blusen nach wilhelminischem oder viktorianischem Schnitt, auf den Köpfen *otjikalva*, bunte, kunstvoll gebundene Tücher, die Rinderhörnern gleichen. »Wir kommen doch gut mit den Herero aus«, sagte eine ältliche Dame. Der beste Beweis dafür sei, dass sie die Deutschen kopieren würden. Nicht nur die Frauenkleider seien nach kolonialen Vorbildern geschneidert, sondern auch die Uniformen der Männer.

Okahandja, sechzig Kilometer weiter. In der inoffiziellen Hauptstadt der Herero findet jedes Jahr am letzten Augustwochenende der Hererotag statt. Dann marschieren wie in einer Militärparade die *oturupa* auf, Truppenspieler, deren Uniformen, Schirmmützen und Südwester-Hüte mit schwarz-weiß-roten Kokarden der Montur deutscher Kolonialsoldaten nachempfunden sind. Man hat oft darüber gerätselt, wie es zu dieser Mimikry kam. Eine Erklärung ist, dass die Herero den Feind imitierten, um symbolisch dessen Kraft aufzunehmen und ihr Selbstwertgefühl zu steigern. Und vielleicht auch, um das erlittene Trauma im verlorenen Krieg gegen die »Schutztruppe« zu überwinden. Seht her, wir haben überlebt! Eine andere Version lautet, dass es auch Herero-Führer wie den umstrittenen Samuel Maharero gab, die zeitweise mit den deutschen Aggressoren paktierten und sich ihnen äußerlich anverwandelten. Der am 14. März 1923 verstorbene Maharero ist übrigens in Okahandja neben anderen berühmten Chiefs seines Volkes beerdigt. Auf ihren Grabsteinen sind traditionelle und moderne Waffen abgebildet, Maschinengewehr, Speer, Knopkerrie, ein Knüppel mit Knauf. Hier defilieren die Nachgeborenen am Hererotag vorbei – nicht um über die Niederlage gegen die weißen Unterdrücker zu trauern, sondern um den Beginn des Befreiungskampfes zu feiern und das Nationalgefühl ihres Volkes zu stärken. Der Kampf gegen die Deutschen war in ihrer kollektiven Erinnerung stets ein *ovita*, ein Krieg. Das Wort Völkermord gebrauchten die Großmänner der Herero erst nach der Unabhängigkeit anno 1990.

Irgendwann hat man sich zwar dazu durchgerungen, an der Mauer des Soldatenfriedhofs am Waterberg eine unscheinbare Tafel anzubringen, die auch auf die gefallenen Herero hinweist. Aber normalerweise wird an den historischen Schauplätzen das Leid der Einheimischen nicht erwähnt – es ist, als hätten sie nie existiert. In den kleinstädtischen Museen sind ihre Kulturen nur folkloristisches Beiwerk, kein Wort über die Schandtaten der Kolonialherren, dafür sieht man jede Menge ihrer Mordinstrumente. Im Heimatkundemuseum von Tsumeb sind zum Beispiel sauber polierte Geschütze ausgestellt, die Taucher aus dem 19 Kilometer entfernten Otjikoto geborgen haben. In diesem Kratersee versenkte die »Schutztruppe« schwere Waffen ihrer Feldartillerie, als sich im Ersten Weltkrieg die Niederlage gegen die südafrikanischen Unionstruppen abzeichnete; die Haubitzen, Revolverkanonen, Maschinengewehre und Krupp-Munitionswagen sollten nicht in die Hände des Feindes fallen. Deutsch-Namibier stehen gern an den jäh abstürzenden Felskanten des Kraters und blicken erschaudernd auf den dunkelgrünen Wasserspiegel, unter dem die Monster der Vergangenheit herumgeistern.

Gleich hinter dem Minen Hotel in Tsumeb gingen 550 deutsche Soldaten in Gefangenschaft. Am 9. Juli 1915 um 10 Uhr vormittags nahm der legendäre Burengeneral Louis Botha die Kapitulation ihrer Kommandeure entgegen. An der Otavi-Bahn, Streckenkilometer 500, erinnert ein Betonstein mit Plakette daran. Ich musste lange nach dieser Wegmarke suchen, niemand konnte mir die genaue Lage beschreiben. Für alte »Südwester« ist es eine Stelle der Schmach, für schwarze Namibier ein Symbol der Befreiung: Hier endete nach 31 Jahren die deutsche Fremdherrschaft – und schon bald begann die Okkupation durch die Südafrikaner, die das Gebiet zunächst als Mandat des Völkerbundes verwalteten, später aber widerrechtlich an sich rissen und die Apartheid einführten. Es war die Fortsetzung eines rassistischen Regimes, das die wilhelminischen Kolonialherren begründet hatten.

Die Hauptstadt Windhuk hieß fortan Windhoek. Sie wurde zwar im Lauf der Jahrzehnte modernisiert und verunstaltet, im Kern aber ist sie deutsch geblieben. Da stehen sie, die Monumente der Vergangenheit: die Alte Feste, die Heinitzburg, das Gathemannhaus, die Christuskirche, der Tintenpalast, in dem das namibische Parlament tagt. Natürlich war die Empörung der Namibia-Deutschen groß, als der Windhuker Reiter umgestellt wurde. Dieses Memorial ehrt »die tapferen deutschen

Heldenkitsch der Deutsch-Südwester: Reiterstandbild in Windhoek, im Hintergrund das neue National-museum

Krieger, welche fuer Kaiser und Reich zur Errettung und Erhaltung dieses Landes waehrend des Herero- und Hottentottenaufstandes 1903 bis 1907 … ihr Leben ließen« sowie »die deutschen Buerger, welche den Eingeborenen im Aufstand zum Opfer fielen«. Fast hundert Jahre mussten die »Eingeborenen« vorbeigehen an dem martialischen Standbild, das den blutigsten Triumph und die immerwährende Herrschaft der Deutschen versinnbildlicht: ein Schutztruppenreiter in Kampfuniform, auf dem Kopf den schneidigen Südwester-Hut mit hochgebogener Krempe, das Gewehr lässig auf den

Oberschenkel gestützt. Ihr geliebtes »Nationaldenkmal« wurde 2009 abgebaut und später in die Alte Feste versetzt. Es musste dem neuen Nationalmuseum weichen, das seinerseits an Geschmackslosigkeit kaum zu überbieten ist: ein protziger, gülden schimmernder Koloss, hingeklotzt von einer Baufirma aus Nordkorea. Im Inneren wird die namibische Geschichte im Stil des Sozialistischen Realismus holzschnittartig dargestellt, plumper Heldenkitsch, der dem Auge wehtut.

--

In Swakopmund blieben die Hinterlassenschaften der Kolonialzeit weitgehend unangetastet: das prächtige Woermannhaus und das noch prächtigere Hohenzollernhaus, die restaurierte Landungsbrücke, der Leuchtturm, das Amtsgericht, das zum State House umfunktionierte Bezirksamt, die Adler-Apotheke und das Hotel Prinzessin Rupprecht, das putzige Gefängnis, die evangelische Kirche im neobarocken Stil, die unverwüstliche Kaserne mit dem geflügelten Rad über der Pforte, ein Symbol der ewigen Wiederkehr. Die Vergangenheitssehnsucht äußert sich in perfekt renovierten Gebäuden, man sieht heimeliges Fachwerk, spitzgiebelige Dächer, Wandfriese mit Putten, Jugendstil-Ornamente – manche Häuser gleichen mit ihren Türmchen und Erkern und Zinnen kleinen Ritterburgen. Beim Spaziergang auf der Strandpromenade spricht mich ein schwarzer Bettler auf Deutsch an: »Alles in Orrrrdnung, mein Herr?« Um 12 Uhr mittags läuten die Kirchenglocken, im Café Anton wird Toast Hawaii serviert. Der Laden »Peter's Antiques« verkauft Erinnerungsnippes aller Art, Aschenbecher, Bierhumpen, Brieföffner, Wandteller, Uniformknöpfe, kleine Reichskriegsflaggen. In der Buchabteilung werden Ethnographica, Klassiker der Kolonialliteratur, Bildbände mit historischen Fotos und Nazi-Schriften angeboten, besonders beliebt sind die Geschichtsfälschungen der rechtsextremen Schmierfinken Claus Nordbruch und Gert Sudholt. »Haben Sie auch Werke von Hitler?« erkundige ich mich bei einer grauhaarigen Verkäuferin. Sie geht wortlos zur Kasse und zieht unter dem Ladentisch eine Originalausgabe von »Mein Kampf« hervor. »Bitte schön, kostet 325 Euro.«

Am Stadtrand steht ein Lokomobil, ein Dampfgefährt namens »Luther« – eine Anspielung auf das Bekenntnis des Reformators vor dem Reichstag zu Worms: »Hier stehe ich, ich kann nicht anders!« Es könnte auch der Leitspruch vieler weißer Swakopmunder sein: Wir bleiben, wie wir sind. So unveränderlich wie die Artefakte, die im Hinterhof der Sam Cohen Bibliothek präsentiert werden: Bergwerksloren, rostige Lokomotivkessel, Rollfässer, Schiffsanker, ein Spritzenwagen. Von der kriegerischen Vergangenheit, die im Archiv der Bibliothek dokumentiert wird, wollen die meisten hellhäutigen Bürger nichts mehr wissen.

Allerdings bereitet das Marinedenkmal im Stadtzentrum Kopfzerbrechen, denn es zeigt einen sterbenden deutschen Soldaten. Unbekannte haben es mit blutroter Farbe übergossen. Doch das eigentliche Problem ist, dass die braven Schwarzen beim Anblick des Kunstwerks auf falsche Gedanken kommen und an der Unbesiegbarkeit des weißen Mannes zweifeln könnten. Denn es rumort diese untergründige Angst, dass die Afrikaner eines Tages das Geraubte rauben. Dass sie über die schönen Farmen herfallen und sich das Land zurückholen. Das Menetekel heißt Simbabwe, wo der Diktator Robert Mugabe Tausende von weißen Farmern enteignen und vertreiben ließ. Es war das Thema bei einem Sundowner im Otavi-Dreieck, ein Großgrundbesitzer hatte mich eingeladen, und wir standen mit gefüllten Champagnerflöten am Rande des Buschs, um Leoparden zu beobachten, die sich aber leider nicht blicken ließen.

Traumschönes Afrika, so recht nach dem Gusto der alten und neuen Kolonialisten. Der Farmer zeigte auf eine Werft im Tal, eine Siedlung der Schwarzen. Das Konglomerat aus Hütten und Blechverschlägen wuchere jedes Jahr bedenklich weiter, sagt er. Ich befürchtete schon einen rassistischen Kommentar zur Reproduktionsrate der Bewohner, aber zu meiner Überraschung erwies sich der Mann als liberaler Zeitgenosse. Er sprach von der Notwendigkeit einer großen Landreform, um das historische Unrecht zu sühnen und die Armut der schwarzen Bevölkerungsmehrheit zu bekämpfen. »Wir müssen das anpacken, sonst ist über kurz oder lang der innere Frieden gefährdet.« So denken nicht viele Landwirte in Namibia, und wenn es einer wagt, solche Gedanken auszusprechen, wird er ins politische Abseits gestellt. Michaela Hübschle erging es so. Sie war damals Ministerin für das Gefängniswesen, die einzige weiße Frau, die als Mitglied der Befreiungsbewegung SWAPO (South West Africa People's Organisation) einen Kabinettsposten bekleidete. In ihrem Ministerbüro in Windhoek erzählte sie mir, dass sie als SWAPO-Hure beschimpft wird, weil sie die Umverteilung von Grund und Boden fordert. Hübschle bekam Morddrohungen. Sie hatte den heiligen Schwur der weißen Gemeinschaft gebrochen, der da heißt: Dies ist unser Land, wir haben es von unseren Vorfahren rechtmäßig geerbt und bewirtschaften es zum Wohle der Nation. Bis heute wiederholen viele Farmer die koloniale Schutzbehauptung vom einst »herrenlosen Land«.

»Die meisten Weißen werden sich nie ändern«, sagte Uno Katjipuka-Sitole, eine langjährige Freundin. Wir lernten uns kennen in der schicken Imbiss-Abteilung des Großhandelsunternehmens Wecke & Voigts, eine der deutschstämmigen Dynastien, deren Reichtum in der Kolonialzeit angehäuft wurde. Uno, damals eine junge Juristin in Diensten der Generalstaatsanwaltschaft, traf sich oft mit ihren Kollegen im Kaufhaus an der Independence Avenue, vormals Kaiserstraße, zum Lunch. Sie sollte eine steile Karriere hinlegen; Anfang 2018 wurde sie vom Staatspräsidenten in die Judicial Service Commission berufen, ein Kontrollorgan, das die rechtsstaatlichen Institutionen des Landes überwacht. Weißen Mitbürgern, die über gebildete, wohlsituierte und selbstbewusste Schwarze die Nase rümpften, begegnet sie mit einem müden Lächeln. »Sie sehen uns als zweitklassige Menschen an, das ist in ihre DNA eingeschrieben. Viele Deutschstämmige fühlen sich nicht als Namibier. Mental befinden sie sich immer noch in der Kolonialzeit.« Aber in Deutschland, sagt Uno, werde sie auch nicht viel anders wahrgenommen. Als Bundespräsident Horst Köhler die streitbare Anwältin zu einer Podiumsdiskussion nach Hamburg einlud, hätte man ihr im Frankfurter Flughafen beinahe die Einreise verwehrt. Afrikaner und Afrikanerinnen kommen ja immer nur als Armutsflüchtlinge nach Deutschland, um unser großzügiges Sozialsystem auszunutzen …

Anna Riet erinnert sich nicht gern. »Wie war das … warte mal«, grübelt sie. Geboren in der Stadt Rehoboth, aufgewachsen in einem Bahnwärterhäuschen unter acht Geschwistern, ein paar Klassen in der Missionsschule, dann durch die Jahrzehnte gescheucht. Ein Mann läuft weg, der zweite zu, drei Kinder werden groß. Und sonst? »Samstag, Sonntag, Feiertag. Immer arbeiten, arbeiten, arbeiten.« Anna Riet, 70 Jahre alt, wohnhaft in einem kleinen Häuschen an der Borgwardstrasse Nr. 4062 in Khomasdal, einem Township in Windhoek, das sogenannte Coloureds bevölkern, Farbige oder Mischlinge, wie das in der Zeit der Rassentrennung hieß. Sie spricht akzentfrei Deutsch und hat ihr Leben lang zumeist für Deutsche gearbeitet, im »Grünen Kranz«, im »Hansa Hotel«, im »Kontinental« und anderen feinen Häusern, in denen weniger feine Leute verkehrten. »Das Schlimmste war, dass sie uns nie anerkannt haben als Menschen. Sie haben gesagt, wir sind Mulis.« Anna Riets Haut ist weiß, aber sie trug das Etikett »Bastard«. Das bedeutete: »Du darfst nicht auf ihrem Stuhl sitzen. Du darfst nicht aus ihrem Becher trinken. Deine Rasse ist nicht rein. Du bist nichts.« Sie verdient ihr Brot als Spülerin, Zimmermädchen, Küchenhilfe, Büglerin. »Warum müssen wir auf der Erde sein?«, fragt sich Anna Riet, wenn die Boshaftigkeiten der Weißen unerträglich werden. Eine Vita, in der die Kolonialära nie endete. Sie hat nur noch einen Wunsch: »Ich will nicht auf einem Friedhof begraben werden, auf dem Weiße liegen. Weil die dann weiter mit mir schimpfen.« Und am Ende müsste sie auch noch im Himmel für die Herrschaften bügeln.

Anna Riet, Uno Katjipuka-Sitole, Michaela Hübschle – drei starke Frauen aus Namibia, eine Botschaft: Der Kolonialismus ist gegenwärtig, im Denken, im Handeln, in der sozialen Rangordnung. Natürlich sind nicht alle deutschstämmigen Bürger Rassisten und Ausbeuter, manche engagieren sich, um die Lage ihrer Landsleute zu verbessern, die von der korrupten und inkompetenten Regierung vernachlässigt werden. Aber selbst da, wo Afrikaner faire Arbeitsbedingungen vorfinden und menschlich behandelt werden, gelten die alten Machtverhältnisse. In einer Herberge am Waterberg habe ich erlebt, wie die einheimischen Bediensteten vorgeführt wurden. Sie mussten zum Amüsement ausländischer Touristen vor dem Nachtessen traditionelle Lieder absingen und Kostproben ihrer Klick-Sprache geben. Es war wie in einer Menagerie, und die Gäste hatten das trügerische Gefühl, Afrika ganz nahe gekommen zu sein. Unvergessen auch der Zwischenfall auf einer Jagdfarm, als ein paar Viehdiebe in flagranti erwischt wurden. Der Chef, alarmiert über das Funksystem einer Art Landwehr, raste mit seinem Jeep zum Tatort, in einer Kurve hätte sich das Fahrzeug beinahe überschlagen. Die Nachbarn waren schon da, junge, kräftige, weiße Männer, alle bis auf die Zähne bewaffnet – als befänden sie sich in einem Krieg. Sie hatten die Diebe in die Mangel genommen, abgerissene Gestalten, die die Drecksarbeit für ein kriminelles Kartell erledigten. Es war ihnen anzusehen, dass sie aus ärmsten Verhältnissen stammten, vermutlich hatten sie die Straftat begangen, damit ihre Familien wieder einmal Fleisch auf den Tisch bekämen. Mein Gastgeber, der geschädigte Farmer, war außer sich vor Wut und Hass. Er trat von hinten in die Kniekehlen der armen Teufel und knallte ihre Köpfe auf die Motorhaube. Dann wurden sie mit Plastikkabeln gefesselt und zur nächsten Polizeiwache geschleppt. Ein Konflikt zwischen Landlosen und Landbesitzern, der die Auswüchse des blanken Rassismus zeigte. Und die Furcht der weißen Minderheit vor der schwarzen Mehrheit.

Und dann kommen auch noch irgendwelche dahergelaufenen Geschichtsforscher, die ihre Vergangenheit durch den Dreck ziehen. Der Vorwurf des Völkermords verletze das Selbstbild der Namibia-Deutschen, erklärt der in Swakopmund geborene Historiker Joachim Zeller. Sie sehen ihre Vorfahren als Pioniere, die einst eine *Terra nullius* übernommen haben, ein Land, das angeblich niemandem gehörte. Sie sind stolz auf die Zivilisationsleistungen ihrer Großväter und Großmütter, auf die Städte, Straßen, Eisenbahntrassen, Bergwerke, Dämme, Schulen, Krankenhäuser und Kirchen, die sie gebaut haben. Der eine oder andere räumt zwar ein, dass es mitunter auch gewalttätig zugegangen und nicht alles »ok« gewesen sei, aber am Ende gewinnt man den Eindruck, dass die mörderische »Schutztruppe« eigentlich nur ein lustiger Pfadfinderverein war. Gelegentlich wird sogar Verständnis für den Aufstand der Herero geäußert, manche Alte zitieren aus dem Kolonialroman »Peter Moors Fahrt nach Südwest«; darin vergleicht der Autor

Gustav Frenssen den Widerstand der »Eingeborenen« mit dem Freiheitskampf der Deutschen gegen Napoleon. Nach solchen Einschränkungen aber werden gleich wieder die positiven Seiten der Kolonialzeit aufgezählt. Das klingt dann wie die deutsche Standardrechtfertigung nach dem Untergang der Nazi-Diktatur: »Aber die Autobahnen hat er gebaut!« Kein Zweifel, die im Lauf der Kolonialzeit geschaffene Infrastruktur bildet die Grundlage der Landesentwicklung des modernen Namibia. Aber dass diese Errungenschaften nur möglich wurden durch die Arbeitskraft der Einheimischen, durch Ausbeutung und Zwang, wollen die »Südwester« in ihrem rassistischen Dünkel nicht wahrhaben. Und dass ihren Vorfahren Kriegsverbrechen angelastet werden, empfinden viele als tiefe Kränkung. »Wir wollen nicht ewig für die Vergangenheit in Sippenhaft genommen werden und die deutsche Blutschuld auf uns laden«, sagt ein Safariunternehmer stellvertretend für seine deutschstämmigen Landsleute. Bei Worten wie »Blutschuld« weiß man gleich, woher der Wind weht. Viele alte »Südwester« sind unterdessen verstorben, doch in der jüngeren Generation lebt ihr verzerrtes Geschichtsverständnis fort. Man kann es nachlesen in den Zuschriften an die deutschsprachige *Allgemeine Zeitung* in Windhoek, die einem an manchen Tagen vorkommt wie das Zentralorgan der Kolonialrevisionisten. Einige Schreiber verbreiten ganz ungeschminkt nationalsozialistisches Gedankengut; in der Bundesrepublik Deutschland würden sie dafür wegen Volksverhetzung bestraft.

Mitte Juli 2016 traf ich mich in der Hamburger SPIEGEL-Redaktion mit Jürgen Zimmerer zu einem dreistündigen Streitgespräch. Die Atmosphäre war trotz unserer unvereinbaren Standpunkte freundlich. Wir hatten an der gleichen Alma

Mater studiert, an der Universität Regensburg, und ich schätze Zimmerer als akribischen Historiker. Weniger schätze ich seine apodiktische Argumentationsweise, die keinerlei Zweifel zulässt. Wir haben uns kaum angenähert, die Disputation ging unentschieden aus, vielleicht hat der Professor sogar einen Punktsieg errungen.

Ich kann durchaus akzeptieren, dass die deutschen Verbrechen in der Kolonie Deutsch-Südwestafrika als Völkermord eingestuft werden, aber meine Zweifel bestehen weiter. Unstrittig ist, dass Offiziere der deutschen »Schutztruppe« genozidale Absichten verfolgten, aber sie unterschieden sich nicht von den Absichten der Militärs anderer Imperialmächte. Landraub, Vernichtungsfeldzüge, Massenerschießungen, Folter, Vergewaltigungen, verbrannte Erde gehörten zu den Methoden kolonialer Gewaltherrschaft. Die Briten wüteten in Tasmanien, Indien, Südafrika, Kenia und im Sudan, die Franzosen in Madagaskar und Algerien. Die Spanier massakrierten die Bevölkerung auf Kuba. Die Belgier verübten die sogenannten Kongogräuel. Die Italiener entfesselten Gaskriege in Libyen und Abessinien. Manchmal beschleicht mich der Verdacht, dass deutsche Fachhistoriker die Verbrechen anderer Kolonialmächte unterbelichten, um diejenigen der Deutschen noch greller erscheinen zu lassen, und am Ende wird die Ideologie der Auslöschung zu einem Alleinstellungsmerkmal des deutschen Ungeistes. Man kann ihnen nur empfehlen, beispielsweise die kranken Gedanken eines Francesco Martini nachzulesen. Eine Rasse müsse die andere ersetzen, schrieb der italienische Gouverneur in Eritrea: »Der Eingeborene ist ein Hindernis; ob wir wollen oder nicht, wir müssen ihn zu Tode jagen … so wie es anderswo mit den Rothäuten gemacht wurde«; dabei sollten alle Methoden angewandt werden, die die Zivilisation zur Verfügung stelle: »Gewehrfeuer und eine tägliche Dosis Feuerwasser.«

Um nicht missverstanden zu werden: Die Verbrechen der anderen machen die Verbrechen der Deutschen nicht weniger verwerflich. Alle Kolonialherrschaft beruhte auf Mord und Terror, ich kann keinen deutschen Sonderweg erkennen und teile die Einschätzung des Kriegshistorikers Robert Gerwarth, der die Idee eines »deutschen Exzeptionalismus« verwirft. Jürgen Zimmerer spricht hingegen von einem deutschen Tabu-Bruch und zieht eine Traditionslinie von Afrika nach Auschwitz. Er sagt, wie oben schon angedeutet, dass der Völkermord an den Herero und Nama den Holocaust vorweggenommen habe, ja, dass sich dieser ohne die Untaten der Kolonialzeit nicht erklären lasse. Der Historiker Jonas Kreienbaum hält die sogenannte »Kontinuitätsthese« für nicht plausibel; er verglich die Concentration Camps der Briten in Südafrika und die Konzentrationslager der Deutschen in Südwest und kam zu dem Schluss, dass sich weder in den einen noch in den anderen eine intentionale Vernichtungspolitik nachweisen lässt, beide seien mit dem Ziel eingerichtet worden, den jeweiligen Krieg zu beenden; Tausende von Menschen seien infolge rassistischer Gleichgültigkeit und mangelnder Ressourcen umgekommen. Für Zimmerer aber steht fest: Die Deutschen waren Völkermörder, die Engländer nicht. Solche Urteile lassen sich nur fällen, wenn man die Geschichte von ihrem Ende her deutet. Wenn das, was wir unterdessen wissen, auf die Vergangenheit zurückprojiziert wird. Wenn man glaubt, dass die Wege in die Zukunft nicht offen, sondern vorgezeichnet sind.

Die Völkermord-These ist unterdessen in den Mainstream der deutschen Historiografie eingegangen, und bisweilen scheint es, als herrsche ein unausgesprochenes Zustimmungsgebot. Aber es gab und gibt Fachwissenschaftler wie Brigitte Lau, Karla Poewe, Katesa Schlosser, Andreas Eckl oder Jan Philipp Koltermann, die die These nicht unterschreiben.

Auch die renommierten Kolonialhistoriker Horst Gründer, Winfried Speitkamp oder Nils Ole Oermann äußern sich zurückhaltend – und wundern sich über den »zelotischen Eifer« ihrer Kollegen. Gründer wirft Zimmerer sogar einen »Verfolgungswahn« mit Blick auf all jene Historiker vor, die seine Verdikte nicht teilen. Professor Oermann mailte mir, dass es ihn stutzig mache, wie weit die Schätzungen bezüglich der getöteten Herero und Nama voneinander abweichen; sie bewegen sich zwischen 12 000 und 100 000. Jürgen Zimmerer geht von 60 000 Opfern aus. Auf die Frage, wie er auf diese Zahl komme, sagte er in unserem Gespräch: »Das ist der Stand der Forschung.« Eine selbstreferenzielle Begründung. Aber die Zahl der Opfer sei nicht ausschlaggebend, erklärte Zimmerer, es gehe beim Tatbestand des Völkermords vielmehr um den Vernichtungswillen. Diese Intention lässt sich nach meinem Kenntnisstand nur bei Lothar von Trotha und einigen seiner Offiziere nachweisen. Die Regierung des Kaiserreichs hatte im Gegensatz zum Kommandeur der »Schutztruppe« nie einen Vernichtungsbefehl ausgegeben, in Berlin herrschte während des Herero-Krieges ein heilloses Durcheinander zwischen dem Kanzleramt, der Kolonialabteilung des Auswärtigen Amtes, dem Reichsmarineamt und dem Kriegsministerium, auch im Reichstag gab es zu keinem Zeitpunkt eine Mehrheit für eine exterminatorische Politik. Allein, wir wissen nach wie vor zu wenig darüber, was hinter den Kulissen der Macht tatsächlich vorging.

Wie auch immer: Die Mehrzahl der Historiker stellt fest, dass nach Geist und Buchstaben der Völkermord-Konvention von 1948 in Deutsch-Südwestafrika der erste Genozid des 20. Jahrhunderts verübt wurde. Die Konvention wurde nach dem Holocaust von den Vereinten Nationen verabschiedet, sie ist eine Selbstverpflichtung der Weltgemeinschaft, dass sich das schlimmste Verbrechen der Menschheitsgeschichte niemals wiederholen dürfe. Ihr größtes Manko ist, dass sie schon die Absicht zum Völkermord mit dessen Vollzug gleichsetzt. Und kann sie überhaupt auf weiter zurückliegende Ereignisse angewandt werden? Aus rein juristischer Sicht ist diese Frage geklärt: Das moderne, universelle Völkerrecht sei mit der Aufarbeitung der Kolonialverbrechen überfordert, Menschenrechtsnormen, die erst nach 1945 völkerrechtlich anerkannt wurden, könnten nicht rückwirkend geltend gemacht werden, befindet der Rechtsexperte Steffen Eicker. Der juristische Begriff des Genozids lasse sich kritisieren, »und natürlich auch dessen Anwendung auf Kolonialkriege«, räumt sogar die Historikerin Gesine Krüger ein, eine dezidierte Verfechterin der Völkermord-These. Genau das habe ich getan. Dennoch wirft mir die Professorin vor, mit der Kritik am Begriff auch gleich die Sache zu leugnen, nämlich die Vernichtungsabsicht von Teilen des deutschen Militärs. Meine Erwiderung: siehe oben. Jürgen Zimmerer schlug in unserem Streitgespräch in die gleiche Kerbe und fügte hinzu, dass meine Vorstellung vom Völkermord nicht mehr dem Stand der Forschung entspreche und völlig veraltet sei. Zugegeben, ich folge der Definition von Hannah Arendt; Völkermord sei der Wille, die Erde nicht mit einem Volk zu teilen, schrieb die Philosophin.

Seit 1994 arbeite ich mich an meiner Fehleinschätzung des Völkermords in Ruanda ab, bei dem in hundert Tagen 800 000 Menschen auf bestialische Weise abgeschlachtet wurden. Ich hatte wie so viele Korrespondenten den Massenmord zunächst als »Stammeskrieg« verharmlost und viel zu spät erkannt, dass in dem kleinen Land im Herzen Afrikas der furchtbarste Genozid seit dem Holocaust und den Killing Fields von Kambodscha geschehen war. Und genau deshalb habe ich Bedenken, dass das Verdikt »Völkermord« oft leichtfertig und geradezu inflationär ausgesprochen wird. Müssten wir, wenn wir die Prämissen der UN-Konvention von 1948 retrospektiv anwenden, nicht auch zahlreiche Gewaltexzesse der Vergangenheit neu bewerten und die Geschichte umschreiben? Dann wäre nämlich auch Cäsar ein Völkermörder; er rühmt sich, im Gallischen Krieg 400 000 Menschen, Frauen und Kinder eingeschlossen, getötet zu haben, und von den 80 keltischen Stämmen, die er erwähnt, wurden 20 ausgelöscht. Oder der Schwedenkönig Gustav Adolf, der im Dreißigjährigen Krieg von der Obsession getrieben wurde, die katholischen Bayern auszurotten. Oder Stalin, der ganze Landstriche »säubern« und Millionen Menschen verhungern, vernichten und vertreiben ließ. Aber gerade in seinem Fall greift die UN-Konvention zu kurz, denn sie umfasst nur »Handlungen, die in der Absicht begangen werden, eine nationale, ethnische, rassische oder religiöse Gruppe als solche ganz oder teilweise zu zerstören«. Von der Vernichtung politischer Gruppen ist nicht die Rede. Die Kommissare des sowjetischen Diktators hatten dafür gesorgt, dass diese Kategorie nicht in die Liste aufgenommen wurde.

Der amerikanische Historiker Daniel Goldhagen hat die vom stalinistischen Terrorregime ermordeten Menschen sicherlich einkalkuliert, als er die Gesamtzahl der Genozid-Opfer im 20. Jahrhundert auf bis zu 175 Millionen hochrechnete. Er stuft übrigens auch die Atombombenabwürfe auf Hiroshima und Nagasaki als Völkermord ein, was ganz eindeutig falsch ist, denn die Amerikaner hatten nicht die Absicht, die Japaner auszulöschen, sondern deren Streitkräfte durch die verheerenden Nuklearschläge zur Aufgabe zu zwingen und den Krieg zu beenden. Man wirft Goldhagen vor, den Völkermord zu banalisieren, die Shoah oder die Massenmorde in Kambodscha und Ruanda erscheinen in seiner Schreckensbilanz nur noch als Völkermorde unter vielen. Unterdessen sind Genozide ubiquitäre und offenbar ganz gewöhnliche Erscheinungen geworden. Die Gesellschaft für bedrohte Völker entdeckt dieses Menschheitsverbrechen mehrmals im Jahr irgendwo auf der Welt. Eine Kampagne, die von US-Filmstars und evangelikalen Eiferern medienwirksam unterstützt wurde, beschuldigte das sudanesische Regime des Genozids in der Provinz Darfur. Dem südafrikanischen Ex-Präsidenten Thabo Mbeki wirft man Völkermord vor, weil sich seine Regierung lange Zeit geweigert hatte, lebensrettende antiretrovirale Medikamente an Aids-Kranke auszugeben, und den Tod von 300 000 Menschen billigend in Kauf nahm. Richtig absurd wird es, wenn rechte Propagandisten in Südafrika angesichts der Ermordung weißer Farmer die Kampfformel »genocide« verwenden; sie behaupten, das schwarze ANC-Regime wolle die Weißen systematisch ausrotten – eine hochwillkommene Verschwörungstheorie bei Rechtsextremisten und Neonazis rund um den Globus. Als der Politikwissenschaftler Henning Melber im Kapstädter Holocaust Centre einen Vortrag über die deutschen Kolonialverbrechen hielt, meldete sich eine junge Frau zu Wort, eine sogenannte Coloured, deren Familie in der Hochphase der Apartheid aus dem District Six in Kapstadt vertrieben und zwangsumgesiedelt wurde. »War das nicht auch Völkermord?«, fragte die Frau. »A tricky question – eine verzwickte Frage«, sagte der Referent – und hatte darauf keine klare Antwort: Ja, eigentlich schon, aber irgendwie auch wieder nicht. Diese Beispiele zeigen, dass der Terminus Völkermord stetig ausgeweitet und immer unschärfer gebraucht wird. Unterdessen gibt es mit Blick auf die Zerstörung natürlicher Lebensgrundlagen den Ökozid. Oder den Ethnozid, wenn Kulturen ausgelöscht werden, ohne deren Träger physisch zu eliminieren. Oder den Linguozid, wenn das Aussterben von Sprachen bewusst in Kauf genommen wird.

In der Völkermord-Kontroverse in Namibia stehen sich zwei Auffassungen unversöhnlich gegenüber, Skepsis, Einwände, kritische Rückfragen werden von beiden Seiten als Verrat empfunden. Es gibt wie bei den biblischen Manichäern nur schwarz oder weiß, wahr oder falsch, ein echter Diskurs scheint mittlerweile unmöglich geworden zu sein. Wer den Völkermord für erwiesen hält, wird als linker Spinner, 68er oder Kommunist beschimpft. Oder sogar mit dem Tode bedroht. Jürgen Zimmerer zeigte mir eine Postkarte, die er von einem anonymen Absender erhalten hatte: Sein Porträt wurde auf den Kopf eines Strichmännchens geklebt, das am Galgen baumelt. Wer umgekehrt am Genozid zweifelt, gilt als Kolonialrevisionist, der den Beifall der Leugner erheischt und einer guten Sache in den Rücken fällt. Als sich der Abdruck unseres Streitgesprächs aus redaktionellen Gründen verzögerte, warf Professor Zimmerer dem SPIEGEL eine »reine Hinhaltetaktik« vor, ja sogar die Intention, die Veröffentlichung zu verhindern: »Es wirkt, als hätten Sie nie beabsichtigt, Ihren Lesern eine alternative und reflektierte Position … zu ermöglichen«, schrieb er in einem zornigen Brief an die Chefredaktion. Es klang, als hätte sich ausgerechnet der SPIEGEL verschworen, die Wahrheit zu unterdrücken.

Plötzlich befand ich mich zwischen zwei Fronten, die gleichermaßen gegen jeden Zweifel immun und davon überzeugt sind, die Geschehnisse so darzustellen, wie sie wirklich waren. Eine naive Wunschvorstellung, die auf den altdeutschen Historiker Leopold von Ranke zurückgeht. Aber die Geschichtsforschung ist keine exakte, sondern eine hermeneutische Wissenschaft: Sie deutet komplexe Ereignisse und kommt zu unterschiedlichen Konklusionen. Jeder Historiker folgt dabei erkenntnisleitenden und oft auch ideologisch eingefärbten Interessen, jede Epoche bringt neue Interpretationen hervor und stellt scheinbare Gewissheiten infrage. Ein Beispiel: Ich wurde politisch sozialisiert mit der These Fritz Fischers, derzufolge Deutschland die Hauptschuld am Ausbruch des Ersten Weltkriegs trage; das war ein sakrosankter Konsens seit den frühen 1960er-Jahren. Ein halbes Jahrhundert später postulierte der australische Historiker Christopher Clark in seinem fulminanten Werk »Die Schlafwandler«, dass die unfähigen, verwirrten, kriegslüsternen Eliten aller europäischen Großmächte gemeinschaftlich für die Urkatastrophe des 20. Jahrhunderts verantwortlich gewesen seien. Die neu entflammte Kontroverse über die Kriegsschuldfrage lehrt: Unsere Auslegungen der Vergangenheit sind nicht in Stein gemeißelt. Was für die deutschen Kriegsverbrechen in Afrika gilt, gilt für die gesamte Geschichte des Kolonialismus: Wir sehen sie mit anderen Augen als unsere Väter und Großväter.

Heil Dir im Siegerkranz!

Kiautschou, der imperiale Seestützpunkt in China

Der Hochgeschwindigkeitszug aus Peking schießt mit 305 Stundenkilometern auf die Küste zu. Endstation Qingdao, die Millionenmetropole am Gelben Meer. Die deutschen Eroberer nannten sie einst Tsingtau, es war die Hauptstadt ihres kolonialen Stützpunktes im Reich der Mitte, und es ist eine Ironie der Geschichte, dass der Schnellzug genau auf der Bahntrasse dahinsaust, die sie Anfang des vorigen Jahrhunderts angelegt hatten, um das ressourcenreiche Hinterland auszubeuten. Sie wollten dabei sein beim großen Wettlauf um China, den sich westliche Mächte, Russland und Japan seit Mitte des 19. Jahrhunderts lieferten.

Am 14. November 1897 hatte eine deutsche Landetruppe die Bucht von Kiautschou annektiert und eine Marinebasis aus dem Boden gestampft. Und schon sieben Jahre später rollten Güterzüge ins Landesinnere, auf einer eingleisigen Normalspur von 435 Kilometern Länge, die bis zu den Kohlerevieren im Herzen der Provinz Schantung führte. Denn die Reichsmarine brauchte Brennstoff, um ihre in Tsingtau stationierten Kriegsschiffe zu befeuern. Die Einheimischen wehrten sich gegen den Bau der Eisenbahn, gegen dieses Instrument der kolonialen Penetration. Sie durchdrang ihr Land, zerschnitt die Ruhestätten der Ahnen und bedrohte das überlieferte Prinzip des *feng shui*; was wörtlich übersetzt »Wind Wasser« bedeutet und die geomantisch begründete Harmonie zwischen Mensch und Umwelt beschreibt. Die Bauern befürchteten, dass ihnen die Naturgötter Überschwemmungen und Dürren senden würden, wenn das Gleichgewicht gestört werde. Militante Geheimbünde verübten immer wieder Anschläge auf die Bahntrasse und die parallel verlaufende Telefon- und Telegrafen-Linie, konnten aber das Projekt nicht verhindern. In den Augen der deutschen Besatzer waren es hinterhältige Krieger, Terroristen, würde man heute sagen. Dass sie durch Sabotageakte die traditionelle Machtordnung bewahren und fremde Einflüsse, vor allem die christliche Mission, abwehren wollten, konnten die Invasoren nicht verstehen. Denn eigentlich hätten ihnen die Chinesen doch dankbar dafür sein sollen, dass ihr rückständiges Land modernisiert wird. Außerdem durften sie sogar auf der Schantung-Bahn mitfahren. Natürlich nur in der 3. Klasse, aber immerhin.

Wir rauschen in der 1. Klasse dahin, am Fenster fliegen Agrarflächen in endloser Gleichförmigkeit vorbei, kahle Hügelketten, ausgetrocknete Flüsse, namenlose Siedlungen und immer wieder Hochhauswälder, Zehntausende von Wohnsilos. In der Provinz Shandong leben über hundert Millionen Menschen, mehr als in Deutschland, Österreich und der Schweiz zusammen. Schließlich läuft der Schnellzug in Qingdao ein. Wir treiben im dichten Gedränge der Fahrgäste durch eine riesige Halle, treten nach ein paar Minuten ins Freie – und stehen unvermittelt vor einem alten Gebäude links neben dem Haupteingang: der deutsche Bahnhof Tsingtau, fast im Originalzustand erhalten. Er symbolisiert eine verkehrstechnische Revolution: Die Schantung-Bahn war die erste Teilstrecke der Verbindung zwischen der kolonialen Peripherie und dem Zentrum; die Zugreise von Tsingtau über die Provinzhauptstadt

Jinan nach Peking, dann zur russischen Grenze, quer durch Sibirien bis Moskau und weiter bis in die Reichshauptstadt Berlin dauerte nur noch zwei Wochen. Das Gebäude sieht aus wie viele Bahnhöfe jener Tage, schmucke Zweckmäßigkeit, kirchenartiger Turm, weithin sichtbare Uhren mit römischen Ziffern, die seit hundert Jahren vor sich hin ticken, pünktlich, präzise, preußisch. Nur ganz oben auf der Spitze leuchtet das Zeichen der neuen Zeit: der fünfzackige rote Stern der Kommunistischen Partei Chinas.

Über die allmächtige Staatspartei will Yu Liping nichts sagen, sie lächelt nur sybillinisch. Die Dolmetscherin zeigt mir die Stadt, in der sie vor 46 Jahren geboren wurde und ihre Jugend verbracht hat. Als kleines Mädchen sei sie zwischen all den deutschen Bauwerken herumgetollt, erzählt Liping. Sie sahen ganz anders aus als die chinesischen Häuser, warum das so war, hat sie allerdings erst viel später gelernt. Die erste Exkursion führt uns auf den Signalberg, der einst Diederichsstein hieß. Der Name geht auf den Konteradmiral Otto von Diederichs zurück, der das Kreuzergeschwader befehligte, welches im November 1897 die Bucht von Kiautschou besetzte, »ohne die geringste Gewaltsamkeit«, wie er betonte. Sein »friedlicher« Überfall wurde als wagemutige Tat gefeiert und in einer Felsplatte am Hügel über der Stadt Tsingtau verewigt. Aber wir suchen vergeblich nach dem Gedenkstein, man hat ihn irgendwann nach 1949, als China in die kommunistische Zukunft aufbrach, entfernt. Von hier oben hat man einen herrlichen Rundblick über Qingdao. Direkt unterhalb des Berges liegt die ehemalige deutsche Siedlung an einer weiten Bucht, rote Ziegeldächer, Spitzgiebel, Kirchtürme, Amtsgebäude, dahinter unzählige Hochhäuser, die sich wie Betongebirgsketten in drei Himmelsrichtungen ausdehnen. Qingdao war zum Zeitpunkt der Annexion ein kleines Fischerdorf mit etwa tausend

Einwohnern, heute leben in der explosionsartig wachsenden Megacity über acht Millionen Menschen. An diesem Ort wollten es die Deutschen den Briten nachtun und jenen Traum von einem »deutschen Hongkong« verwirklichen, den Großadmiral Alfred von Tirpitz formuliert hatte. Er war als Staatssekretär im Reichsmarineamt und späterer Flottenchef die treibende Kraft beim Aufbau der deutschen Seestreitmacht, der vor dem Ersten Weltkrieg ein verhängnisvolles Wettrüsten zwischen Deutschland und dem Vereinigten Königreich auslöste. Kaiser Wilhelm II. hatte diesen Plan forciert: In imperialer Großmannssucht wollte er die maritime Hegemonie der Briten brechen – wer eine veritable Weltmacht werden will, muss schließlich die Ozeane beherrschen. Im fernen Osten wählte man die strategisch ideal gelegene Bucht von Kiautschou als Stützpunkt, 560 Quadratkilometer, ein Areal von der Größe Hamburgs, abgepuffert durch eine neutrale Zone mit einem Radius von 50 Kilometern. Aus dieser Handels- und Marinebasis heraus würde man wie die anderen europäischen Kolonialmächte das chinesische Festland erobern, ein Riesenreich, dessen wirtschaftliche Öffnung der Westen schon Mitte des 19. Jahrhunderts erzwungen hatte.

Die Briten gewannen zwei Kriege gegen das durch innere Erschütterungen geschwächte chinesische Kaiserreich, beim zweiten wurden sie von den Franzosen unterstützt. Auslöser war das wachsende Handelsbilanzdefizit der Europäer; sie bezogen immer größere Mengen an Seide, Porzellan und Tee aus dem Reich der Mitte, umgekehrt aber verschmähten die Chinesen ihre Güter. Vor allem eine Ware, die von der englischen East India Company in großen Mengen aus Bengalen importiert wurde, lehnten sie entschieden ab: Opium. Deswegen gingen die Feldzüge, die die Briten 1839 bis 1842 und 1856 bis 1860 führten, als Opiumkriege in die Geschichtsbücher ein. Nach den Niederlagen der waffentechnisch hoffnungslos unterlegenen Chinesen wurde ihr Land regelrecht mit Rauschgift überflutet; sage und schreibe vierzig Millionen Menschen, rund zehn Prozent der Einwohner, verfielen der Opiumsucht. Das herbeigeschossene Diktat des Freihandels war also gewissenmaßen ein Triumph der Drogendealer. Und der Waffenhändler. Unter ihnen war auch die deutsche Rüstungsschmiede Krupp, die ab 1871 mit ihren Kanonen bombige Geschäfte in China machte. Das große Fressen war angerichtet, und in den darauffolgenden Jahren wurde der Hunger immer größer. Denn der aufsteigende Industriekapitalismus des Westens hatte die ersten Überproduktionskrisen hinter sich und suchte fieberhaft nach neuen Absatzmärkten. Und da war im fernen Osten dieses wehrlose, gedemütigte China, ein gigantischer Markt mit damals schon 400 Millionen Menschen, der die Begehrlichkeiten der europäischen Großindustriellen, Finanzhaie und Händler weckte. Selbstverständlich wollte auch das wirtschaftlich strotzende und von imperialen Obsessionen getriebene Kaiserreich seinen Anteil am chinesischen Kuchen haben. Bernhard von Bülow, Staatssekretär im Berliner Auswärtigen Amt und später Reichskanzler, verkleidete die expansive Kolonialpolitik in einer griffigen Metapher: »Wir wollen niemanden in den Schatten stellen, aber wir verlangen auch unseren Platz an der Sonne.«

Im »Buch der deutschen Kolonien« wurde der Doppelvorteil des Sonnenlandes in Kiautschou als »mächtiger Flottenrückhalt« und »reiches Absatzgebiet« gepriesen. Offiziell hatte es das Deutsche Reich nur für 99 Jahre gepachtet, doch weil dieser Vertrag quasi mit vorgehaltener Waffe besiegelt wurde, handelte es sich in den Augen der Chinesen um einen verschleierten Landraub. Das Territorium stand zwar unter der Verwaltung des Reichsmarineamtes, war aber de facto eine

Wie am Kudamm: Koloniale Architektur an der ehemaligen Irene-Straße in Qingdao

Kolonie, als »rein deutsche Schöpfung« sogar eine »Musterkolonie«, um noch einmal das Kolonialbuch zu zitieren. Es sei gelungen, ein schmutziges chinesisches Fischerdorf in eine vorbildlich hygienische deutsche Siedlung zu verwandeln.

Die äußeren Zeichen dieses Sauberkeitsprogramms sind bis zum heutigen Tage erhalten. Beim Rundgang durch die Altstadt stoßen wir zum Beispiel auf Kanaldeckel, die von der Firma Böcking & Co. hergestellt wurden; auf Abflussrinnen des noch immer tadellos funktionierenden Schwemmkanalsystems; auf Stromleitungen mit Porzellan-Isolatoren; auf Peitschenlampen, an denen mittlerweile Überwachungskameras hängen. Wir spazieren durch schattige Platanenalleen und Parkwäldchen, die im Rahmen des Aufforstungsprogramms angelegt wurden. Hinter hundertjährigen Bäumen entdecken wir Villen und Wohnhäuser nach wilhelminischer Bauart. An mancher Straßenecke könnte man fast meinen, sich in einer beschaulichen deutschen Stadt wie Marburg zu befinden. »Was die Deutschen gebaut haben, hält ewig,« sagt Liping und zeigt auf das ehemalige Lazarett an der Jiangzhou Lu 16 (ehedem: Bismarckstraße). In der Nachbarschaft, Hausnummer 12, ein stattliches Backsteinschlösschen. Dann die Bauwerke an den Chausseen, die parallel zur Bucht verlaufen, Guang Xi Lu (vormals Prinz-Heinrich-Straße, benannt nach Albert Wilhelm Heinrich von Preußen) und Hu Nan Lu (Irene-Straße, nach Prinz Heinrichs Gattin): das kaiserliche Postamt, fesche Kaufhäuser wie am Kudamm, ein alter Pfarrhof, bürgerliche Etagenwohnungen, ein Kindergarten in einem bordeauxrot gestrichenen Gründerzeitbau, der Villa Kunterbunt heißen könnte. Nächste Station: der Amtssitz des deutschen Gouverneurs, ein monumentaler Klotz, aus dem heutzutage die Kommunisten herrschen, mit einem untrüglichen Gespür für die Symbolik der Macht. Schräg gegenüber der kaiserliche Gerichtshof, unterdessen Sitz der »Staatsanwaltschaft des Volkes«. In die einstige Pension Luther gleich um die Ecke ist die Steuerbehörde eingezogen. Dann die frühere Polizeihauptwache, Neurenaissance, wie viele Amtsgebäude stilgetreu renoviert und erstaunlich gut in Schuss – und heute Hauptquartier der Polizei von Qingdao. Nicht weit davon »Annes Villa«, genutzt als Kulturcafé. An den Wänden historische Bilder über den deutschen Alltag anno dazumal. In den Regalen Übersetzungen europäischer Klassiker, Charles Dickens, Italo Svevo, Thomas Mann. Dazu Bücher und Schriftstücke aus der Kolonialzeit, ausgestellt in gläsernen Schaukästen: Georg Franzius' »Kiautschou. Deutschlands Erwerbung in Ostasien«, »Schantung und Deutsch-China im Jahre 1898« von Ernst von Hesse-Wartegg, der Zwischenbericht des Reichskanzlers

Bernhard von Bülow an Kaiser Wilhelm II. über den Stand der Dinge in Kiautschou.

--

Das »Pachtgebiet« entwickelte sich wunschgemäß, denn es mangelte nicht an Subventionen aus dem Reich. Bis 1914 flossen insgesamt 200 Millionen Mark nach Kiautschou, mehr als in jede andere Kolonie. Mit dem Geld hätte man aus der Mark Brandenburg »den schönsten Garten der Erde machen können«, spottete Matthias Erzberger, Abgeordneter der Zentrumspartei, im Reichstag. Freihafen, Bahnhof, Flugplatz, Elektrizitätswerk, Telefon- und Telegrafennetz, Krankenhäuser, Schulen, Universität, Bibliotheken, Observatorium – es fehlte an nichts in Tsingtau, dem »deutschen Schaufenster in Ostasien«. Es gab Schiffswerften, Baufirmen, Architekturbüros, Schlosserwerkstätten, Kalk- und Ziegelbrennereien, Webereien, Ölpressen, Buchdruckereien, eine Seifenfabrik, eine Seidenspinnerei, einen Schlachthof. Ein Postkartenverlag war im Besitz von Max Grill, möglicherweise ein entfernt verwandter Vorfahr, der sein Glück in Tsingtau fand und wie alle Gewerbetreibenden einträgliche Geschäfte machte, denn die Arbeitskräfte waren spottbillig. Man rekrutierte sie aus dem Heer armer, rechtloser Chinesen, den sogenannten Kulis. Der Geograf Ferdinand von Richthofen, auf dessen Empfehlung hin die Wahl auf den territorialen Stützpunkt in der Bucht von Kiautschou gefallen war, hatte auf dieses Potential schon in den 1870er-Jahren hinwiesen; er sprach von einem »recht brauchbaren Menschenmaterial … kräftig, ordentlich, fleißig und ausdauernd«.

Beinahe hätten wir die Germania vergessen, die 1903 gegründete Brauerei. Zwei Urgebäude im Jugendstil stehen noch in der Dengzhou Lu 56 (damals Hauptmann-Müller-Straße).

Sie waren die Keimzelle der heutigen Brauerei, die zu einer der größten Chinas aufsteigen sollte und unter dem Markennamen »Tsingtao« weltweit Bier verkauft. Es schmeckt hervorragend, das muss sogar der aus Oberbayern stammende Besucher einräumen. Der Gerstensaft gehört in Qingdao so selbstverständlich zur Alltagskultur wie in München. Vor einigen Jahren erklärte eine Vergleichsstudie die Stadt zur lebenswertesten in China; ihre Bewohner seien die glücklichsten im Lande, legte das chinesische Institut für Wettbewerbsstärke 2009 nach. Nimmt man die Schwärmereien auf den Postkarten zum Maßstab, die in den Kolonialjahren zu Tausenden in die Heimat geschickt wurden, muss es schon damals so gewesen sein, jedenfalls für die deutschen Siedler. Tsingtau wurde als »Neapel am Gelben Meer« gepriesen, als schönste und sauberste Stadt Chinas. Vermutlich ließ es sich in keiner anderen deutschen Kolonie so gut aushalten wie hier. In den Villen und Bürgerhäusern gab es elektrisches Licht, fließendes Wasser, gekachelte Bäder, Heizkörper, Ventilatoren, Wasserfilter, Fernsprechapparate, Grammofone, Musikinstrumente. Man saß in Gartenlauben oder Biergärten unter Schatten spendenden Ginkgobäumen oder auf dem eigenen Balkon mit Meerblick, um das frische Seeklima zu genießen. Man speiste Sauerbraten im Restaurant Lehmann, ließ sich Schwarzwälder Kirschtorte im Prinz-Heinrich-Hotel munden. Die Damen begutachteten im Modehaus E. Wagner die neuesten Confectionen und Miederwaren. Die Herren gingen derweil ins Seemannsheim, um bei einem kühlen Germania-Bier eine Theaterrevue oder einen Stummfilm mit Asta Nielsen anzuschauen. An patriotischen Festtagen oder zum Geburtstag Seiner Majestät wurde von der Liedertafel die Preußenhymne »Heil Dir im Siegerkranz« angestimmt. Abends flanierte die Familie gemeinsam am Kaiser-Wilhelm-Ufer. Oder man unternahm noch eine Ruderpartie hinüber auf die Insel Arkona. Am Wochenende ging's auf die Pferderennbahn, ins Schützenhaus, auf den Tennisplatz, zum Polo-Turnier. Die nach der Kaisergemahlin benannte Auguste-Viktoria-Bucht lud zum Sonnenbaden und Schwimmen ein, sehr beliebt waren dort auch die Strandkonzerte der Militärkapelle des III. Seebataillons. Naturfreunde gründeten sogar einen Alpenverein. Sie wanderten in den nahen Lauschan-Bergen (chinesisch Lao Shan), wo sie an Wasserfällen die Seele baumeln ließen, daoistische Tempel bewunderten oder sich im Sanatorium »Mecklenburghaus« erholten.

In manchen Tagebüchern wurde das Leben in der Kolonie wie eine zeitlose Sommerfrische beschrieben. Das einzige Problem der schneidigen Kolonialmänner war auch hier der Frauenmangel. Aber da standen ja jede Menge Chinesinnen für »Liebesdienste« zur Verfügung, diese anmutigen, zierlichen, mandeläugigen Wesen, die eine geheimnisvolle Erotik umflorte. Sie entsprachen allen europäischen Projektionen, und früher oder später hielt sich fast jeder weiße Gockel eine Konkubine. Vor allem die in Tsingtau stationierten Marinesoldaten und Matrosen ließen in den einschlägig bekannten Amüsierbetrieben die Sau raus. Geschlechtskrankheiten wie Syphilis oder Gonorrhoe (im Volksmund: Tripper) waren endemisch. Man sah sich sogar genötigt, zur Behandlung infizierter Mädchen und Frauen ein Hospital für Prostituierte einzurichten. Leider gab es keinen deutschen Graham Greene oder Evelyn Waugh, nicht mal einen William Somerset Maugham, der die Verlogenheiten und Verklemmungen der deutschen Kolonialgesellschaft so scharf seziert hätte wie diese Romanciers das für ihr Empire getan haben. Unsere damaligen Reiseschriftsteller schrieben nur Abenteurerprosa, plump, kitschig, aufschneiderisch, geistesarm.

Das Leben in der Kolonie war auch deshalb so angenehm,

weil stets ein vielköpfiges Gesinde bei Fuß stand, einheimische Diener und Dienerinnen, Nannies, Serviermädchen, Wäscherinnen, Gärtner, Stallknechte, Laufburschen, Stiefelputzer, die sich durch emsige Untertänigkeit auszeichneten und schikanöse Verordnungen erdulden mussten. So war es etwa Rikscha-Fahrern bei Strafe untersagt, nach Knoblauch zu riechen. Nach Einbruch der Dunkelheit herrschte Ausgehverbot, Chinesen, die ausnahmsweise unterwegs waren, mussten eine Laterne tragen. Man wollte ja diesen Zopfträgern, Ziegenbärten und Schlitzaugen nicht über den Weg laufen, wenn man sich an der Strandpromenade verlustierte. So sprachen die alten Deutschen über die Chinesen, und mancher neue Deutsche spricht in unseren Tagen noch so. Es sei nur an die »Schlitzaugen-Rede« erinnert, die der schwäbische EU-Kommissar Günther Oettinger anno 2016 zum Besten gab.

Der Refrain solcher Völkerkunde ist immer der gleiche: die gelbe Gefahr, die ameisenartigen Chinesen, der Feind im Osten. Die ersten Seefahrer, Forscher, Kaufleute und Missionare haben ihn angestimmt, und der deutsche Kaiser Wilhelm II. hat ihn in seiner berüchtigten »Hunnenrede« kanonisiert, am 27. Juli 1900, als er in Bremerhaven ein deutsches Expeditionskorps von 15 000 Mann nach China entsandte. Die Soldaten hatten den Auftrag, in einer Allianz mit sieben Außenmächten den Aufstand der sogenannten Boxer niederzuschlagen, eine Rebellion, bei der über 30 000 Menschen getötet wurden, überwiegend Christen aus Europa und bekehrte Chinesen. Die eigentümliche Bezeichnung »Boxer« leitete sich aus einer traditionellen Kampfkunst ab. Es handelte sich um eine sozialrevolutionär-konservative Widerstandsbewegung gegen die räuberischen Imperialisten aus Europa, Amerika und Japan. Die »Christenmörder« sollten auf Wunsch des Kaisers vernichtet werden. »Kommt Ihr vor den Feind, so wird er geschlagen,

Pardon wird nicht gegeben: Kaiser Wilhelm II. schickt seine Soldaten nach China, um die »Christenmörder« zu vernichten

Pardon wird nicht gegeben; Gefangene nicht gemacht«, befahl er seinen Kriegern und gab ihnen ein tausendjähriges Leitbild mit auf den Weg: die Hunnen unter König Etzel. Befehligt von Generalfeldmarschall Alfred Graf von Waldersee führten sich die deutschen Soldaten tatsächlich so barbarisch auf wie die gefürchteten Reiterhorden, sie plünderten, vergewaltigten, brannten Ortschaften nieder und massakrierten wahllos Zivilisten, auch Frauen und Kinder. Daheim im Reich wurde ihr Heerführer frenetisch gefeiert. Ein kleiner Junge namens Ernst Jünger stand bei der Rückkehr des Grafen von Waldersee auf dem Balkon seines Elternhauses und hörte staunend die Hurra-Rufe, mit denen das Volk den »Weltmarschall« willkommen hieß. Ein paar Jahre später hätte ihm der nationalistische Schriftsteller und Stoßtruppenoffizier Jünger vermutlich genauso zugejubelt. In Hannover ehrt übrigens noch immer eine Straßenbezeichnung den 1904 verstorbenen Kolonialkrieger.

Der Erzpreuße Waldersee tat, wie ihm vom Kaiser befohlen. Wilhelm II. hatte schon vor dem Auszug seiner Kreuzritter gefordert, dass es niemals wieder ein Chinese wagen solle, »etwa einen Deutschen auch nur scheel anzusehen«. Manche Offiziere übten in China jene vom Oberbefehlshaber erwünschte »brutalste Rücksichtlosigkeit« ein, die sie später in Afrika anwenden sollten. Das extremste Beispiel liefert Lothar von Trotha, der beim Boxeraufstand zwei Infanterie-Brigaden kommandierte und in Deutsch-Südwestafrika zum Kriegsverbrecher werden sollte. China war seine Schule des kolonialen Terrors.

Am 19. Juni 1900 war der preußische Gesandte Clemens Freiherr von Ketteler in Peking auf offener Straße ermordet worden, das Attentat lieferte den lange gesuchten und hochwillkommenen Vorwand für die deutsche Militärintervention. So wie schon drei Jahre vorher die Annexion Kiautschous durch die Ermordung der katholischen Patres Franz-Xaver Nies und Richard Henle gerechtfertigt worden war. Europäische Missionare waren seit Jahrzehnten in China tätig, am Ende des 19. Jahrhunderts wurden sie zu kulturellen Werkzeugen der Kolonialpolitik. Denn sie verbrämten die aggressive Eroberungsstrategie durch ihren christlichen Sendungsauftrag – die chinesischen Heiden sollten aus ihrem archaischen Götzenglauben erlöst und zu zivilisierten Menschen umerzogen werden. Aus der Sicht vieler Chinesen brachten die Missionare nur ein weiteres Opium fürs Volk, nämlich eine fremde Religion, die ihre tradierte Ordnung unterhöhlte. Ein Gottesmann tat sich dabei ganz besonders hervor: Johann Baptist Anzer, ein Ordensgeistlicher aus der Oberpfalz, der zum Bischof der Chinamission aufstieg und sich bevorzugt im edlen Gewande eines Mandarins ablichten ließ. Dieser fanatische Seelenfischer vereinigte geradezu idealtypisch das chauvinistische und das christliche Unterwerfungsprogramm. Anzer festigte wie kein zweiter den üblen Leumund der Missionare; sie seien »die bestgehassten von allen Ausländern«, befand Prinz Heinrich von Preußen, der jüngere Bruder Kaiser Wilhelms II., in einem seltenen Moment der Selbsterkenntnis.

Auf die zwielichtige Rolle der Missionare kommen wir im Kapitel über Papua-Neuguinea noch einmal zurück. In Qingdao wollen wir es bei einem Besuch der evangelischen Christuskirche belassen, die sich an der Jiangzhou Lu über dem Zentrum der Altstadt erhebt. Die Turmglocken des am 3. Oktober 1910 geweihten Gotteshauses wurden von der Firma J. F. Weule aus Bokenem im Harzvorland gegossen. Es schlägt gerade elf Uhr, und wenn im Kirchhof nicht chinesische Brautpaare für Hochzeitsfotos posieren würden, käme man nicht auf die Idee, dass sich diese Kirche in China befindet. (Stilistisch nahezu identische Christuskirchen wurden übrigens auch in Windhoek, Deutsch-Südwestafrika, und Daressalam, Deutsch-Ostafrika, gebaut, sie sind der architektonische Ausdruck der protestantischen Weltmission.) Man darf annehmen, dass es kein Chinese gewagt hat, die deutschen Kirchgänger in Tsingtau »auch nur scheel anzusehen«, diese Heuchler, die Brüderlichkeit predigten und ihre »Brüder« als minderwertige Kreaturen verachteten. Aber interkulturelle Begegnungen kamen ohnehin nur selten vor. Einige besser gestellte Chinesen durften sich in der Europäerstadt niederlassen, die Mehrheit ihrer Landsleute lebte hinter den Küstenhügeln in der Chinesensiedlung Tapatau, dicht gedrängt in zumeist elenden Behausungen. Die

Kolonialverwalter hatten die einheimische Bevölkerung von Anfang an systematisch abgesondert, Weiße und Gelbe, wie es in ihrer Terminologie hieß, sollten sich nicht vermischen. Sie praktizierten eine frühe Form der Rassentrennung, die im 20. Jahrhundert das Regime der Apartheid in Südafrika zur Vollendung gebracht hat.

Selbstverständlich galten auch unterschiedliche Gesetze für Kolonisatoren und Kolonisierte. Das Strafmaß in der chinesischen Exklave war sogar härter als in den afrikanischen »Schutzgebieten«, man kann es sich angesichts der dortigen Prügelorgien – bis zu 50 Peitschen-, Tau- oder Stockhiebe – kaum vorstellen. Aber in Kiautschou wurden bis zu 100 Schläge ausgeteilt! Und dennoch hielt man sich zugute, dass man das grausame chinesische Kriminalrecht dahingehend »humanisiert« habe, zum Tode Verurteilte nicht mehr zu zerstückeln, sondern zu enthaupten. Straftäter wurden in das Gefängnis am Ende der Bismarckstraße eingesperrt. Der Backsteinbau mit dem schlanken Wehrturm ist heute ein Touristenmagnet. Das Museum lehre das Volk, »die nationale Demütigung nicht zu vergessen«, mahnt eine Tafel. Das Volk kann Zellen begehen, sich vor Wärterpuppen in deutscher Uniform erschrecken oder die Archivschränke besichtigen, in denen die Fingerabdrücke der Häftlinge »gespeichert« wurden. Die gruseligste Attraktion ist die Folterkammer, ein Arsenal der Grausamkeiten. Schriftliche Erläuterungen stellen ausdrücklich fest, dass sie von den Japanern eingerichtet wurde, die 1914 die Macht von den wilhelminischen Besatzern übernahmen. So legt sich im kollektiven Gedächtnis Qingdaos die japanische Aggressionsgeschichte gnädig über die deutsche.

Der klapprige Greis, den wir am Abend vor unserer Unterkunft am Signalberg treffen, hat dazu ganz eigene Ansichten. »Die Deutschen waren gut, sie haben uns so viele robuste Bauwerke hinterlassen«, sagt er. »Und die Japaner waren auch in Ordnung. Ich war im Zweiten Weltkrieg bei der japanischen Feuerwehr, das war eine schöne Arbeit.« Der alte Mann wurde in die Nachwehen der Kolonialzeit hineingeboren, anno 1921, als die blutigste Phase der 3000-jährigen Geschichte Chinas begann. Drei Jahre vorher hatten die Siegermächte des Ersten Weltkriegs den Friedensvertrag von Versailles ausgehandelt; die chinesischen Delegierten verweigerten ihre Unterschrift und reisten unter Protest ab, weil der deutsche Stützpunkt auf ihrem Hoheitsgebiet nicht an sie zurückgegeben, sondern den Japanern treuhänderisch überlassen wurde. Der alte Mann spricht in höchsten Tönen über beide Besatzungsmächte. Seine Meinung teilen nicht viele Chinesen, schon gar nicht, wenn es um die Rolle der Japaner geht, die mehrmals über China hergefallen sind und abscheuliche Kriegsverbrechen verübten. Womöglich ist das auch der Grund, warum der Alte seinen Namen nicht nennen will. Deutschland kommt in der allgemeinen Wahrnehmung besser weg. Im März 2016 zeigte eine Umfrage der chinesischen Kulturwissenschaftlerin Yixu Lu, dass die Befragten erstaunlich viel über die Bauten aus der deutschen Kolonialzeit und ihre gegenwärtige Funktion wussten, und viele sprachen sich für deren Erhaltung aus. Unter dem Stichwort »Kanalisation in Qingdao« fand Lu eine halbe Million Einträge in den sozialen Netzwerken. Immer wieder wurde »die geniale deutsche Ingenieursleistung« gelobt. Kolonialrevisionisten, die von den Errungenschaften unserer Großväter schwärmen, werden es gerne hören.

Die Befragung ergab auch, dass die Residenz des Gouverneurs das mit Abstand bekannteste und beliebteste reichsdeutsche Gebäude in Qingdao ist: eine protzige Preußenfestung, 1907 nach den Entwürfen des Architekten Werner Lazarowicz direkt unter dem Diederichsstein in den Hang gebaut, ein historistisches Stilgemisch, 4083 Quadratmeter Wohnfläche. Auf dem Dachfirst schaut ein teutonischer Drache nach Norden, in Richtung der großen Verheißung China. Den Reichsadler, der auf kaisergelbem Grund an der Stirnseite wachte, hat man irgendwann übermalt. Im Privatbüro des letzten Gouverneurs Alfred Meyer-Waldeck steht noch dessen Schreibtisch, ein Original aus der Ära der Qing-Dynastie. Das Kinderzimmer schmücken impressionistische Gemälde, Kunst des Großbürgertums, inspiriert von Max Liebermann. Der Wohnsitz des höchstrangigen deutschen Marineoffiziers wird wie ein kolonialgeschichtliches Disneyland wahrgenommen, jeden Tag schieben sich Hunderte von chinesischen Besuchern lärmend durch die Räume, man kann sich kaum noch bewegen. Zu den favorisierten Schaustücken, die die Kulturrevolution zwischen 1966 und 1976 überlebt haben, zählt der Steinway-Flügel mit den elfenbeinernen Tasten. Die Roten Garden wollten das kostbare Instrument wie alle »bourgeoisen Elemente« zerstören, doch eine Kustodin erklärte ihnen, dass Jiang Qing darauf gespielt habe. Sie war die grausame Ehefrau Mao Zedongs, eine chinesische Lady Macbeth, die als Mitglied der berüchtigten Viererbande die Kulturrevolution orchestriert hatte – einen Massenmord, dem nach groben Schätzungen 400 000 Menschen zum Opfer fielen. Die Villen und Bürgerhäuser der Kolonialherren blieben unversehrt, weil die kommunistischen Kader gerne darin wohnten. Dem Großen Vorsitzenden Mao gefiel offensichtlich der wilhelminische Pomp, er hat gelegentlich im deutschen Gouverneurspalast logiert, sein Bett steht wie ein Heiligtum in Meyer-Waldecks Raucherzimmer. Auch hohe Staatsgäste wie Ho Chi Minh oder Prinz Sihanouk nächtigten hier. Lin Biao, der kommunistische Feldherr, erholte sich in den Räumen des Hausmeisters von einer schweren Kriegsverletzung. Der deutsche Palast wurde zu einem Refugium für Revolutionäre und Despoten.

Refugium für Revolutionäre und Despoten: Die Prachtvilla des deutschen Gouverneurs in Tsingtau

Am Tag darauf begegnen wir doch noch einmal der christlichen Mission, in der Lehranstalt, die Yu Liping ab 1971 besucht hat und deren Vorgeschichte sie nicht kannte. Wie sollte sie auch ahnen, dass ihre Mittelschule an der Shanghai Lu 7 anno 1900 von einem deutschen Protestanten gegründet worden war? Wenn ihre Lehrer überhaupt von fremden Ländern redeten, dann waren das diabolische Mächte, die China nur Böses wollten. Die Japaner seien zurecht als die »allerschlimmsten Teufel« charakterisiert worden, erinnert sich Liping, man habe ihre Gräueltaten im Zweiten Weltkrieg nicht vergessen, vor allem die Massaker in Nanjing nicht, Ende 1937, als sie 200 000 bis 300 000 Menschen abschlachteten. Aber auch die unersättlichen Westmächte kamen schlecht weg, die Engländer, Franzosen, Österreicher, Amerikaner. Und natürlich fiel kein gutes Wort über die deutschen Invasoren. Dass Liping die alten Gebäude aus der Kolonialzeit ganz hübsch fand, durfte sie nicht laut sagen, denn das ganze Land stand unter dem Schock der Großen Proletarischen Kulturrevolution, und erst die Wende unter Deng Xiaoping in den späten 1970er-Jahren beendete den Wahnsinn und öffnete wieder die Horizonte. Liping hört bei diesem Besuch zum ersten Mal von einem Mann namens Richard Wilhelm, erstaunt betrachtet sie die Bronzebüste vor dem ehemaligen Lehrerhaus, die seiner als Stifter der Mittelschule gedenkt. Auch er kam als Missionar nach Tsingtau – und vermerkte am Ende in seinen Erinnerungen, dass es ihm ein Trost gewesen sei, keinen einzigen Chinesen bekehrt zu haben. Denn Wilhelm war im Gegensatz zu vaterländischen Fundamentalisten wie Bischof Anzer ein aufgeklärter Theologe, Philanthrop und Sinologe, der China und seine Hochkultur verehrte, die Sprache fließend sprach und sogar einen chinesischen Namen trug: Wei Lixian. Von ihm stammt übrigens auch die erste deutsche Übersetzung des *I-Ging*, des »Buches der Wandlungen«, das in den 1960er-Jahren zur Kultlektüre der westlichen Alternativszene wurde. Richard Wilhelm kann als Vorläufer der Entwicklungshelfer gelten, sein Schwerpunkt war die Bildungs- und Hospitalarbeit. Männern seines moralischen Formats ist es zu verdanken, dass auf diesem Felde die Bilanz der 17 deutschen Kolonialjahre gemischt ausfällt: Die Besatzer gründeten insgesamt 41 Schulen und sogar eine deutsch-chinesische Hochschule. Sie dienten ihrer repressiven Kulturmission, zugleich formten sie emanzipatorische Kräfte, die sich gegen die Fremdherrschaft richteten.

Am letzten Tag suchen wir auf dem Campus der Ozean-Universität von Qingdao die Überreste der legendären Bismarck-Kaserne, von der uns der deutschfreundliche Greis erzählt hatte. Es ist Sonntag, am Eingang der Hochschule zwitschern Singvögel in filigranen Käfigen, Händler bieten sie zum Verkauf an. Auf dem Platz, wo einst deutsche Soldaten exerzierten, läuft ein Sportfest, Familien halten Picknick auf den sommerlich üppigen Rasenflächen. Niemand kann uns sagen, wo die alten Gebäude stehen. Plötzlich hören wir zarte Geigentöne, Mozart, ein Student im Trainingsanzug probt eine Violinsonate. Bismarck-Kaserne? »Hier, genau hinter euch!« Durch die Äste der Platanen schauen wir hoch zum Giebel eines wuchtigen Gebäudes – und sehen ein steinernes Halbrelief: der reichsdeutsche Adler. Was verbindet der junge Musikus damit? »Eine Geschichte, die lange vergangen ist.« Er studiere Chemie, sagt er noch, und die Labors seien im Haupttrakt der ehemaligen Kaserne untergebracht. Dann spielt er weiter, und der Besucher, bezaubert von seinen Weisen, denkt: Ach, wie sanft und auf leichten Schwingen die dunkle Geschichte doch manchmal in die Gegenwart fliegt.

Ungleich sind die Stunden

Das Sonnenreich in der Südsee, ein wilhelminisches Verlustgeschäft

Das nächste Flugzeug? Der zaundürre Mann im Blechhäuschen am Rand des Landestreifens kichert. In einer Woche, vielleicht. So genau weiß er das auch nicht. Die Cessna, die uns auf der Buschpiste im Urwald abgesetzt hat, entschwindet gerade in den tief hängenden Wolken. Jetzt können wir uns nur auf dem Wasserweg fortbewegen. Der Wachmann kichert immer noch, als wir durchs hohe Sumpfgras zur Siedlung Amboin gehen, um ein Kanu zu kaufen. Wir wollen auf dem Karawari bis nach Mindimbit paddeln, wo der Fluss in den Sepik mündet, in den längsten Strom Neuguineas, und von dort weiter nach Timbunke.

Das halbe Dorf steht am Ufer und lacht sich krumm, als wir beim Besteigen des langen schmalen Einbaums beinahe kentern. Der Luluai, der Ortsvorsteher, hat uns das Holzboot verkauft, vermutlich gegen ein Jahreseinkommen. Die Sonne steht schon hoch, als wir aufbrechen, es ist heiß wie in einem Dampfbad. Wir knien in einem wackeligen Gefährt und kommen nur langsam voran. Sind es fünfzig oder sechzig Kilometer bis Timbunke? Wir können nur schätzen. Denn der Maßstab unserer Landkarte ist viel zu groß, um Einzelheiten zu erkennen. Auch die grobe Skizze, die der Dorfobmann in mein Notizbuch gekritzelt hat, gibt wenig Aufschluss: drei rote Punkte, die drei Dörfer auf dem Weg nach Mindimbit markieren, dazu zwei Striche, die einen größeren Zufluss oder eine Art Flusskreuzung bezeichnen sollen.

Der braune Strom, die grünen Uferwände, dahinter Waldwildnis, undurchdringlich, unermesslich. Und zwei Europäer, die auf einem Einbaum dahintreiben und schon bald die Orientierung verlieren. Google Maps oder GPS gab es damals, im Jahr 1992, noch nicht. »Einmal auf dem Fluss, bist du weit von jeder Hilfe entfernt«, steht im »Lonely Planet«, einem der wenigen Reiseführer über diese Weltgegend.

Ähnlich wie uns ist es vermutlich auch den Teilnehmern der deutschen Expeditionen ergangen, die hier am Ende des 19. Jahrhunderts unterwegs waren. Sie wollten diesen vollkommen unbekannten Teil der Kolonie Kaiser-Wilhelmsland erforschen. So wurde der Nordosten Neuguineas getauft, und der Sepik erhielt den Namen Kaiserin-Augusta-Fluss, nach Augusta von Sachsen-Weimar-Eisenach, der Gattin von Wilhelm I. Die erste Forschungsfahrt anno 1885 endete schon 50 Kilometer flussaufwärts, weitere Expeditionen per Dampfschiff in den Jahren 1886 und 1887 drangen immerhin 800 Kilometer ins Landesinnere vor. Aber eine ungefähre Vorstellung von den Dimensionen des Sepik-Beckens konnte sich erst die große Kaiserin-Augusta-Fluss-Expedition 1912/13 machen. Ein Trupp von Wissenschaftlern, darunter Geologen, Geografen, Botaniker, Zoologen und Ethnologen, untersuchte und kartografierte es im Auftrag des Reichskolonialamtes und der Deutschen Kolonialgesellschaft. Doch am Ende konnten auch sie nur darüber spekulieren, wie es in den unzugänglichen Regenwäldern links und rechts des Flusses tatsächlich aussah. Daran hat sich bis zum heutigen Tag nicht viel geändert: Es gibt noch immer zahllose blinde Flecken in der 100 000 Quadratkilometer großen Wildnis, durch die sich eine mächtige braune Schlange windet: der 1126 Kilometer lange Sepik.

Geduldete »Rassenschande«: Gouverneur Albert Hahl mit einheimischer Frau und Kind

Albert Hahl, in jenen Jahren Gouverneur der Kolonie Deutsch-Neuguinea und des Bismarck-Archipels, begleitete kurzzeitig die Expedition und beschrieb die Hindernisse für »das Eindringen in das Innere dieser geheimnisvollen Insel«. Der Richter aus dem Niederbayerischen war einer der wenigen Nichtadeligen im höheren Kolonialdienst, kein Spitzenbeamter hat länger in Übersee gedient als er. Bemerkenswert ist auch, dass Hahl die Ureinwohner in seinem Hoheitsgebiet nicht verachtete, er lernte sogar Kuanua, die Sprache der Tolai, nahm sich eine Frau aus diesem Volk und zeugte ein Kind mit ihr, was seinerzeit einer Rassenschande gleichkam, aber stillschweigend geduldet wurde, denn Hahl war ansonsten ein unbescholtener und tüchtiger Mann.

Im »Buch der deutschen Kolonien« schildert er, wie die Schutzgebiete in der Südsee in deutschen Besitz gelangten. Entdeckt wurde Neuguinea, die zweitgrößte Insel der Welt, durch den portugiesischen Seefahrer Jorge de Meneses im Jahr 1526, aber erst Mitte des 19. Jahrhunderts begann die systematische Erschließung und Aufteilung der pazifischen Kolonien durch die europäischen Mächte.

Die deutschen Pioniere waren hanseatische Kaufleute, allen voran das Handelsunternehmen J.C. Godeffroy & Sohn, das 1857 eine Hauptfaktorei in Apia, der heutigen Hauptstadt von Samoa, aufschlug und von dort aus den Handel ausdehnte. Der alte Johan Cesar Godeffroy war zwar nie selbst in der Region, dennoch ging er als Gründervater des deutschen Südseereiches in die Geschichte ein; in den Blütejahren unterhielt seine Firma 45 Stationen und zahlreiche Plantagen in der polynesischen, mikronesischen und melanesischen Inselwelt. Theodor Weber, Leiter der Niederlassung in Apia, sollte ein Verfahren entwickeln, das für den pazifischen Überseehandel bahnbrechend war: die Aufbereitung und Trocknung des Kernfleisches der Kokosnuss, der Kopra, zur marktfähigen Ware. Aus Kopra werden Palmöl, Margarine, Palmin, Kerzen, Seife und Kosmetika gewonnen. »Damit«, so Albert Hahl, »war für die Versorgung des Weltmarktes ein wertvoller Fettstoff gesichert worden.« Der Gouverneur schwärmte von der »Festsetzung kaufmännischer Unternehmungslust« in der Südsee. In zeitgenössischer Sprache ausgedrückt: Die Globalisierung hatte auch diesen stillen Weltwinkel heimgesucht.

Im Laufe der nächsten Jahrzehnte legten eine Reihe von Unternehmen Pflanzungen an, um am Handel mit tropischen Produkten wie Kopra, Kautschuk, Kakao, Tabak oder Südfrüchten mitzuverdienen, darunter der Hamburger Kaufmann Eduard Hernsheim, der Amerikaner Thomas Farell, die legendäre

Plantagenherrin Emma Elisa Kolbe und der Geheime Kommerzienrat Adolph von Hansemann, dessen im November 1880 gegründetes Konsortium vier Jahre später als Neuguinea-Kompagnie zum größten reichsdeutschen Plantagenunternehmen aufstieg. Zu den Gründungsmitgliedern und Finanziers gehörte übrigens der Bankier Gerson von Bleichröder, ein einflussreicher Finanzberater von Reichskanzler Bismarck. Hansemann erwartete gewaltige Renditen, hatte aber jenseits der wirtschaftlichen Ziele noch einen viel ehrgeizigeren Plan: die Gründung eines richtigen Staatswesens in der Südsee, das unter den Schutz des Deutschen Reiches gestellt werden sollte. »Die Erfassung des Wertes der Australien nördlich vorgelagerten Inseln ließ allmählich den Wunsch zu einer Sicherung des Besitzes an diesen erwachsen«, schreibt Hahl in geschraubtem Amtsdeutsch. Aber Otto von Bismarck erhörte diesen Wunsch zunächst nicht und lehnte von Hansemanns Schutzgesuch ab; es bleibe den privaten Wirtschaftsunternehmen überlassen, selbstständig vorzugehen, ließ der Fürst mitteilen. Er wollte vermeiden, dass koloniale Ansprüche machtpolitische Verwerfungen in Europa auslösten. Außerdem war in jenen Jahren noch nicht entschieden, wer wo was und wie viel an sich reißen würde. Die Kolonialmächte pokerten um die »herrenlose« Inselwelt im Stillen Ozean, am Spieltisch saßen Zocker aus Großbritannien, Amerika, Spanien, Holland und Deutschland, und man musste schnell und durchtrieben sein, um die Filetstücke zu ergattern. Die Briten hatten schon den Südosten Neuguineas konfisziert, und die Deutschen wollten ihnen zuvorkommen, ehe sie auch noch den Nordosten des Landes ihrem Empire einverleiben konnten.

Im November 1884 kreuzten zwei Kriegsschiffe der kaiserlichen Marine vor den Küsten Melanesiens auf – eines trug den trefflichen Namen »SMS Hyäne« – und auf Neuguinea und einigen Nachbarinseln wurde die Flagge des Deutschen Reiches gehisst. Im 17. Mai des darauffolgenden Jahres stellte der Kaiser der Neuguinea-Kompagnie die ersehnte Garantie aus. Es war zwar kein Schutzbrief, wie ihn afrikanische Kolonien erhielten, aber dem Wirtschaftsunternehmen wurden immerhin landesherrliche Befugnisse unter der Oberhoheit des Reiches zugestanden. Bis zur Jahrhundertwende vergrößerte Deutschland seine »Besitzungen« durch gewaltsame Okkupation, betrügerische Landverträge oder durch Kauf; nach ihrer Niederlage im Kolonialkrieg gegen die USA traten die Spanier den Deutschen eine Reihe von Inseln für einen Schnäppchenpreis von 16.5 Millionen Mark ab. Um 1900 war im Pazifik ein riesiges deutsches Kolonialpuzzle entstanden, das sich mit einer Gesamtfläche von etwa zwei Dritteln Europas vom 131. bis zum 173. Grad östlicher Länge und vom 8. Grad südlicher bis zum 21. Grad nördlicher Breite erstreckte: die samoanischen Eilande Safune und Savaii, die Marianen und Karolinen in Mikronesien, Nauru, Palau und die Marshallinseln, das Bismarck-Archipel, die nördlichen Salomoninseln sowie das Kaiser-Wilhelmsland, dessen Küste vom Huongolf bis zur Mündung des Sepik reichte.

——

Seit drei Stunden gleiten wir auf dem Karawari dahin, aber es geht kaum voran. Wir sind im Gebrauch der lanzettenförmigen Paddel ungeübt, außerdem hat der Einbaum keine Ruderpinne, sodass wir den Launen der Flussgötter oft vergeblich trotzen. Jedes Mal, wenn wir die weiten Wasserschleifen auf der Innenseite nehmen wollen, werden wir in die Flussmitte abgetrieben. Die Saunatemperaturen sind schier unerträglich geworden, der Körper fühlt sich an, als wäre er mit feuchtheißer Watte umpolstert. Der Proviant und die Wasservorräte gehen zur Neige. Wir legen an einer glitschigen Uferkante kurz zum Pinkeln an, im dichten Unterholz empfangen uns Myriaden von *natnats*, Stechmücken. Derweil wäre das Boot beinahe von der Strömung fortgetragen worden. Es sind die Augenblicke, in denen uns Europäer die Urangst vor dem Unbekannten beschleicht. Gleichzeitig empfinden wir den Dschungel als geheimnisvolle Welt; er war zu allen Zeiten ein Projektionsraum für die Sehnsucht nach unberührter Natur. Aber in diesem Moment fragen wir uns nur: Was, zum Teufel, machen wir hier?

Es ist anzunehmen, dass sich diese Frage auch die Kolonialisten gestellt haben, als sie 1891 fluchtartig die erste größere Siedlung Finschhafen räumen mussten. Eine verheerende Malaria-Epidemie hatte immer mehr Todesopfer gefordert. Die Lebensbedingungen hier waren härter als in allen anderen Kolonien: das tropische Klima in einer der regenreichsten Zonen der Erde; die stickige Treibhausluft; die tückischen Krankheiten und Seuchen wie Ruhr, Blattern, Elefantiasis oder eben Malaria; der entbehrungsreiche Alltag und die Abgeschiedenheit; das gefährliche Getier in den Urwäldern und Sümpfen, vom gierigen Landblutegel bis zu monströsen Leguanen, die an die Drachen der Vorzeit erinnerten. Schließlich die ständige Furcht vor den »Eingeborenen«, die als kriegerische, hinterhältige Wilde und Menschenfresser wahrgenommen wurden.

Wie lässt sich in einem solchen Land der Anschein von Heimatlichkeit erzeugen? Indem man flächendeckend alles umbenennt. Mehr als 260 Orte, Häfen, Berge, Täler, Flüsse, Gewässer, Meeresbuchten und Inseln wurden »germanisiert«, sie hießen fortan Neumecklenburg, Herbertshöhe, Angriffshafen, Däumlingsbucht, Franziskafluss, Festungsspitze, Heuschober-Inseln oder Müllergebirge. Und natürlich hat man die mit

4509 Metern höchste Erhebung der Kolonie nach dem allererhabensten Deutschen getauft: Wilhelmsberg.

Nachdem in jenem verfluchten Jahr 1891 ein Drittel der weißen Bevölkerung in Finschhafen gestorben war, zog man in eine provisorische Zwischenstation namens Stephansort um, dann nach Friedrich-Wilhelmshafen, ab September 1892 die neue Verwaltungshauptstadt der Kolonie. Heute heißt der Ort Madang, an die Fremdherrschaft erinnern nur noch der Grundriss des Stadtkerns und ein paar alte, Schatten spendende Baumriesen. Aber in die Landschaft haben sich die kolonialen Signaturen unauslöschlich eingeschrieben. Kommt man aus dem Hochland in die Küstenebene, fallen einem zuerst die großen Flächen auf, auf denen sich einst die deutschen Pflanzungen ausdehnten. Hier stoßen wir auch auf einen alten Bekannten: Adolph Woermann. Der hanseatische Kaufmann war Vorstand der Kaiser-Wilhelmsland-Plantagengesellschaft, die in Gorima, einem Dorf südlich von Madang, Kakao anbauen ließ. Die Neuguinea-Kompagnie hatte das Land günstig zur Verfügung gestellt, aber das Agrarprojekt des Konsortiums endete im Fiasko. Das lag zum einen daran, dass das aus Ceylon importierte Saatgut in dieser Tropenzone nicht recht gedeihen wollte. Zum anderen lag es an der Misswirtschaft und der Bösartigkeit des Plantagenmanagers Ludwig Kind. Er behandelte seine Lohnsklaven wie Vieh, sie waren unterernährt, hausten in Löchern und wurden körperlich gezüchtigt. Die Misshandlungen waren so brutal, dass viele Arbeiter irgendwann wegliefen. Hinzu kamen Krankheiten wie das Sumpffieber, die den Bestand der Arbeitskräfte dezimierten. Doch Adolph Hansemann, Chef der Neuguinea-Kompagnie, wollte das Desaster nicht wahrhaben. Er saß in seiner Schaltzentrale an der Berliner Prachtchaussee Unter den Linden, Mitarbeiter berichteten, dass er seine Anweisungen immer nur herausgebellt habe.

Der Bankier sah Deutsch-Neuguinea mit den Augen eines Großinvestors, der die Kolonie aufteilt und profitabel entwickelt. Es ging um Weltgeschäfte, wen störte es schon, dass ein Großteil des Landes durch Lug und Trug erworben worden war? Mehr Sorgen machte der Nachschub von Arbeitskräften. Denn die meisten »Eingeborenen« wollten partout nicht einsehen, warum sie auf den Plantagen schuften sollten, Lohnarbeit war ihrer Kultur vollkommen fremd. Die neuen Herren versuchten, den »Personalmangel« durch den Import von Arbeitern und Arbeiterinnen aus China, Java, Malaysia oder von den melanesischen Inseln auszugleichen, aber auch die starben weg wie die Fliegen, wie es seinerzeit hieß. Im Katastrophenjahr 1891/92 schätzten Missionare die Todesrate auf den Plantagen auf bis zu 60 Prozent. Alfred Hahl stellte mit Bedauern fest, dass allein in der Astrolabe-Bucht 10 000 Arbeiter beerdigt seien. Angesichts dieser Verluste setzte der Gouverneur auf eine Politik zur »Erhaltung der Eingeborenen«. Wenn man die Arbeiter humaner behandeln würde, ließen sich mehr anwerben, außerdem würden weniger desertieren, erklärte er bei einer Versammlung von Siedlern im Hotel »Zum Fürsten Bismarck« in der späteren Hauptstadt Kokopo. »Hahl wollte eine Kolonisierung ohne Genozid«, merkt der australische Historiker Stewart Firth sarkastisch an, »er glaubte, dass lebende Neuguineer nützlicher sind als tote.«

Die Menschen in der Region Madang hassten die Kolonialisten von Anfang an. Sie wehrten sich gegen das immer dreistere *Land grabbing*. Sie flohen vor den Anwerbern der Plantagen. Sie sabotierten Pflanzungen wie die in Gorima. 1904 wollten kleinere Volksgruppen die Landräuber mit vereinten Kräften vertreiben, dabei sollten alle weißen Männer getötet, Frauen und Kinder aber verschont werden. Die sogenannte Madang-Revolte fand allerdings nie statt, weil sie verraten wurde. Die Kolonialpolizei richtete in jenem Jahr neun mutmaßliche Verschwörer hin; sie wurden auf der vorgelagerten Insel Siar erschossen.

— —

Die Ufer haben sich bereits zu schwarzen Wänden verdichtet, als wir nach sieben Stunden unser Tagesziel erreichen, die kleine Fischersiedlung Manjamai. Eine Schar nackter Jungs geleitet uns zum Haus Tambaran in der Dorfmitte. Das lange, reetgedeckte Gebäude mit spitzgiebeliger Front mutet wie ein Schiff oder eine Arche an. Die Schnitzereien über dem Eingang zeigen geheimnisvolle Masken und *pukpuk*, Krokodile. Es ist der Ort, an dem die Geister und Ahnen verehrt werden. Der Chef des Dorfes mustert uns misstrauisch. Er führt uns zu den Notabeln, die im Langhaus beieinanderhocken. Ihre Gesichter sind im matten Widerschein blakender Petroleumfunzeln kaum zu erkennen. *Ples bilong yu we?* Zu welchem Platz gehört ihr? Woher? Wohin? Die Unterhaltung ist zäh, wir beherrschen nur ein paar Brocken Tok Pisin. Man stößt bei solchen Begegnungen schnell an die Grenzen interkultureller Verständigung und denkt an die Warnungen der Ethnologen. Sie beschreiben die Papua übereinstimmend als schwer berechenbare Zeitgenossen, deren Stimmung unvermittelt umschlagen kann: freundliche Gelassenheit verwandelt sich in Argwohn, aus scheuer Zuwendung entspringt im nächsten Moment Feindseligkeit. Das liegt vermutlich an den vielen Kleinkriegen, die zahllose Ethnien und Sippen bis heute führen, sicherlich aber auch daran, dass sie mit Europäern, Amerikanern und Australiern nicht die besten Erfahrungen gemacht haben.

Im Verlauf der Reise lief uns in der Nähe von Goroka eine Truppe von grimmigen Kerlen über den Weg, die gerade in den Krieg gegen ein Nachbardorf zogen. Wir wussten zunächst

Unberechenbares Verhalten gegenüber Fremden: Angriff der Kriegertruppe in Goroka

nicht, wie wir uns verhalten sollten, als die Krieger in voller Breite die Teerstraße blockierten und johlend auf uns zurannten. Sie waren bewaffnet mit Speeren, Keulen und Schilfpfeilen, einer spannte seinen Bogen und richtete den Pfeil direkt auf uns. Meinten sie es ernst? War es nur ein Scheinangriff? Wir hoben die Hände, machten Friedensgesten. Nach ein paar bangen Augenblicken umringten uns die Krieger in friedlicher Neugier. Ich bot ihnen Tabak an, mehrere Männer rollten sich dicke Zigaretten und gaben mir die leere Packung zurück. Der Anführer erzählte, warum sie auf dem Kriegspfad waren: Das Nachbardorf hatte ihnen Schweine gestohlen, die wollten sie sich zurückholen und die Diebe bestrafen.

In der Fischersiedlung Manjamai fühlen wir uns in keiner Weise bedroht.

Die Männer wollen alles Mögliche wissen, seit einem Jahr waren keine Weißen in ihrem Dorf. Germeni? Das sind die bösen Männer, die vor hundert Jahren auftauchten, um Menschen einzufangen. Einer dieser Häscher war Ernst Berghausen, der Bezirksamtmann von Madang. Er passierte die Mündung des Karawari und drang bis Malu im oberen Sepik-Gebiet vor. Er war ein morphiumsüchtiger Wüterich, der die Gefangenen wie ein Sklavenhändler in die dunklen Lagerräume des Dampfers »Kolonialgesellschaft« pferchte und an die Küste deportierte; die Ermordung von Weißen in dieser Region war die Rache für seine Beutezüge.

In besserer Erinnerung sind in Manjamai die fremden Händler geblieben, denn die hatten viel »cago« dabei, sagt der Dorfchef. Er meint *cargo*, Güter aller Art. Während meines Soziologie-Studiums in Regensburg belegte ich ein Hauptseminar, in dem es um die sogenannten Cargo-Kulte in der Inselwelt von Melanesien ging, um millenaristische Heilsbewegungen im späten 19. Jahrhundert, die durch den Zusammenprall mit der westlichen Zivilisation entstanden waren. Anthropologen haben dieses Massenphänomen als Krisensymptom gedeutet: Die indigenen Gemeinschaften waren zutiefst verwirrt durch die Weißen, die mit wunderlichen Dingen ankamen, die sie noch nie gesehen hatten: Segelschiffe, Schießgewehre, blitzende Messer, fein gewobene Stoffe, bunte Glasflaschen, Werkzeuge aus Eisen, Konserven. In den prophetischen Träumen und Erweckungsvisionen der Kultführer waren diese Güter von den Ahnen der Einheimischen hergestellt worden, und die Fremden waren unrechtmäßig in deren Besitz gelangt. Ihre Anhänger warteten auf die Zeit, in der sie zurückgegeben würden, auf das Millennium. Oft wurden die Kulte auch mit Versatzstücken aus der christlichen Erlösungslehre angereichert, die Missionare aus Europa, Amerika und Australien verbreitet hatten. In Erwartung der Wohlstandsgüter legten die Menschen Landepisten und flughafenartige Areale an, bauten mit Naturstoffen Empfangsräume, Speisesäle und Büros, bildeten Radiogeräte aus Trockengras und Kokosnüssen nach. In manchen Dörfern wurden sämtliche Schweine geschlachtet und die Hütten angezündet, denn bald würde ein viel besseres Leben beginnen.

Die weißen Eindringlinge hielten die »Eingeborenen« für verrückt. Wie hätten sie auch diese »Kanaken« verstehen können, die aus ihrer beschränkten und rassistisch eingefärbten Sicht noch in der Steinzeit lebten? Die keine Metallwerkzeuge kannten und scheußliche Gebräuche wie den Kannibalismus oder die Kopfjagd pflegten? Niemand wäre auf die Idee gekommen, dass die Cargo-Kulte eine spirituelle Reaktion auf den Kulturschock waren, den die Kolonialisten mit ihrer überlegenen Technologie und ihrer kapitalistischen Beutewirtschaft ausgelöst hatten. Die neuere ethnologische Forschung bietet übrigens noch eine andere Deutung an: Im Warenkult sei erstmals der nationalistische Widerstand aufgekeimt. Er war zum Beispiel unter den Tolai auf Neupommern weit verbreitet; sie leisteten passiven Widerstand gegen die Invasoren, die ihnen fast die Hälfte ihres Landes wegnahmen.

»Die Germeni haben viele Brüder totgeschossen«, sagt einer der Männer im Dorf Manjamai, zehn mal zehn Finger und noch einen dazu. 101 also. Mehr wissen sie nicht über die Kolonialära und das unvorstellbar weit entfernte Deutschland – und wir wissen nicht viel mehr über ihr Land, ihre Sprache, Religion, Geschichte, ihre Sitten und Bräuche. Unsere Vorstellungen über sie werden geprägt von den Raubgütern, die die ethnologischen Sammlungen füllen. Während dieser Reise dachte ich manchmal an das inzwischen umbenannte Museum für Völkerkunde an der Rothenbaumchaussee in Hamburg, eines der größten seiner Art in Europa. Zahlreiche der nahezu 300 000 Exponate stammen aus der Südsee, das hatte man Unternehmen wie J.C. Godeffroy & Sohn zu verdanken, die einen schwunghaften Handel mit exotischen Naturalien und Ethnographica betrieben. Im Atrium des Obergeschosses begrüßt uns ein archaisches Auslegerboot; daneben haushohe Statuen, die finster aus Chamäleonaugen starren. Kultobjekte des Volkes der Baining, erworben anno 1908 von der Hamburger Südsee-Expedition. Die Baining leben wie die Tolai auf der einstigen Kolonialinsel Neupommern, seinerzeit wurden sie als besonders primitive Urwaldmenschen abgewertet. Hier im Museum tritt man in einen abgedunkelten Ausstellungsraum, in dem die angestrahlten, auf schwarzem Grund präsentierten Objekte die gewünschte Magie entfalten: Initiationsmasken, Geisterbretter, Nasenstäbchen, Federschmuck, ein Männerschurz aus Palmblattfasern, den der Sammler Friedrich Fülleborn im Dorf Timbunke an sich gebracht hat, »in die Museen geholt«, heißt es in den manchmal recht dürftigen Erläuterungen zu den Schaustücken. Deren Verfasser räumen auch ein, dass das Wissen um ihre rituelle Bedeutung verloren gegangen sei. Oder sie überlassen dem ratlosen Betrachter die Interpretation mit Sätzen wie diesem: »Bei den Adjirab am Sepik-Fluss … war das Erbeuten von menschlichen Schädeln im Rahmen einer Kopfjagd bis zu Beginn des 20. Jahrhunderts verbreitet.« Die Ahnenmasken, Fetische und Figuren schauen uns aus den Glaskästen an, stumme Zeugen, umwölkt von einer Aura des Rätselhaften, Unergründlichen. Man fühlt sich wie in einem Raritätenkabinett, dessen Entstehung und Inhalt von der Kolonialzeit entkoppelt wurden. Und genau dieser Eindruck wird durch einen Spruch von Goethe in der Eingangshalle des Museums bekräftigt: »Der Mensch ist ungleich, ungleich sind die Stunden.«

Plötzlich springt einer der Alten auf, tritt ins Freie und ruft ein paar unverständliche Worte. Zehn Minuten später stehen Frauen mit Säuglingen, Kinder, Greisinnen vor der Hütte. Ich hatte unvorsichtigerweise erzählt, dass mein Reisegefährte Christian Arzt von Beruf sei, nun soll er offenbar eine Art Sprechstunde abhalten. Am Ende wird daraus eine regelrechte Reihenuntersuchung, und der Doktor teilt unsere Reiseapotheke aus, weiße Pillen, bevorzugt aber rosafarbene. Sie wirken besser, befindet der Dorfobmann.

Irgendwann sitzen wir wieder im Kreis. Die Männer palavern, ihr anfänglicher Argwohn hat sich in Wohlgefallen aufgelöst. Makau wird aufgetragen, geräucherter Flussfisch, dazu *saksak*, Gemüse von der Sagopalme, das gummiartig schmeckt. Die Gastgeber verschlingen ihre Portionen in atemberaubender Geschwindigkeit. Im Hintergrund huschen die Schatten der Frauen, hin und wieder taucht ein Kinderkopf zwischen den Männern auf. Ihre lebhaften Gespräche gehen in Gemurmel über, das Gemurmel wird leiser und leiser, die Männer nicken einer nach dem anderen ein, und als auch der Häuptling in sich zusammensinkt, gehen wir zu den Schlafplätzen, die er uns zugewiesen hat, kriechen unter die Moskitonetze und lauschen dem Sägen und Quorren und Zirpen und Raunen im Urwald. Es klingt wie das Gelächter der Wildnis. Wir schlafen unruhig, manchmal habe ich das Gefühl, beobachtet zu werden. Was mögen die Leute von Manjamai wohl denken, wenn sie Reisende wie uns betrachten? Wundern sie sich über uns, wie ihre Vorfahren sich über die ersten Europäer wunderten, die in ihre Welt eindrangen?

Es war ein seltsames weißes Volk, dass sich in Deutsch-Neuguinea niederließ, Matrosen, Händler, Missionare, Kolonialbeamte, Naturforscher, Maler, Abenteuerschriftsteller, aber auch Lebedamen, Hochstapler, Glücksritter, Spekulanten, Deserteure, Kriminelle und Psychopathen aller Art. Nicht wenige Neuankömmlinge waren in der Heimat gescheitert, am Ende der Welt versuchten sie sich eine neue Existenz aufzubauen. Sie jagten zum Beispiel Paradiesvögel, Krontauben und Kasuare, deren Federn in Europa als modischer Hutschmuck begehrt waren. Oder sie sammelten natur- und völkerkundliches Material, das von den europäischen Museen gut bezahlt wurde. Oder sie kamen, um ihre Utopien zu verwirklichen.

Berühmt geworden ist August Engelhardt, ein Aussteiger aus Nürnberg. Er kaufte im Jahre 1902 der exzentrischen Plantagenherrin Emma Forsayth (geb. Kolbe) eine Pflanzung auf der Insel Kabakon ab, um fortan splitternackt durch die Botanik zu springen und sich hauptsächlich von Kokosnüssen zu ernähren. »Kokovorismus« nannte er seine vegane Erlösungslehre. Der Lebensreformer scharte einige durchgeknallte Sonnenjünger um sich, die den Zwängen einer als dekadent empfundenen Moderne entfliehen wollten. Ihr Leitbild war der edle Wilde, der unverdorbene Naturmensch, der in glücklicher Unschuld lebt. In dieser Wunschvorstellung scheint die Sehnsucht nach dem verlorenen Paradies auf, das der Fortschritt zerstört hat. Die Südsee war seit ihrer Entdeckung der beliebteste Projektionsraum, vor allem die Kolonie Deutsch-Samoa versprach die Erfüllung eskapistischer Träume: Die Insulaner entsprachen mit ihrer helleren Hautfarbe, den schmalen Nasen und wohlgeformten Lippen dem westlichen Schönheitsideal. Besonders der Liebreiz der jungen Mädchen verzückte die Europäer, sie wurden auf Postkarten, Aktfotos und Pinups als barbusige Himmelsgöttinnen dargestellt, die sexuelle Abenteuer verheißen. Daheim im Reich konnte ein Millionenpublikum die exotischen Schönheiten leibhaftig begaffen; bei sogenannten Völkerschauen wurden Männer und Frauen aus

Samoa als »unsere neuen Landsleute« etikettiert und wie Tanzbären oder Zirkuspferde vorgeführt. Sie kamen aus dem Garten Eden, der August Engelhardt zum Verhängnis wurde. Er vegetierte auf seinem Eiland dahin und starb einsam und halb verhungert im Wahnsinn.

––

Die dörfliche Morgensymphonie weckt uns, Hahnenschreie, tschilpende Küken, Vogelgezwitscher, gläserner Insektengesang, knisterndes Feuer, das Geschepper von Blechtöpfen. Es ist noch dämmrig, als wir aufbrechen, von den Hütten sehen wir nur Schemen. Kein Abschied, kein großer Aufmarsch am Ufer. Es ist, als wären wir nie hier gewesen. Der Obmann hat versprochen, uns mit seinem Boot ein gutes Stück flussabwärts zu schleppen – er besitzt die einzige Pinasse mit einem Außenbordmotor. Allerdings zieht er uns nur zwanzig Minuten bis zur nächsten Biegung des Karawari, das erspart immerhin eine Stunde paddeln. »*Lukim yu bihain*«, ruft er uns nach. Bis zum nächsten Mal. Und passt auf die im Uferschlamm lauernden Krokodile auf.

Der Karawari wird breiter, weitet sich zu einem von blauen Wasserhyazinthen übersäten See und verzweigt sich an dessen gegenüberliegendem Ende. Welchen Arm sollen wir nehmen? Auf unserer Landkarte ist der See gar nicht eingezeichnet, und es gibt weit und breit kein Dorf, in dem wir uns hätten Rat holen können. Wir wählen den breitesten Flussarm – in der Hoffnung, dass er nicht zu den Schwarzwasserseen führen möge, in ein Gewirr von unzähligen Kanälen, vor dem uns der Dorfchef von Manjamai gewarnt hatte: Da findet ihr nie wieder raus! Wir malen uns schon die letzte Meldung über uns aus: Zwei Deutsche in der Wildnis von Papua-Neuguinea verschollen.

Die Stille. Der endlose Dschungel. Die grünen Uferwände. Gleichgültige, reglose Natur. Die einzige Bewegung ist die Strömung des Flusses. Die rettende Kraft, die irgendwann aus Sumpf und Urwald führen muss, hinaus in den Pazifik. Aber sie ist kaum wahrnehmbar, das Gefälle des Sepik beträgt auf 1200 Kilometern nur 75 Meter. Wir machen Rast an der Mündung eines schmalen Seitenflusses. Eine schilfbewachsene Halbinsel, die Blätter der Holme sind scharf wie Rasierklingen. *Pitpit*, wildes Zuckerrohr. Auf einer Blattlanze sitzt ein bläulich schillerndes, heuschreckenartiges Insekt, dessen Ausmaße an eine Mutation denken lassen. Weiter, nur weiter!

Kaiser-Wilhelmsland, hermetisches Land: Es ist den Deutschen nie gelungen, diese Kolonie zu erschließen und wirklich zu beherrschen. Die Neuguinea-Kompagnie war mit der Verwaltung der weitverstreuten Gebiete hoffnungslos überfordert und stand wirtschaftlich am Rande des Bankrotts. Erst ab Mitte 1899 ging es aufwärts. Die Reichsregierung hatte dem Unternehmen die landesherrschaftlichen Schutzrechte gegen eine Kompensation von vier Millionen Mark entzogen und übernahm am 1. April desselbigen Jahres das Regiment. Aber auch danach reichte die Kontrollmacht nicht über die Küstenzone und ein paar Flecken im Hochland Papua-Neuguineas hinaus. Das Sepik-Becken blieb weitgehend eine *terra incognita*. Erst 1914 wurde es per Zeppelin aus der Luft vermessen. Die Streukolonie in der Südsee war das am wenigsten entwickelte Protektorat, es zog auch nicht die erhofften Siedlermassen an, kurz vor dem Ersten Weltkrieg lebten insgesamt nur 1137 Weiße dort. Und nach dreißig Jahren wilhelminischer Herrschaft hatten fünf von sechs Neuguineern noch nie einen Deutschen gesehen! Am Ende war das pazifische »Schutzgebiet« eine vergessene Kolonie, ökonomisch unergiebig, strategisch unbedeutend, als Siedlungsraum ungeeignet. Sie war stets auf

Staatshilfe angewiesen, aber die Zuschüsse aus der Reichskasse reichten bei Weitem nicht aus. Ihr Anteil am Außenhandel des Deutschen Reiches betrug lediglich 0,15 Prozent.

Vermutlich ist diese kümmerliche Bilanz auch der Grund, warum wir auf unserer Reise in die Vergangenheit keine Ressentiments gegenüber Deutschland spüren (was den von manchen deutschen Historikern herbeifantasierten Mythos von der »sanften Kolonialherrschaft« bestärkt). Nicht einmal auf der Insel New Britain, die einst Neupommern hieß, ist ein böses Wort zu hören, obwohl die Nachfahren der Tolai gute Gründe dafür hätten. Kurz nach der Jahrhundertwende beschlossen Vertreter dieses Volkes, sich mit Waffengewalt gegen den Landraub und die Zwangsarbeit zu wehren. To Vagira, ein Wortführer aus dem Dorf Tamanairik, drohte sogar an, den deutschen Gouverneur aufzufressen. Albert Hahl wäre allerdings das falsche Opfer gewesen, denn er hatte die Okkupation von »Eingeborenenland« durch die Plantagen-Gesellschaften gesetzlich eingeschränkt und nach dem Prinzip der indirekten Herrschaft einheimische Vertreter, sogenannte Luluais, an der Lokalverwaltung beteiligt. In Wirklichkeit waren sie als Dorfchefs, Richter oder Polizisten nur der verlängerte Arm des Kolonialregimes; ihre Hauptaufgabe bestand darin, billige Arbeitskräfte zu rekrutieren. Wie auch immer: Die weißen Siedler missbilligten Hahls »weichen« Kurs und blieben unersättlich. Ein typisches Beispiel lieferte der Pflanzer Rudolf Wolff, der eine große Plantage gekauft hatte, aber 320 Hektar waren ihm offenbar nicht genug, und so dehnte er seine Latifundien nach Gutdünken auf das Land der Tolai aus. Am 3. April 1902 wurden seine Frau Hedwig und der einjährige Sohn grausam ermordet. Die deutschen Siedler schrien nach Rache, um einen drohenden »Eingeborenenaufstand« im Keim zu ersticken. Der Vergeltungsschlag der Kolonialpolizei war fürchterlich: Sie tötete achtzig bis hundert Tolai, unter ihnen war auch der schon erwähnte Rädelsführer To Vagira. Ein Missionar, der viele Opfer persönlich kannte, beschuldigte die Kolonialregierung, ein »wahlloses Massaker« verübt zu haben. Das Blutbad sprach sich in Deutschland herum; im *Vorwärts*, dem Presseorgan der Sozialdemokraten, wurde es mit den Kongogräueln unter dem belgischen König Leopold II. verglichen.

Auf der Gazellenhalbinsel in Neupommern lag in jenen Jahren das Machtzentrum der Kolonie, 1899 war die Hauptstadt nach hierhin verlegt worden, erst auf die Herbertshöhe (Kokopo), ab 1910 ins benachbarte Simpsonhafen (Rabaul). Es soll eine recht hübsche Stadt gewesen sein, mit breiten Alleen, Grünanlagen und einem Botanischen Garten; der Hafen war neben Tsingtau am Chinesischen Meer der zweite Seestützpunkt des Ostasiengeschwaders der Reichsmarine. Doch die letzten Zeugnisse der deutschen Präsenz wurden durch den verheerenden Ausbruch des Tavurvur-Vulkans am 19. September 1994 endgültig ausgelöscht. Die Amtsgebäude und Faktoreien, die Plantagen und Piers, alles versunken unter dem Ascheregen. Wahrscheinlich sind mittlerweile auch die Betonpfeiler am Tor zur Residenz des deutschen Gouverneurs zerbröselt, die bei unserem Besuch noch standen.

Und bald wird auch Unserdeutsch ausgestorben sein, die einzige deutsch-basierte Kreolsprache der Welt, die sich in der Kolonialzeit herausgebildet hat.

»Knapp hundert Sprecher leben noch, die meisten sind nach Australien ausgewandert«, sagt Péter Maitz. Der Linguist und seine Kollegen von der Universität Augsburg untersuchen und dokumentieren dieses wunderliche Idiom. Man kann es hören in den Interviews mit alten Leuten, deren Vorfahren es einst an einer katholischen Missionszentrale in Vunapope gelernt hatten. Viele Schüler waren verwaiste Mischlingskinder, die von der einheimischen Bevölkerung als minderwertig angesehen und diskriminiert wurden. Unserdeutsch ist eine recht einfache Sprache, eine Mischung aus rudimentärem Hochdeutsch und Tok Pisin, dem Pidgin der Region, kaum Grammatik, keine Beugung der Verben, statt »der«, »die«, »das« nur ein Artikel, nämlich »de«. Die Pflanzung heißt Flansung, das Frühstück wurde zum Frihstick. Die Sprache klingt in deutschen Ohren vertraut, aber wir trafen leider niemanden, der sie noch beherrscht hätte. Sprachforscher schätzen, dass die letzten Sprecher in zwanzig, dreißig Jahren verstummt sein werden.

Wir sind ziemlich erschöpft, als wir am linken Flussufer einen Unterstand entdecken. Ein Fischer und seine Tochter grinsen beim Anblick der beiden Rotgesichter, die ungeschickt mit ihren Paddeln herumstochern und sich nasse Kleidungsstücke über ihre Köpfe gelegt haben, damit der Sonnenbrand nicht noch schlimmer wird. Sie bieten an, uns gegen ein kleines Entgelt ins nächste Dorf zu eskortieren, und steigen ins Boot. Und sogleich scheint der Einbaum über den Fluss zu fliegen. Die beiden stehen aufrecht, der Fischer hinten, die Tochter vorne, ihre Paddel kämmen leicht und schnell durchs Wasser. Bald passieren wir die Stelle, an der sich die Flüsse Karawari und Korosameri vereinen, fünf Stunden später sichten wir Kokospalmen am Ufer – ein Zeichen menschlicher Besiedlung: das Dorf Mindimbit am Sepik! Eine merkwürdige Anmutung, wenn man aus der Wildnis kommt und plötzlich Bootsstege, Hausgärten, Hütten sieht. Und eine kleine Kirche.

Zwei Wochen vorher hatten wir in Goroka, dem Handelszentrum im östlichen Hochland, eine Missionsgesellschaft besucht, die seit Beginn der Kolonialzeit im Kaiser-Wilhelmsland aktiv war: die Lutheraner aus Neuendettelsau. Im mittelfränkischen Mutterhaus wurde Mitte der 1880er-Jahre beschlossen, eine Niederlassung in der Südsee zu gründen. Der Vorschlag kam von Johannes Flierl, der bereits in Australien Aborigines, Ureinwohner, bekehrt hatte. Der Pastor drängte die Zentrale, denn auch unter den europäischen Missionaren gab es eine Art Wettlauf um die Seelen der Heidenkinder. Dass katholische Missionsgesellschaften aus Deutschland zunächst nicht zugelassen wurden, war eine Folge des Bismarck'schen Kulturkampfs gegen den konservativen katholischen Klerus, der mit dem Segen von Papst Pius IX. die Trennung von Staat und Kirche ablehnte.

Johannes Flierl ging im Juli 1886 in Finschhafen von Bord, und fortan mühten sich seine Neuendettelsauer ab, den Papua den Protestantismus und die dazugehörige Arbeitsethik einzutrichtern. Angelockt durch die Verheißung westlicher Güter, halfen die »Eingeborenen« beim Bau der ältesten Missionsstation Sattelberg auf einem Höhenzug hinter Finschhafen; am Standort der ersten Kirche, einer windschiefen Holzhütte, befindet sich heute ein schmuckes Gebäude im Stil eines traditionellen Ahnenhauses. Im Laufe der Jahre kamen weitere Nebenstellen am Golf von Huon und im Landesinneren hinzu. Die großen Stationen waren ökonomisch autark, sie beschäftigten auf Plantagen, in Sägewerken, Werkstätten und landwirtschaftlichen Betrieben billige Arbeitskräfte, bildeten Handwerker aus, betrieben Läden, förderten den Handel der Dorfbewohner, verpflichteten deren Kinder zum Schulbesuch. Nach zwei Jahrzehnten hatten die Neuendettelsauer ein Netzwerk aus 26 Stützpunkten geknüpft. Sie waren die erfolgreichste Missionsgesellschaft im Kaiser-Wilhelmsland, ein Kirchenreich im Kolonialstaat, das Abstand zu dessen Institutionen hielt: Wer im Auftrag Gottes wirkt, darf keiner weltlichen

Macht dienen. Unter dieser Maxime herrschten die Missionare und die von ihnen eingesetzten Kirchenältesten wie Theokraten, stellt der Historiker Stewart Firth fest.

Es war freilich nicht einfach, in dieser abergläubischen Welt ein christliches Reich zu etablieren. Noch 1894 beklagte Pastor Flierl, dass die »Eingeborenen« das Wort Gottes verachteten, ja hassten, und dass sie durch Abtreibungen und Kindstötungen moralisch degradiert seien. Den Menschen leuchteten zwar die Zehn Gebote ein, aber die Sache mit der Kreuzigung und der Wiederauferstehung war ihnen ein unbegreifliches Mysterium. Und weil in ihrer Vorstellungswelt keine Hölle existierte, hatten sie kein Verlangen nach dem Himmel. Auch das Konzept der Sünde war ihnen fremd, so etwas gab es in der indigenen Kultur nicht, und deswegen musste man auch nicht erlöst werden. Also passte der spitzfindige Missionar Konrad Vetter das Evangelium den lokalen Gegebenheiten an und erklärte seinen Schäfchen, dass Christus nicht gestorben sei, um für ihre Missetaten zu büßen, sondern um sie vor Zauberern und Hexen zu schützen. Und wie zum Beweis dafür zeigten die weißen Gottesmänner keine Furcht vor bösen Geistern. Außerdem teilten sie Seifen, Decken, Buschmesser, Äxte und andere nützliche Dinge aus, die im Volk so begehrt waren wie in meiner Kindheit die Heiligenbildchen, mit denen unser Herr Pfarrer frommes Verhalten belohnte. Bei Verfehlungen wurde eine komplementäre Erziehungsmethode angewandt: die Strafe. Hochwürden zog uns an den Haaren, warf mit Kreide nach uns oder teilte Kopfnüsse aus. Auch die Missionare langten gerne hin, wenn Gemeindemitglieder die sankrosankte Ordnung missachteten. Es war verboten, Götzen zu huldigen, den traditionellen Brautpreis zu zahlen, heidnische Nackttänze aufzuführen oder Mitmenschen zu opfern und zu verspeisen. Außerdem durften Frauen nicht mehr von ihren Männern verdroschen werden, das Prügeln war allein den Missionaren vorbehalten. In Sattelberg und anderen Niederlassungen mussten die Dorfbewohner nicht nur körperliche Züchtigungen über sich ergehen lassen, sie wurden auch eingesperrt oder zu harter Arbeit auf den Pflanzungen der Missionsstationen verurteilt. In dieser Praxis, die wir schon in Togo und anderen afrikanischen Kolonien kennengelernt haben, offenbarte sich die Doppelmoral der Seelenfischer: Sie schützten ihre Herde vor der Profitgier, den Zwangsrekrutierungen und den inhumanen Methoden der Plantagenbetreiber – und nutzten sie ihrerseits aus.

Albert Hahl, der Gouverneur, war recht zufrieden mit dem segensreichen Wirken der Gottesmänner: »Die kulturelle und wirtschaftliche Beeinflussung des Landes wäre in der kurzen Spanne Zeit gewiß nicht möglich gewesen, wenn nicht auch von Seiten der Missionen eine Befriedung und Höherhebung der Eingeborenen in weitem Umfange stattgefunden hätte.« Gewiss ist auch, dass im Kaiser-Wilhelmsland wie in allen anderen »Schutzgebieten« Missionare auftraten, die die Gewaltexzesse des Kolonialregimes scharf verurteilten und sich nicht von ihm instrumentalisieren ließen, in Deutsch-Südwestafrika schimpften kritische Kirchenleute die »Schutztruppe« sogar eine »Schmutztruppe«. Aber die meisten ihrer frommen Brüder und Schwestern waren eben nicht nur Wegbereiter, sondern auch willige Erfüllungsgehilfen des europäischen Eroberungsprogramms.

--

Hundert Jahre später sind die Padres und Missionsschwestern in Papua-Neuguinea demütig geworden, sie bitten um Vergebung für ihre Verfehlungen in der Kolonialzeit. Und natürlich redet keiner mehr von der Bekehrung der Heidenkinder. Die Neuendettelsauer würden sich vielmehr als pastorale Entwicklungshelfer verstehen, die Armut, Analphabetismus und Krankheiten bekämpfen, sagt Ulrike Sauerbier. Sie ist in der Provinzhauptstadt Goroka für Verwaltung und Finanzen des Kirchenkreises zuständig, kümmert sich um Ortskräfte, betreut Ausbildungsstätten und andere Projekte. Die wohlbeleibte, fröhliche Fränkin hat so gar nichts mehr gemein mit den alten, grimmigen, bärtigen Missionaren, die man auf historischen Fotos sieht. »Uli is good woman, em tru«, sagt Nelson Abuse, ein einheimischer Assistent. Er bereitet gerade Mumu vor, den traditionellen Erdofen; auf heißen Flusssteinen wird in Bananenblätter eingewickeltes Schweinefleisch und Gemüse geschmort. »So haben wir das schon immer gemacht. Dann kam der weiße Mann und brachte Kochtöpfe aus Metall«, sagt Abuse. Fanden die Papua das gut? »Ja, schon. Em tru.« Ulrike Sauerbier erzählt, dass die Erinnerungen an die deutschen Kolonialisten durchaus positiv seien, das hänge vermutlich auch mit den schlechten Erfahrungen zusammen, die sie mit ihren Nachfolgern gemacht hätten. Die Kolonie wurde ab 1919 von den Australiern übernommen, sie herrschten bis zur Unabhängigkeit und plünderten Land und Leute aus. Sauerbier war sieben Jahre auf Papua-Neuguinea im Einsatz. Vier Mal ist sie seither auf die Insel zurückgekehrt. »Es ist traurig, was in diesem sogenannten Tropenparadies abläuft. Internationale Konzerne beuten die natürlichen Ressourcen immer rücksichtsloser aus. Holzfirmen schlagen die Urwälder kahl, durch den Bergbau entstehen enorme Umweltschäden, ganze Landstriche gehen für die einheimischen Bewohner verloren. Und die Kluft zwischen Armen und Reichen wächst«, sagt sie. Oft denkt sie wehmütig an die Tage in Goroka zurück, und manchmal kommt es ihr wie ein Wunder vor, dass viele indigene Traditionen den Raubbau überlebten.

Auch wir wundern uns, als wir das Sing-Sing in Goroka besuchen. Dieses alljährlich stattfindende Festival spiegelt die Vielfalt der papuanischen Völker, Kulturen und Sprachen (laut einem Almanach sollen noch 839 gesprochen werden!). Die Teilnehmer kommen von der Küste, aus dem unwegsamen Bergland oder aus der Sepik-Region, um ihre überlieferten Rituale, ihre Musik, ihren Tanz darzubieten und sich selbst zu feiern. Da sind zum Beispiel die Huli Wigmen, Männer mit zitrusgelb bemalten Gesichtern und Tätowierungen, die florale Ornamente zeigen. Sie tragen Lendenschurze aus Blättern und Lianen, Gehänge mit schillernden Steinen, Sauzähnen, Kaurischnecken, durch ihre Nasen sind Holme gestochen. Dazu die perückenartige Haartracht mit kunstvoll arrangierten Federn von Paradiesvögeln. Sie tanzen ekstatisch, schütteln ihre Waffen, rennen aufgescheucht durcheinander und bilden im nächsten Moment wohlgeordnete Angriffsformationen. Touristen aus Europa und Australien fotografieren wie wild. Hier finden sie alle Klischees bestätigt, die sie in ihrem Kopfgepäck mitgebracht haben. Ein österreichischer Reporter wird das Sing-Sing als wildes, archaisches, animalisches Steinzeitfestival beschreiben. Der Kolonialismus ist vorbei, der koloniale Blick bleibt.

Ein letztes Mal zurück an den Sepik, ins Dorf Mindimbit. Dort treffen wir am Ende unserer Flussfahrt auf Peter Bai, einen freundlichen Mann, der uns eine luftige Unterkunft in seinem Pfahlhaus anbietet. Zur Begrüßung holt er ein paar Kokosnüsse aus den Palmwipfeln und dreht einen Joint. Das Marihuana und die erfrischende Milch versetzen uns sogleich in einen euphorischen Zustand. Wir vergessen sogar die Angst vor den Krokodilen und springen in den Fluss. »Die tun euch nichts«, versichert unser Gastgeber, »es sind heilige Tiere, wir stammen von ihnen ab.« In den Schöpfungsmythen des Volkes der Iatmul, das am Mittleren Sepik lebt, hat ein Urkrokodil die Erde aus dem vorzeitlichen Meer gehoben, und seine Kinder und Kindeskinder haben die ersten Dörfer gegründet. Beim Initiationsritual lassen sich die heranwachsenden Männer skarifizieren; dabei wird die Haut kunstvoll aufgeritzt, wenn die Wunden vernarbt sind, bilden sie ein echsenartiges Muster. Es macht die Krieger so unbesiegbar wie ihr Totemtier. »Unsere Naturgötter waren schon immer da. Sie sind stärker als der weiße Gott«, sagt Peter Bai. Eine tröstliche Erkenntnis zum Abschluss der Reise durch den unendlichen Wald: Das Krokodil hat den Kolonialherren besiegt.

Wir Herrenmenschen

Wie uns der koloniale Blick gefangen hält

Das Vergangene ist nicht tot;
es ist nicht einmal vergangen.
William Faulkner

Wunschbilder sind zählebig, sie werden von Generation zu Generation weitervererbt, sie überdauern Jahrzehnte und Epochen. Bis heute herrscht in Deutschland die Meinung vor, unsere kurze Kolonialgeschichte sei ein recht harmloses Zwischenspiel im großen historischen Theater gewesen. Klar, es habe ein paar schwarze Schafe gegeben, den mörderischen Carl Peters zum Beispiel oder den Schlächter General von Trotha, aber im Großen und Ganzen seien unsere Urgroßväter und Großväter recht anständige Kerle gewesen, jedenfalls im Vergleich zu den brutalen Franzosen, Belgiern oder Portugiesen. Allmählich aber werden wir uns bewusst, dass wir einer Selbsttäuschung erlagen. Dass jede Form von Kolonialismus auf Unrecht beruht. Wir haben begriffen, dass sich die Welt nicht in Herrenmenschen und Untermenschen einteilen lässt und es niemandem zusteht, sich selbst zur Herrschaft über andere zu ermächtigen. Wir halten uns für tolerant, weltoffen und frei von Vorurteilen. Aber sind wir das wirklich? Haben wir es tatsächlich geschafft, die alten kolonialen Denkmuster zu überwinden? Die vorangehenden Kapitel sollten veranschaulichen, wie weit wir davon noch entfernt sind.

Nach dem Ersten Weltkrieg und dem Verlust der »Schutzgebiete« in Afrika, China und der Südsee geriet die kurze deutsche Kolonialära allmählich in Vergessenheit. In der Weimarer Republik warb die Bewegung der Kolonialrevisionisten zwar für die Rückeroberung der verlorenen Territorien, aber schließlich sollten selbst die Nationalsozialisten wenig Interesse an deren Vorschlägen zeigen. Nach 1945 wurde die Erinnerung an weiter zurückliegende Epochen durch die Verbrechen der NS-Diktatur überlagert. Doch die rassistischen Zerrbilder, die in der Kolonialzeit entstanden waren, blieben im Gedächtnis. Afrika, das war in meiner Jugend der Sarotti-Mohr, das Lied von den zehn kleinen Negerlein, die leckeren Mohrenköpfe, das Cola-Weißbier-Mischgetränk namens »Neger«, der clowneske Schlagersänger Roberto Blanco oder der Nickneger in der Kirche, der dankbar sein schwarzes Köpflein senkte, wenn man Spenden für die armen afrikanischen Heidenkinder einwarf. Selbst Jürgen Habermas, der linksliberale Chefdenker der Republik, verwendete noch in den 1960er-Jahren ganz unbefangen den Begriff »Neger«. Und in Bayern hieß es nur: Das haben wir schon immer gesagt, wie sollen wir die denn sonst nennen? Dann gab es da noch Bernhard Grzimek, den Frankfurter Zoodirektor, der im Fernsehen mit putzigen Schimpansen auftrat, um die wilden Tiere Afrikas vor den Afrikanern zu retten: Die Serengeti darf nicht sterben! Der missionarische Feldzug des Professors war eine neue Spielart kolonialer Bevormundung; sie kam in der Verkleidung des Naturschutzes daher.

Unterdessen sind hundert Jahre seit dem Ende der deutschen Kolonialzeit vergangen, doch jenseits der kollektiven Amnesie sind die verharmlosenden Stereotype so verbreitet wie eh und je. Sie geistern durch Geschichtsbücher, Zeitungsberichte oder Fernsehfilme. In der 2005 ausgestrahlten TV-Dokumentation »Deutsche Kolonien. Traum und Trauma« tanzten barbusige schwarze Mädchen und kriegerische Eingeborene über den Bildschirm, natürlich wurde dazu viel getrommelt, und die Menschenfresser durften nicht unerwähnt bleiben. Meinem Großvater selig, dem alten Kolonialromantiker, hätte der exotistische Kitsch sicherlich gefallen. Die Filmemacher waren zwar von Horst Gründer, einem angesehenen Kolonialhistoriker, fachlich kompetent beraten worden, und auch die Inhalte wurden weitgehend korrekt dargeboten, aber die Macht der Bilder war stärker. Zehn Jahre später legte das ZDF mit dem von Guido Knopp koproduzierten Dreiteiler »Das Weltreich der Deutschen« nach. Der Unterhaltungshistoriker des ZDF schafft es immer wieder, die finstersten Kapitel unserer Geschichte so kuschelig darzustellen, dass sich Otto Normalverbraucher darin wohlfühlt. Die Dokumentation frischte sämtliche Klischees über die Kolonialära auf, und weiße Zeitzeugen erzählten von den harten, aber auch schönen und abenteuerlichen Jahren in der Fremde. Die wenigen befragten Afrikaner wirkten, um ein schmutziges Wort zu gebrauchen, wie »Alibineger«.

Freitag, der Untergebene des weißen Kolonialhelden Robinson, war wieder einmal stumm geblieben. Und beide Dokumentationen lieferten erneut nur das übliche Infotainment: seicht und germanozentrisch. Sie bewiesen eindrücklich, dass hierzulande noch immer nicht verstanden wird, welche fundamentalen Erschütterungen der deutsche Kolonialismus im Zuge der europäischen Welteroberung ausgelöst hat. Man kann oder will nicht wahrhaben, dass diese als weltgeschichtliche Heilsmission gerechtfertigte Expansion für einen großen Teil der Menschheit einem Höllensturz gleichkam, der in Unterjochung, Vertreibung, Massenmord und der Zerstörung ihrer Lebensgrundlagen gipfelte. In Immanuel Wallersteins Analysen des »modernen Weltsystems« kann man nachlesen, wie die globalen Raubzüge jene kapitalistische Megamaschine in Schwung gebracht haben, die in ihrer Gefräßigkeit drauf und dran ist, unseren Planeten zu ruinieren. Zum jüngsten Stand sei Thomas Pikettys »Das Kapital im 21. Jahrhundert« empfohlen; er untersucht, wie der neoliberale Wachstumskult diesen Selbstvernichtungsprozess beschleunigt.

—

Schauen wir also noch einmal zurück auf die Antriebsphase dieser Entwicklung, auf ihre ökonomischen, politischen, geografischen, sozialen, kulturellen und sozialpsychologischen Folgen in den ehemaligen Kolonien. Und auf ihre nachhaltigste Hinterlassenschaft in der westlichen Kultur: Es ist der koloniale Blick, der unsere Sicht der Welt bis heute prägt.

It's the economy, stupid! Selbst ein Bill Clinton hat es erkannt: Alles dreht sich um das grenzenlose Wachstum der Wirtschaft, also ums Streben nach Profit. Die Steigerung der Unternehmensgewinne schaffe den Wohlstand der Nationen, lehrt Adam Smith. Was der einflussreichste Ökonom aller Zeiten allerdings nicht vorhersah: Nicht alle Nationen hatten und haben an den Segnungen des Kapitalismus teil, weil sich die stärkeren an den schwächeren bereichern. Das koloniale System beruhte auf einem asymmetrischen Austauschverhältnis zwischen dem selbst ernannten Zentrum und den Peripherien der Erde, zwischen den herrschenden Metropolen des Nordens und den unterworfenen Regionen des Südens. Kein anderer Kontinent wurde im Zuge der Globalisierung, die mit den Entdeckungsfahrten europäischer Seefahrer im Spätmittelalter einsetzte, so flächendeckend geplündert wie Afrika. Der

Alptraum begann mit dem Sklavenhandel. Die Verwandlung Afrikas »in ein Geheg zur Handelsjagd auf Schwarzhäute« bezeichne »die Morgenröte der kapitalistischen Produktionsära«, schreibt Karl Marx in seinem Hauptwerk »Das Kapital«. In der zweiten Hälfte des 19. Jahrhunderts, im Zeitalter des Hochimperialismus, bildeten sich endgültig jene globalen Ungleichheiten heraus, die nach wie vor die Weltwirtschaft prägen: Die Ex-Kolonien, unterdessen Schwellen- und Entwicklungsländer genannt, liefern Bodenschätze und landwirtschaftliche Erzeugnisse, die Wertschöpfung aber findet jenseits ihrer Grenzen statt. Sie sind in der Regel von einem Hauptausfuhrgut abhängig, von Erdöl, Kupfer, Uran oder Diamanten, von Baumwolle, Kaffee oder Kakao. Umgekehrt überschwemmen der Westen und mittlerweile auch der Wirtschaftsriese China die Absatzmärkte auf der Südhalbkugel mit Waren, die oft in dortigen Billiglohnländern unter inhumanen Bedingungen hergestellt wurden. Subventionierte Agrargüter aus der Europäischen Union werden zu Dumpingpreisen verkauft, gegen die die einheimischen Produzenten nicht konkurrieren können. Fair Trade? Ein aussichtsloses Gefecht in der globalen Erzeugerschlacht.

Der Philosoph Achille Mbembe verwendet für die Subjekte der weltweiten Ausbeutung den Sammelbegriff »Neger«. Wenn er postuliert, die Erde werde schwarz, meint er damit, dass rund um den Globus immer mehr Menschen erleben, was einst den kolonisierten Völkern widerfuhr: Sie finden sich wieder in der *Condition negré*, im wachsenden Heer der Verlierer, Armen und Ausgegrenzten. Im Kapitel über Kamerun habe ich die Bedeutung der kolonialen Plantage für die Entwicklung der kapitalistischen Weltwirtschaft beschrieben, Mbembe nennt sie das »Taufbecken der Moderne«. Der afroamerikanische Schriftsteller Colson Whitehead nimmt diesen Gedanken in seinem Roman »Underground Railroad« auf. Er beschreibt die Flucht schwarzer Sklaven aus dem Süden der USA in einer fiktiven unterirdischen Eisenbahn; sie stellen unterwegs fest, dass die Traumata sie auf immer und ewig verfolgen werden: »Eine Plantage war eine Plantage; man mochte seine Leiden für einmalig halten, aber der wahre Horror lag in ihrer Universalität.«

Auf aktuellen Afrika-Karten kann man am Verlauf der Straßen und Eisenbahnstrecken noch deutlich die koloniale Infrastruktur erkennen, die ausschließlich der Plünderung diente: Sie wurden gebaut, um die natürlichen Reichtümer zu den Häfen an der Küste zu transportieren, es waren vertikale Stichlinien ins Innere der annektierten Länder, horizontale Vernetzungen wurden nie in Erwägung gezogen. Dadurch blieben Binnenstaaten von der Außenwelt abgeschnitten und die Subregionen des Erdteils voneinander isoliert. Es verwundert daher nicht, dass der innerafrikanische Handel bis heute kaum vorankommt. Die Landkarten dokumentieren die Willkür, mit der die europäischen Kolonialmächte den Kontinent unter sich aufteilten. Das Festlegen der Grenzen entlang von Längen- und Breitengraden, das Bestimmen der Bergeshöhen und Meerestiefen, die Messung der Entfernungen und Temperaturen, das Inventarisieren von Rohstofflagern, all das Registrieren, Tabellarisieren, Kartografieren waren Urakte der Besitzergreifung. »Nichts wird unmittelbarer und brutaler üble Geschichte machen, als mitten durch ein Volk eine Linie zu ziehen, besonders eine gerade Linie, die Figur der Verachtung selber«, lesen wir bei Thomas Pynchon. Der Kolonialherr hat die Demarkationslinien mit dem Holzlineal gezogen, mitten durch alte Reiche, traditionelle Königtümer, Völker, Siedlungsgebiete, Kulturräume, Sprachfamilien. Über der Frage aber, was er da auseinandergeschnitten, wird gerne vergessen, was er zusammengefügt hat. Ein Land wie Nigeria zum Beispiel, ein künstliches Gebilde, drei Großvölker – Yoruba, Igbo, Hausa-Fulani – und über 400 kleinere Ethnien und Sprachgruppen. Vielen afrikanischen Staaten wurde gleichsam ein Fluch in die Wiege gelegt, denn nach ihrer Unabhängigkeit strebte mit ethnischer Zentrifugalkraft auseinander, was nicht zusammengehörte. Die postkolonialen Sezessionsbewegungen lösten Unruhen, Aufstände und langjährige Bürgerkriege aus, die verheerendsten fanden im Kongo, in Biafra und im Sudan statt. In der ehemaligen deutschen Kolonie Kamerun, die nach dem Ersten Weltkrieg Frankreich und England zugeschlagen wurde, erhob sich im Januar 2016 der benachteiligte anglofone Westen des Landes gegen die frankofone Hegemonie. Ein blutiger Konflikt, ausgelöst durch das koloniale Spracherbe – ein Novum in der afrikanischen Geschichte.

Die wirksamsten Instrumente, um den »faulen Neger« zu einem fleißigen Kuli zu erziehen, waren der Arbeitszwang und das Steuerdiktat. Die Afrikaner und Afrikanerinnen wurden genötigt, in die Frondienste der weißen Herren zu treten, deren Waren zu kaufen, über die Hütten- oder Kopfsteuer deren Militär- und Verwaltungsapparate zu finanzieren. Die Subsistenzgemeinschaft wurde in eine Arbeitsgesellschaft verwandelt, die moderne Geldwirtschaft verdrängte den herkömmlichen Tauschhandel. Eine gewaltsame Modernisierung mit verheerenden Folgen: Landflucht, Wanderarbeit, Entwurzelung, häusliche Gewalt, Trunksucht. Vielerorts befiel die Menschen ein regelrechter Stupor, eine soziale Lähmung. Das Verhältnis zwischen dem Einzelnen und der Gemeinschaft, Männern und Frauen, Jungen und Alten, Stadt und Land veränderte sich. Der Einfluss der traditionellen Autoritäten erodierte, denn sie hatten die Bevölkerung ebenso wenig zu schützen vermocht wie die Götter und Ahnen. Oft wurden »Stammeshäuptlinge« oder »Könige« von den Europäern überhaupt erst erfunden und installiert, um ihre Herrschaft zu sichern; das Volk nahm sie zumeist als Kollaborateure oder Kaziken der Weißen wahr.

Im wundervollsten Roman, den Afrika der Welt geschenkt hat, in Chinua Achebes »Das Alte stürzt«, führt der tragische Held Okonkwo einen vergeblichen Kampf gegen die Briten. Er verteidigt die heiligen Traditionen seines Volkes, muss aber vor dem Eroberungswillen, der christlichen Bekehrungswut und der überlegenen Militärtechnik der Invasoren kapitulieren. »Whatever happens, we have got/ the Maxim Gun, and they have not«, frohlockte der englische Kolonialdichter Hilaire Belloc über das alles vernichtende Maschinengewehr. Okonkwo muss schließlich erkennen, dass seine altafrikanische Welt zum Untergang verdammt ist: »Der Fremde hat ein Messer an die Dinge gelegt, die uns zusammenhielten, und so sind wir auseinandergefallen.«

Das Messer der katholischen und protestantischen Missionare war die Heilige Schrift. In Namibia, der deutschen Ex-Kolonie, hörte ich zum ersten Mal ein afrikanisches Sprichwort, das das Ergebnis ihrer Verbreitung auf eine griffige Formel bringt: »Am Anfang hatten wir das Land und die Weißen die Bibel, jetzt haben wir die Bibel und die Weißen das Land.« In ihren Kirchen, Schulen und Berufsbildungsstätten trichterten die Missionare den schwarzen Heidenkindern die westlichen Werte ein: individuelles Streben, Gehorsamkeit, Fleiß, Arbeitsdisziplin, Ordnungssinn, Körperhygiene, Kleidungsvorschriften und Essregeln, Schriftkultur, Rationalität und Rechenhaftigkeit, das lineare Zeitmaß, den rechten Winkel und natürlich moralische Imperative wie die Einehe. Sie lernten, dass ihre Eltern nur einen dummen Götzenglauben pflegen würden. Dass deren überlieferte Normen und Werte primitiv seien. Dass die afrikanische Kultur den Fortschritt verhindere. Dass der »Eingeborene« aus der Finsternis des Unwissens erlöst werden müsse.

All das geschah im Geiste des christlichen Humanismus und der Aufklärung, die aber gerade in der Mission ihre Dialektik entfaltete: Denn die Lehre von der Brüderlichkeit, Gerechtigkeit und Gleichheit aller Menschen vermittelte den Afrikanern das moralische Rüstzeug für den Widerstand gegen die doppelzüngigen Kolonialherren, die diese Werte predigten – und im nächsten Moment mit Füßen traten. Ausgerechnet Nelson Mandela milderte diesen Widerspruch ab. Die Missionsschulen, sagte der berühmteste Freiheitskämpfer Afrikas, seien wegen ihrer kolonialen Einstellungen und Praktiken oft kritisiert worden, »dennoch glaube ich, dass ihre Vorteile die Nachteile überwiegen«. Eine schmeichelhafte Bewertung, die freilich nur auf die schmale Bildungselite Afrikas und auf Nationalhelden wie ihn zutrifft, auf die Kaundas, Mugabes oder Nyereres, die sich dank christlicher Unterweisung emanzipierten und die Unabhängigkeit ihrer Völker erkämpften. Für die Mehrheit der Menschen aber war die Missionierung eine Art Gehirnwäsche, die ihnen die *Africaness* ausgetrieben hat, ihre Identität als Afrikaner. So schwand der Rest des Selbstwertgefühls, das nach dem Trauma der Sklaverei noch übrig geblieben war: Das Denken, der Glaube, die Sinne und Wünsche der Menschen wurden kolonisiert. Gleichzeitig wurden sie herabgewürdigt zu Arbeitstieren, und das Tragische ist, dass sie dieses Knechtsmal in ihrem Selbstbild replizieren. Afrikaner und Afrikanerinnen verinnerlichten jene Unterlegenheit, die die Kolonialherren postulierten. Sie wirkt nach in ihren Heimatländern und in der afrikanischen Diaspora, in Brasilien, in der Karibik, in Amerika, überall, wo Nachfahren der Sklaven leben. Unablässig müssten die Schwarzen das »Negerproblem« diskutieren, sie »müssen darin leben, sich bewegen und sich selbst darin sehen, und alles andere in seinem Licht oder seiner Dunkelheit interpretieren«, schrieb William Edward

Burghardt Du Bois schon vor über hundert Jahren; der erste afro-amerikanische Soziologe von Weltrang beklagt ein »fast morbides Persönlichkeitsverständnis und moralisches Zaudern, das für das Selbstvertrauen fatal ist«.

Das aktuellste Beispiel für die wiederkehrende Verwirrung liefern die hitzigen Debatten junger Schwarzer in Südafrika. In ihrem Land hielt sich der Kolonialismus am längsten, er endete erst 1994, als das Rassenregime der Apartheid unterging. Doch ein Vierteljahrhundert später verwerfen viele der sogenannten *born frees*, der schwarzen Südafrikaner, die nach der Wende geboren wurden, Nelson Mandelas farbenfrohe Vision von der multikulturellen Regenbogen-Nation. Sie fragen sich, warum nach dem politischen Machtwechsel die ökonomische Ungleichheit zwischen den Volksgruppen nach wie vor extrem groß ist und warum auch in der Demokratie das alte Herr-Knecht-Verhältnis ungebrochen fortdauert: Die Weißen schaffen an, die Schwarzen müssen dienen. Noch immer herrsche ein perfides koloniales Wertesystem, das die »Eingeborenen« zu Menschen zweiter Klasse degradiere, sagt die simbabwische Schriftstellerin Panashe Chigumadzi. Als Afrikaner oder Afrikanerin könne man in diesem System nur aufsteigen, wenn man sich dessen Normen unterwerfe. Wenn man sich weiße Vornamen gebe, weiße Verhaltensmuster lerne, weiße Sprachen spreche, weiße Weltbilder übernehme – und dabei die eigene Kultur verleugne. Chigumadzi spricht für eine Generation der Enttäuschten, die den schwarzen Selbstfindungsdiskurs wiederholt und die radikale Dekolonisierung der Gesellschaft anstrebt.

Aus europäischer Sicht blieben die Kolonisierten das, was sie immer schon waren: Sklaven, Knechte, Diener, Domestiken, Subjekte auf der tiefsten Stufe der Minderwertigkeit, auf der Stufe des Untermenschen. Die ideologischen Fundamente der Dehumanisierung wurden schon vor der Kolonialzeit von Sozialdarwinisten und Philosophen gelegt. Wenn man den »Neger« richtig auffassen wolle, müsse man abstrahieren »von aller Ehrfurcht und Sittlichkeit, von dem, was Gefühl heißt«; es sei »nichts an das Menschliche Anklingende in diesem Charakter zu finden«, stellt Georg Wilhelm Friedrich Hegel fest und beschließt seine Ausführungen mit dem donnernden Satz: »Wir verlassen hiemit Afrika, um späterhin seiner keine Erwähnung mehr zu tun. Denn es ist kein geschichtlicher Weltteil, er hat keine Bewegung und Entwicklung aufzuweisen ...« An dieser Abwertung hat sich bis heute wenig geändert; im Jahr 2007 erklärte der französische Präsident Nicolas Sarkozy bei einer Rede in Dakar, das Drama Afrikas bestehe darin, dass der Afrikaner noch nicht in die Geschichte eingegangen sei. Hegel lieferte die Leitgedanken jener Biologisierung der Rassen, die Völkerkundler und Menschenforscher während der Kolonialzeit vorantrieben, und reichsdeutsche Wissenschaftler gehörten in angewandten Disziplinen wie der Anthropometrie oder Kraniologie zu den Pionieren. Sie vermaßen Schädel, zerlegten Skelette, berechneten Hirnvolumina, sezierten Geschlechtsorgane, verglichen auf Farbtafeln die Augenfärbung, um daraus eine Typologie der Rassen abzuleiten und »wissenschaftlich« zu beweisen, dass »der Afrikaner« dem Tier näher stehe als dem Menschen. Die Menschheit wurde nach einem System binärer Gegensätze aufgespalten: Dort die Schwarzen, Braunen, Roten und Gelben, hier die Weißen, die Krone der Schöpfung. Aufgrund dieser Selbstüberhöhung musste der hellhäutige Kaukasier auch keine moralischen Skrupel haben, den minderwertigen »Neger« zu züchtigen. Schließlich würde man ihn ja umerziehen und auf eine höhere Kulturstufe heben. So dachten selbst liberale Männer wie Bernhard Dernburg, der Leiter des Reichskolonialamtes, der die Afrikaner folgendermaßen charakterisierte: »halb Kinder, halb Narren, halb Wilde«.

—

Die Projektionen des Inferioren, Primitiven, Rückständigen waren Bausteine der Selbstkonstruktion Europas als überlegene Kultur. Europa sei auf dem »Schweiß und den Leichen von Negern, Arabern, Indern und der gelben Rassen« gebaut, es sei eine »Kreation der Dritten Welt«, lesen wir bei Frantz Fanon, einem der einflussreichsten Theoretiker der antikolonialen Befreiungsbewegung. Wir brauchen das Nicht-Wir, um unser Wir zu schaffen. Es ist wie der Blick in einen Spiegel, in dem wir das Antlitz sehen, das wir durch die Abgrenzung zum anderen von uns selbst produziert haben. Doch in unserem Abbild blitzt, um es mit Sigmund Freud zu deuten, der ungezähmte Urmensch auf, den wir nach Jahrhunderten der Triebkontrolle in die allertiefsten Kammern des Unterbewusstseins gesperrt haben. Das Ergebnis dieser Verdrängungsleistung nennen wir »Zivilisation«.

Die Kolonien dienten als Laboratorien der Moderne, in denen repressive Verwaltungsapparate, polizeistaatliche Methoden und militärische Strategien erprobt wurden; die Fremdherrscher bauten Konzentrationslager, trennten die Wohngebiete nach Rassen, entwickelten Maßnahmen zur Bevölkerungskontrolle, Sozialhygiene und Seuchenbekämpfung. Sie zwangen den annektierten Gebieten das europäische Staatskonzept auf, und am Ende war die Welt verwestlicht. Hannah Arendt beschrieb diesen Prozess als »geregelte Unterdrückung auf dem Verordnungswege, die wir Bürokratie nennen«. Die Philosophin ging noch weiter: Sie sprach von der Barbarisierung der Europäer in den Kolonien und sah in ihrer Machtpolitik die Ursprünge totalitärer Herrschaft. »Der Unterschied … war nur, dass es in

Europa einige Jahrzehnte brauchte, die ethischen Standards der Gesellschaft zu zerstören, während hier [in den Kolonien, B. G.] alles mit der Geschwindigkeit eines Kurzschlusses ablief.« In einem Punkt muss man Hannah Arendt allerdings widersprechen: Die kolonialen Räume waren zu groß, um sie mit vergleichsweise kleinen Staatsapparaten flächendeckend zu kontrollieren. Gerade weil die Kolonialherren durch dieses strukturelle Machtdefizit beschränkt waren, setzten sie ihre Herrschaft mit nackter Gewalt durch, mit terroristischen Methoden, die mancherorts genozidale Züge annahmen, wie wir am Beispiel des Vernichtungskrieges gegen die Herero und Nama in Deutsch-Südwestafrika gesehen haben.

Aber der Kolonialismus war keineswegs nur auf ökonomischer, politischer und militärischer Dominanz begründet, sondern auf einem kulturellen Begleitprogramm, das die Unterwerfung der Welt als zivilisatorische Mission verbrämte, als Fortschrittsprojekt, das die Kolonisierten von ihren Dämonen, ihrem Chaos, ihrer archaischen Triebhaftigkeit befreien sollte. In seiner bahnbrechenden Studie »Culture and Imperialism« analysiert Edward W. Said den Anteil der Kulturschaffenden, die sich gerne auf ihre künstlerische Autonomie beriefen – als wären sie gleichsam nur feuilletonistische Zaungäste beim »Great Game« der kapitalistischen Welteroberung gewesen. Die Künstler und Schriftsteller, Dichter und Denker marschierten im Heer der Kolonialsoldaten, Beamten, Händler und Missionare, Tropenmediziner, Ethnologen und Menschenforscher, Historiker, Geografen und Philologen, Abenteuerreisenden und Glücksritter; sie schufen jene Gefühls- und Vorstellungswelten, die die »Praxis des Imperiums« stützten, verfeinerten und konsolidierten, befindet Said. Rudyard Kipling und sein märchenhaftes Indien, die Maler Paul Gauguin oder Emil Nolde mit ihren Südsee-Gemälden, Giuseppe Verdis orientalistische Oper »Aida«, die Reiseberichte des Aufschneiders Henry Morton Stanley, die dümmlichen Kolonialromane einer Frieda von Bülow – sie alle arbeiteten mit an jener Wahrnehmungsmatrix von der außereuropäischen Welt, die sich in den Köpfen der Europäer verfestigt hat.

--

Heutzutage setzen Nachrichtenagenturen, Fernsehsender, Korrespondenten, Diplomaten, Filmproduzenten, Reiseautoren, Modemacher oder Kunsthändler ihre Arbeit fort. Sie üben nach wie vor jene Deutungshoheit aus, in der sich die kulturelle Hegemonie des Westens manifestiert. Das wird besonders deutlich, wenn sich das »imperiale Auge« auf Afrika richtet: Die Bilder und Texte erzählen mehr von uns selbst als von unserem Nachbarkontinent, sie produzieren ein *Afrique fantôme*, in dem sich unsere rassistischen Vorurteile und unser eurozentrischer Überlegenheitsdünkel spiegeln. Es ist die Welt, die der »ewige Neger« bevölkert.

Selbst Entwicklungshelfer mit der ehrenwerten Absicht, Armut, Krankheiten und Analphabetismus zu bekämpfen, perpetuieren die immergleichen Stereotype vom bitterarmen, hilflosen Kontinent – Afrikaner und Afrikanerinnen haben gefälligst Opfer zu sein, an denen wir unsere Schuldgefühle abarbeiten können. Ich will mich dabei keineswegs ausnehmen; in meinen dreißig Jahren als Afrika-Korrespondent war ich nicht immer gefeit gegen den mitleidsvollen Ton der Viktimisierung. Der russisch-französische Philosoph Alexandre Kojève stellte einmal fest, dass der nehmende durch den gebenden Kolonialismus ersetzt worden sei. Denn auch die Hilfsindustrie wird vom westlichen Fortschrittsglauben angetrieben. Auch sie verwendet klassische Klischees, wie eine Kampagne von *borderline-europe* zeigte. Die humanitäre Organisation warb in doppelseitigen Anzeigen mit skelettdürren Gestalten, die an ausgehungerte Marsmännchen erinnern. Aus der sengenden Hitze torkeln sie über einen ausgedörrten Wüstenboden auf den Betrachter zu. »Sie kommen aus Afrika. Nicht aus einer anderen Welt«, erläutert die Bildzeile. Es sind anonyme Dürreopfer auf der Flucht in die Wohlstandsfestung Europa, deren Horrorgestalten den karitativen Appell ins Gegenteil verkehren: Sie verstärken die Afrophobie, die Angst vor Millionen und Abermillionen dunkelhäutigen Migranten, die, wie ein CDU-Bundestagsabgeordneter einmal gewarnt hat, »heuschreckenartig« über Europa herfallen. Es handelt sich um rassistische Abwehrreflexe, die wie der Antisemitismus oder die Islamophobie ins kollektive Bewusstsein eingeschrieben sind. Sie waren immer da. Jetzt, in der sogenannten Flüchtlingskrise, brechen sie wieder auf. In letzter Zeit werde ich bei meinen Besuchen in Deutschland oft mit essentialistischen Beschreibungen des »schwarzen Menschentyps« konfrontiert. Das hört sich dann so an: Afrikaner und Afrikanerinnen leben auf einem kriegerischen Erdteil, der zu einem einzigen Krisenland verschmolzen ist; sie vermehren sich explosiv, denn sie können ihre Triebe nicht beherrschen; sie sind von Natur aus träge, ja, entwicklungsresistent, und weil sie zu allem Übel auch noch von Diktatoren unterdrückt werden, kommen sie aus ihrem Elend nicht heraus und strömen massenhaft zu uns. Manchmal blitzen in den völkerkundlichen Ausführungen Schuldgefühle auf; man fragt sich dann, ob die armen Afrikaner vielleicht auch deshalb in großer Zahl zuwandern, weil sie sich an uns reichen Europäern rächen wollen.

Wir sind und bleiben Gefangene des kolonialen Blicks. Ein aktuelles Beispiel liefert der Streit um das Humboldt-Forum, das Ende 2019 im Berliner Stadtschloss eröffnet wird. Ausgerechnet in diesem wiederaufgebauten Repräsentationsbau des

Sie kommen aus Afrika: Werbung einer Hilfsorganisation, die ungewollt die Angst vor Migranten schürt

deutschen Kaiserreichs soll eine Auswahl der Kunst- und Kulturschätze des Museums für Asiatische Kunst und des Ethnologischen Museums Dahlem zu bewundern sein, die überwiegend während der Kolonialära gesammelt wurden. Sie werden von der Stiftung Preußischer Kulturbesitz verwaltet, und deren Präsident Hermann Parzinger will im Zuge des Großprojekts die Museen »dekolonisieren und demokratisieren«, Teile ihrer Bestände sollen fortan als »shared heritage« präsentiert werden, als geteiltes Menschheitserbe. Das Humboldt-Forum könne das »Epizentrum« einer neuartigen Beziehung Deutschlands mit der Welt sein und alte Deutungshoheiten aufbrechen, schwärmt Parzinger. Man wundert sich über die Geschichtsvergessenheit dieses renommierten Archäologen. Denn ein Großteil der prächtigen Exponate ist koloniales Raubgut, und es gilt uneingeschränkt, was Richard Kandt, der Statthalter des deutschen Kolonialreiches im heutigen Ruanda, schon 1897 in einem Brief an Felix von Luschan, den Direktor der Afrika- und Ozeanien-Abteilung im Königlichen Museum für Völkerkunde zu Berlin, festgestellt hat: »Überhaupt ist es schwer, einen Gegenstand zu erhalten, ohne zum mindesten etwas Gewalt anzuwenden. Ich glaube, dass die Hälfte Ihres Museums gestohlen ist.« Parzinger scheint hingegen zu glauben, dass das Gros dieser Sammlung auf rechtmäßigem Wege beschafft worden sei, dabei ist die Provenienz vieler Objekte nur lückenhaft oder gar nicht geklärt. Nach heutigem Strafrecht würde man in zahlreichen Fällen von kriminellen Erwerbsumständen sprechen, von Raub, Diebstahl, Erpressung, Nötigung und Hehlerei.

Aber wir stehen doch erst am Anfang der Diskussion um die Aufarbeitung der Kolonialgeschichte!, beruhigt das für internationale Kulturpolitik zuständige Auswärtige Amt die Gemüter. Eine Staatssekretärin, die nicht für tiefere Kenntnisse der Kolonialgeschichte bekannt ist, wünscht sich das Humboldt-Forum in naiver Unschuld als »Zuhause der Weltkulturen«. In Berlin sollte man auf Paris schauen, wo sich gerade eine Wende im Umgang mit kolonialen Hinterlassenschaften anbahnt. Präsident Emmanuel Macron schlägt die temporäre oder permanente Rückgabe afrikanischer Kulturgüter vor, und Stéphane Martin, Direktor des Musée du quai Branly in Paris, denkt sogar über Museumsneubauten in Afrika nach. Er leitet die weltweit prächtigste Kollektion von kolonialen Raubgütern, sie wird in seinem Kunsttempel am Ufer der Seine in einer geradezu sakral anmutenden Aura präsentiert. Kulturmanager wie Martin gaben bisher vor, das kulturelle Menschheitserbe aus Afrika und anderen Kontinenten quasi treuhänderisch zu bewahren; mit dieser Begründung ließen sich die nervigen Forderungen nach Restitution elegant umschiffen. Das soll sich jetzt, nachdem Präsident Macron die Angelegenheit zur Chefsache erklärt hat, ändern. In Berlin bleibt man vorerst bei der scheinbar universalistischen, in Wahrheit aber eigennützigen Rechtfertigungsstrategie: Das Humboldt-Forum möge ein Ort der »universellen Gelehrsamkeit« (Parzinger) werden, ein Schaufenster, in dem unser Land seine Weltoffenheit zeigt. Allein, es steht zu befürchten, dass im protzigen Stadtschloss nur alter Wein in neuen Schläuchen serviert wird. Dass das koloniale Erbe zwar kritisch kommentiert wird, am Ende aber doch wieder nur der historischen Selbstverklärung dient. Man möchte im Herzen der Hauptstadt ein schönes Selbstbild Deutschlands präsentieren. In einem Bericht über die Kontroversen um das Forum komprimierten meine Kollegen vom SPIEGEL diesen Wunsch in einer trefflichen Überschrift: »Nation ohne Schatten«.

Andererseits wirkt auch der zelotische Eifer mancher Gegner des Projekts befremdlich. Die französische Kunsthistorikerin Bénédicte Savoy sprach gar von einem »kulturellen Tschernobyl«; sie stieg unter Protest aus dem Fachbeirat des Forums aus und arbeitet mittlerweile als kulturpolitische Beraterin von Präsident Macron. In Berlin überließ die streitbare Expertin den Flurbereinigern der Geschichte das Feld. Kein Zweifel, viele Kulturschätze wurden widerrechtlich erworben, und oftmals liegt ihre Provenienz im Dunkeln. Aber es finden sich auch Exponate, die nicht gestohlen, sondern geschenkt wurden. Nehmen wir etwa den wunderschönen Perlenthron aus Kamerun, der demnächst im Forum stehen soll. Das Prunkstück war nach allem, was man bisher weiß, eine Freundschaftsgabe von Njoya, dem König der Bamum, an Kaiser Wilhelm II.; der selbstbewusste Sultan hat mit den deutschen Kolonialherren kollaboriert, er sah sich als ebenbürtigen Partner und habe den Thron verschenkt, um das Zweckbündnis zu festigen. Das sagte mir Prinz Yaya Nfouapon, ein Nachfahr Njoyas, beim Besuch des Palastmuseums in Foumban. Dennoch behauptet die Initiative »No Humboldt 21!«, das wertvolle Herrschaftssymbol sei »nach mehrjährigem Drängen durch die Kolonialmacht« übergeben worden, also eine erzwungene Schenkung gewesen. Manche Kritiker des Humboldt-Forums tun so, als würden sie sich gut mit der Vorgeschichte auskennen, dabei kommen sie schon bei der Schreibweise des Namens der Bamum durcheinander.

In der Regel aber wurden afrikanische Kunst- und Kulturgüter wiederrechtlich entwendet – und die Plünderung geht weiter. Als ich 1995 das Nationalmuseum in Ile-Ife, der heiligen Stadt der Yoruba im nigerianischen Bundesstaat Osun, besuchte, bot sich mir ein trauriger Anblick: Viele Sockel an den Wänden des Hauptausstellungsraumes standen leer, viele Vitrinen waren zerschmettert worden. Der Kustode erzählte, dass im Jahr davor Diebe elf Glaskästen aufgebrochen und unversicherte Objekte mit einem geschätzten Handelswert von 200 Millionen US-Dollar gestohlen hatten. Als der legendäre deutsche Afrikaforscher Leo Frobenius im Jahre 1910 erstmals Terrakotta- und Bronzeskulpturen in Ile-Ife freilegte und an die völkerkundlichen Sammlungen nach Berlin sandte, war das noch eine ganz normale Prozedur, an der niemand Anstoß nahm. Im Gegenteil: Der Entdecker wurde gefeiert, denn die Plastiken aus dem 12. und 13. Jahrhundert waren von vollendeter Schönheit, ja von geradezu griechisch-klassischer Anmut, dass manche Experten glaubten, sie seien von Künstlern aus einem anderen Kulturkreis geschaffen worden – den Afrikanern traute man solche Schöpfungen nicht zu. Frobenius aber gehörte zu den wenigen Ethnologen seiner Zeit, die die afrikanische und die europäische Kultur als gleichwertig ansahen; das hielt ihn allerdings nicht davon ab, seine Funde an Sammlungen und Museen in Deutschland zu senden. Schon damals war zu hören, dass sie in ihren Herkunftsländern nur verrotten würden. Das ist auch in unseren Tagen noch ein beliebtes Argument, um den Besitz außereuropäischer Kulturschätze zu rechtfertigen: Aufgrund der miserablen Museumsinfrastruktur, der mangelnden Fachkompetenz und des ungünstigen Klimas in Afrika könnten sie dort nicht angemessen konserviert und präsentiert werden. Überdies seien sie gefährdet durch kriminelle Netzwerke von Afrikanern und Ausländern, die Sammler in aller Welt mit Diebesgut beliefern. Diese Einwände leuchten durchaus ein, aber oftmals wirken sie wie billige Ausflüchte, um die ersatzlose Restitution kolonialer Raubgüter abzuwenden. Allein in deutschen Museen lagern übrigens mehr als zwei Millionen Objekte.

Ziemlich verkorkst geht es auch im Streit um die Umbenennung von Straßennamen in Berlin zu. Es ist ein berechtigtes Anliegen, dass im öffentlichen Raum nicht mehr an Kolonialverbrecher erinnern werden soll, aber die Suche nach alternativen Namen im Geiste der politischen Korrektheit schützt nicht vor peinlichen Irrtümern. Eine geheime Jury schlug eine Reihe von ehrenwerten Afrikanern und Afrikanerinnen vor; auf ihrer Liste fand sich auch Nzinga von Matamba, eine angolanische Herrscherin im 17. Jahrhundert. In Luanda, der Hauptstadt Angolas, wird sie mit einer Bronzestatue als Heldin des antikolonialen Widerstands geehrt. Sie hat die portugiesischen Invasoren tatsächlich bekämpft, aber auch Sklaven an sie geliefert. Nun sollte also eine Straße wie die nach dem Menschenschinder Carl Peters benannte Petersallee durch den Namen einer zeitweiligen Menschenhändlerin ersetzt werden. Ein Vorschlag, mit dem sich die Initiatoren lächerlich machten. Die konservative Zeitung *Die Welt* kommentierte die gesamte Initiative als »reaktive Säuberung« und entblödete sich nicht, von »dem ja wohl doch irgendwie typisch deutschen Auslöschungsfuror« zu sprechen. So rückt man die Nachfahren der Täter in deren mörderischen Dunstkreis. Dabei sind sie einfach nur schlecht informiert.

—

Die finsteren Kapitel der Kolonialzeit werden verdrängt, bagatellisiert oder gar beschönigt, aber sie holen uns, ob wir wollen oder nicht, immer wieder ein, und manchmal kommen sie in Gestalt astronomischer Zahlen daher: In der 1999 verabschiedeten »Accra Declaration« fordern prominente Afrikaner vom Westen 777 Billionen Dollar Wiedergutmachung für die verheerenden Folgen des Sklavenhandels und der kolonialen Plünderung. Die Tatsache, dass afrikanische Menschenjäger kräftig mitverdient haben, wird indes geleugnet. »So etwas hat es nicht gegeben«, wehrte eine Unterzeichnerin empört ab. Wer moralisch im Recht ist, nimmt es mit den historischen Fakten nicht allzu genau. Auch die Herero in Namibia verlangen in einer Sammelklage Entschädigung für die Verbrechen der deutschen Kolonialherren; sie berufen sich dabei auf Ausgleichszahlungen, die jüdische Opfer nach dem Holocaust erhalten haben. Noch ist nichts entschieden, aber die Chancen, dass die Kläger recht bekommen, sind eher gering. Im umgekehrten Fall würde sich allerdings die Frage stellen, nach welchen Kriterien die Reparationen überhaupt verteilt werden sollen und wer heute ein Anrecht darauf hat. Die Nachfahren der Geschädigten in der zweiten und dritten Generation? Einzelpersonen? Kommunen? Volksgruppen? Staaten? Und was den Entschädigungstopf anbelangt: Müssten da nicht auch Unternehmen, die in der Kolonialzeit besonders profitiert haben, einzahlen? Die Regierungen der ehemaligen Kolonialmächte Großbritannien und Frankreich verfolgen die Sammelklage gegen die Bundesrepublik Deutschland sehr genau, denn sie befürchten, dass auch sie eines Tages zur Kasse gebeten werden könnten. Aber Berlin macht vor, wie man die Sache erfolgreich abblockt, um keinen Präzedenzfall zu schaffen.

Abgesehen davon, dass ohnehin niemand die geforderten Summen aufbringen kann und will, würden die Reparationen vermutlich genauso in dunklen Kanälen versickern, wie ein Großteil der Entwicklungshilfe. Sie würden nicht den Bedürftigen zukommen, sondern wiederum nur den Mächtigen, also jenen korrupten Eliten Afrikas, die ihre Staaten so erfolgreich plündern wie ehedem die weißen Herren. Der Kolonialstaat lieferte die idealen Voraussetzungen für ihre diktatorischen Regime; sie übernahmen die zentralistischen Verwaltungsapparate, die drakonischen Gesetze, das Militär, die Polizei, die Geheimdienste, sie bezogen die herrschaftlichen Villen, sprangen in die Seidenbetten und Schwimmbäder, behielten das Gesinde, um es genauso zu traktieren wie die Europäer. Die Verbrechen, »die der afrikanische Kontinent gegen seine eigene Art begeht«, seien »von einem Ausmaß und, unglückseligerweise, auch von einer Art, die ständig die Erinnerung wachzurufen scheint an jene historischen Verbrechen, die dem Kontinent von anderen zugefügt wurden«, gibt der nigerianische Literaturnobelpreisträger Wole Soyinka zu bedenken. Ich habe in zahlreichen Gesprächen und Interviews erlebt, wie afrikanische Präsidenten, Minister oder Staatsbeamte die Misere in ihren Ländern ausschließlich auf die Kolonialzeit zurückführten. Sie präsentierten sich als Opfer, um von ihrem eigenen Versagen abzulenken. Die plumpe Verschiebung der Schuld macht es Europäern leicht, die Anklage der Afrikaner zurückzuweisen und im selben Gedankengang jede historische Mitverantwortung für den maroden Zustand des Kontinents zu leugnen.

Demnach bleibt den Reparationsforderungen nur das symbolische Verdienst, eines der schändlichsten Kapitel der Menschheitsgeschichte ins Gedächtnis der Welt gerufen zu haben. In den Anklagen scheint noch einmal die kollektive Demütigung Afrikas auf, eine Demütigung, die nicht verjährt und schon gar nicht durch Ablasszahlungen kompensiert werden kann. Und an der sich jede Generation aufs Neue abarbeitet, zum Beispiel die der schon erwähnten *born frees* in Südafrika. An vielen Universitäten der Kaprepublik läuft eine Revolte schwarzer Studenten gegen die kulturelle Vorherrschaft der Europäer, die auch nach dem Ende der Apartheid unverändert fortbesteht. Die Aktivisten stürzen Denkmäler von kolonialen Landräubern wie Cecil Rhodes, lesen die Schriften von Frantz Fanon, Amilcar Cabral, Robert Sobukwe, Steve Biko, Malcolm X und anderen Vordenkern des Befreiungskampfes, fordern die Dekolonialisierung der Hochschulen, des Lehrkörpers, der Curricula, der Wissenschaften überhaupt. Sie reden von *Black Consciousness*, von schwarzer Selbstfindung und Identität, und manche lehnen Freundschaften oder gar Liebesbeziehungen mit Weißen ab. »Wir sprechen nicht mit Leuten wie dir, hau ab!«, schleuderte mir ein Studentenführer an der University of Cape Town entgegen. Ich kann den Zorn junger Schwarzer nachempfinden, aber ich bedauere auch, dass sie in einer endlosen Identitätsdebatte stecken bleiben – auch sie sind in gewisser Weise Gefangene der kolonialen Vergangenheit. Es ist, als würden sie wie der Engel der Geschichte rückwärts in die Zukunft fliegen, während sie immerzu auf die zurückliegenden Schrecknisse starren müssen.

Aber wir können von diesen Studenten auch lernen, die afrikanische und die europäische Geschichte und ihre vielfältigen

Verflechtungen mit anderen Augen zu sehen, um ihre universalhistorische Bedeutung zu erkennen: Kolonialismus und Imperialismus sind integrale Bestandteile der Weltgeschichte. Wir können lernen, die Fragen nach den Auswirkungen des deutschen Kolonialismus neu zu stellen. Welche Verwüstungen hat der Versuch des wilhelminischen Kaiserreichs, eine Weltmacht zu werden, tatsächlich angerichtet? Wie wirkt der Kolonialismus in den unterworfenen und ausgebeuteten Ländern seither nach? Wodurch hat die Fremdherrschaft die Eigenwahrnehmung der Kolonisierten deformiert? Wo liegen die Ursprünge des Rassismus? Wie prägen uns koloniale Denk- und Verhaltensmuster bis heute? Wodurch profitieren wir, die Nachfahren der Herrenmenschen, nach wie vor von der wirtschaftlichen Ungleichheit, die in jener Epoche begründet wurde? Wir müssten uns dann auch fragen, wo die schönen, schweren Hölzer unserer Möbel herkommen. Oder das Coltan in unseren Smartphones. Oder die spottbilligen T-Shirts. Oder die funkelnden Edelsteine. Und wir müssten weiter fragen, warum so viele Menschen zu uns wollen, deren Heimatländer nicht nur deshalb arm geblieben sind, weil sie von räuberischen Eliten beherrscht werden, sondern weil sie sich nie von der kolonialen Plünderung erholt haben.

Hundert Jahre nach dem Ende des Alptraums ist es Zeit, den postkolonialen Diskurs des globalen Südens aufzunehmen und Antworten auf diese Fragen zu finden. Vielleicht könnten wir dann eines fernen Tages den ewigen Kolonialisten in uns überwinden und die Menschen aller Kulturen und Hautfarben so wahrnehmen, wie es sich Frantz Fanon ersehnt hat. In einer autobiografischen Anmerkung schreibt er: »Ich wollte ein Mensch sein, nichts als ein Mensch.«

Dank

Ich danke allen, die mit Rat und Tat zum Entstehen dieses Buches beigetragen haben, und ich darf jeden, den ich in der untenstehenden Liste vergessen haben sollte, um Nachsicht bitten. Ganz besonders möchte ich mich bei Christina Helbig für ihre umfangreichen Vorrecherchen über den verschwundenen Schädel von Chief Meli bedanken; außerdem bei Prof. Gustav Obermair, der mich beim Kapitel über die deutschen Kolonialverbrechen in Deutsch-Südwestafrika wissenschaftlich beraten hat; bei Uwe Jung für seine wertvollen Hinweise zu Kamerun; bei Prof. Jürgen Zimmerer für ein fulminantes Streitgespräch; beim Kollegen Bernd Dörries für das kritische Gegenlesen der Texte; bei Elisabeth Schmitten für das umsichtige Lektorat. Tausend Dank auch an Jens Dehning und sein wunderbares Team im Siedler Verlag. Und natürlich an meine Frau Antje Theine-Grill.

Desweiteren bedanke ich mich bei Nelson Abuse, Martin Baer, Peter Bai, Valtentine Bayo, Ulrich Creutz, Manase Foya, Kerstin Fuhrmann, Horst Gründer, Martin Gütter, Michaela Hübschle, Jokinen, Peter Junge, Horst Junk, Uno Katjipuka-Sibolile, David Kambazembi, Tjatjitrani Kandukira, Tilmann Krause, Walter Lau, Yu Liping, Péter Maitz, William Makinda, Japhet Maro, Malonde Maseru, Achille Mbembe, Edimo Mbimbi, Isaria Meli,

Joseph Mensah, Is-Haka Mkwawa, Christian Müller, Joseph Müller, Reinhard Naumann, Rupert Neudeck, Yaya Nfouapon, Nils Ole Oermann, Urte Remmert, Anna Riet, Kuiama Riruako, Abdul Sapi, Ulrike Sauerbier, Hinrich Schneider-Waterberg, Yinka Shonibare, Jane Tamé, Cyprian Tirumanywa, Detlev Woermann, Bernhard Zand.

Bildnachweis

7 Deutsches Historisches Museum
23 bpk
30 Privatarchiv Grill
36 Alamy Stock Photo/Historic Images
44 Privatarchiv Grill
55 l./r. Pascal Maitre
61 Süddeutsche Zeitung Photo/Scherl
64 Martin Spruijt
75 Wikimedia Commons/Dr. Wolfgang Pfäffl
88 Privatarchiv Grill
98 bpk/Staatsgalerie Stuttgart
102 Süddeutsche Zeitung Photo/IMAGNO/Austrian Archives (S)
127 VISUM/Alfred Buellesbach
137 Alamy Stock Photo/The History Collection
150 Bridgeman Images/Michael Graham-Stewart/Private Collection
165 Privatarchiv Grill
172 ullstein bild
188 Privatarchiv Grill
209 Privatarchiv Grill
215 ullstein bild
221 Shutterstock/Ahn Eun sil
226 bpk/Ethnologisches Museum, SMB
234 Privatarchiv Müller
266 borderline-europe – Menschenrechte ohne Grenzen e. V.

Ausgewählte Literatur

Achebe, Chinua: Things Fall Apart, Portsmouth 1958

Akakpo, Kuassi Amétowoyona: Discours et contre-discours sur le Togo sous l'empire allemande, Paris 2014

Apoh, Wazi/Lundt, Bea (Hg.): Germany and Its West African Colonies, Berlin 2013

Arendt, Hannah: The Origins of Totalitarianism, New York 1951

Bade, Klaus (Hg.): Imperialismus und Kolonialmission, Wiesbaden 1982

Baer, Martin/Schröter, Olaf: Eine Kopfjagd. Deutsche in Ostafrika. Spuren kolonialer Herrschaft, Berlin 2001

Bayer, Maximilian: Mit dem Hauptquartier in Südwest-Afrika, Berlin 1909

Becker, Felicitas/Beez, Jigal (Hg.): Der Maji-Maji-Krieg in Deutsch-Ostafrika, Berlin 2005

Biener, Annette: Das deutsche Pachtgebiet Tsingtau in Schantung, 1897–1914, Bonn 2001

Bindseil, Reinhart: Ruanda im Lebensbild von Hans Meyer (1858–1929), Berlin 2004

Bommarius, Christian: Der gute Deutsche. Die Ermordung Manga Bells in Kamerun 1914, Berlin 2015

Bülow, Berhard von: Denkwürdigkeiten, Berlin 1930/31

Céline, Louis-Ferdinand: Reise ans Ende der Nacht, Reinbek 2003

Césaire, Aimé: Über den Kolonialismus, Berlin 1968

Conrad, Sebastian: Deutsche Kolonialgeschichte, München 2008

Deutsches Historisches Museum (Hg.): Deutscher Kolonialismus. Fragmente seiner Geschichte und Gegenwart, Berlin 2016
Drechsler, Horst: Südwestafrika unter deutscher Kolonialherrschaft, Berlin (Ost) 1984
Eckert, Andreas: Kolonialismus, Frankfurt/M. 2006
Eckl, Andreas: »S'ist ein übles Land hier«. Zur Historiographie eines umstrittenen Kolonialkrieges, Köln 2005
Eicker, Steffen: Der Deutsch-Herero-Krieg und das Völkerrecht, Frankfurt/M. 2009
Fanon, Frantz: Die Verdammten dieser Erde, Frankfurt/M. 1981
Firth, Stewart: New Guinea under the Germans, Melbourne 1982
Fitzner, Rudolf: Deutsches Kolonial-Handbuch, Bremen 2012
Flaig, Egon: Weltgeschichte der Sklaverei, München 2009
Foehse, Ludwig: Unter Wilden und Seeräubern, Berlin 1930
Frenssen, Gustav: Peter Moors Fahrt nach Südwest, Berlin 1907
Freud, Sigmund: Totem und Tabu, Hamburg 2014
Förster, Larissa: Postkoloniale Erinnerungslandschaften. Wie Deutsche und Herero in Namibia des Krieges von 1904 gedenken, Frankfurt/M. 2010
Gewald, Jan-Bart: Herero Heroes: A Socio-Political History of the Herero of Namibia 1890–1923, Oxford 1999
Graichen, Gisela/Gründer, Horst: Deutsche Kolonien. Traum und Trauma, Berlin 2005
Graudenz, Karlheinz: Die deutschen Kolonien, München 1982
Gronemeyer, Reimer (Hg.): Der faule Neger. Vom weißen Kreuzzug gegen den schwarzen Müßiggang, Hamburg 1992
Großer Generalstab (Hg.): Die Kämpfe der deutschen Truppen in Südwestafrika. Band 1: Der Feldzug gegen die Hereros, Berlin 1906
Gründer, Horst: Geschichte der deutschen Kolonien, Paderborn 2004
Gründer, Horst/Hiery, Hermann (Hg.): Die Deutschen und ihre Kolonien, Berlin 2017
Habermas, Rebekka: Skandal in Togo, Frankfurt/M. 2016

Hahl, Albert: Gouverneursjahre in Neuguinea, Hamburg 1997
Hall, Stuart: The West and the Rest, Oxford 1992
Harari, Yuval Noah: Eine kurze Geschichte der Menschheit, München 2013
Heyden, Ulrich van der: Rote Adler an Afrikas Küste. Die brandenburgisch-preußische Kolonie Großfriedrichsburg, Berlin 2001
Hiery, Hermann (Hg.): Die deutsche Südsee 1884–1914, Paderborn 2002
Hinz, Hans-Martin/Lind, Christoph (Hg.): Tsingtau. Ein Kapitel deutscher Kolonialgeschichte in China 1897–1914. Katalog Deutsches Historisches Museum, Berlin 1998
Honke, Gudrun: Als die Weißen kamen. Ruanda und die Deutschen 1885–1919, Wuppertal 1990
Huang, Fu-teh: Qingdao. Chinesen unter deutscher Herrschaft 1897–1914, Bochum 1999
Iliff, John: Tanganyika under German Rule, 1905–1912, Cambridge 1969
Iliff, John: A Modern History of Tanganyika, Cambridge 1979
Inhülsen, Otto: Wir ritten für Deutsch-Ostafrika, Leipzig 1926
Ki-Zerbo, Joseph: Histoire de l'Afrique Noire, Paris 1978
Kohl, Karl-Heinz: Ethnologie – die Wissenschaft vom kulturell Fremden, München 1993
Kößler, Reinhart: Namibia and Germany: Negotiating the Past, Windhoek/Münster 2015
Köpke, Wulf/Schmelz, Bernd (Hg.): Blick ins Paradies. Historische Fotografien aus Polynesien, Hamburg 2014
Kracht, Christian: Imperium, Köln 2012
Kreienbaum, Jonas: »Ein trauriges Fiasko«. Koloniale Konzentrationslager im südlichen Afrika 1900–1908, Hamburg 2015
Krüger, Gesine: Kriegsbewältigung und Geschichtsbewusstsein. Realität, Deutungen und Verarbeitung des deutschen Kolonialkriegs in Namibia 1904–1907, Göttingen 1999
Kum'a N'Dumbe III, Alexandre: Was wollte Hitler in Afrika? Frankfurt/M. 1993

Kundrus, Birthe (Hg.): Phantasiereiche. Zur Kulturgeschichte des deutschen Kolonialismus, Frankfurt/M. 2003
Längin, Bernd: Die deutschen Kolonien. Schauplätze und Schicksale 1884–1918, Hamburg 2004
Lau, Brigitte: Uncertain certainties: The Herero-German War of 1904, Windhuk 1989
Lettow-Vorbeck, Paul von: Heia Safari! Deutschlands Kampf in Ostafrika, Leipzig 1920
Levene, Mark: Genocide in the Age of the Nation State, London 2005
Lu, David and May: Historical View of Qingdao, Qingdao 2004
Marx, Christoph: Geschichte Afrikas. Von 1800 bis zur Gegenwart, Paderborn 2004
Marx, Karl: Das Kapital, MEW 23, Berlin (Ost) 1962
Mbembe, Achille: On the Postcolony, Berkeley 2001
Mbembe, Achille: Kritik der schwarzen Vernunft, Berlin 2014
Mbembe, Achille: Politik der Feindschaft, Berlin 2017
Melber, Henning (Hg.): Genozid und Gedenken. Namibisch-deutsche Geschichte und Gegenwart, Frankfurt/M. 2005
Möhle, Heiko (Hg.): Branntwein, Bibeln und Bananen. Der deutsche Kolonialismus in Afrika Eine Spurensuche in Hamburg, Hamburg 1999
Morlang, Thomas: Askari und Fitafita. »Farbige« Söldner in den deutschen Kolonien, Berlin 2008
Nestvogel, Renate/Tetzlaff, Rainer (Hg.): Afrika und der deutsche Kolonialismus. Zivilisierung zwischen Schnapshandel und Bibelstunde, Hamburg 1987
Nuhn, Walter: Sturm über Südwest. Der Herero-Aufstand von 1904, Koblenz 1989
Oermann, Nils Ole: Mission, Church and State Relations in South West Africa under German Rule (1884–1915), Stuttgart 1999
Olusoga, David/Erichsen, Caspar: The Kaiser's Holocaust, London 2010

Osterhammel, Jürgen: Kolonialismus. Geschichte Formen Folgen, München 1995
Pakenham, Thomas: The Scramble for Africa, London 1991
Perras, Arne: Carl Peters and German Imperialism 1856–1918. A Political Biography, Oxford 2004
Poewe, Karla: The Namibian Herero. A history of ther psychosocial disintegration and Survival, Lewiston 1985
Räthzel, Nora (Hg.): Theorien über den Rassismus, Hamburg 2000
Reichskolonialamt (Hg.): Die deutschen Schutzgebiete in Afrika und in der Südsee. Amtliche Jahresberichte, Berlin 1914
Said, Edward: Orientalism, New York 1978
Said, Edward: Culture and Imperialism, London 1993
Scheel, W.: Deutschlands Kolonien, Berlin 1912
Schlüter, Ludwig: Erinnerungen an die Kolonialzeit in Deutsch-Südwest, unveröffentlicht
Schnee, Heinrich (Hg.): Deutsches Koloniallexikon, Leipzig 1920
Schnee, Heinrich u.a.: Das Buch der deutschen Kolonien, Leipzig 1937
Schneider-Waterberg, Hinrich: Der Wahrheit eine Gasse. Beiträge zum Hererokrieg in Deutsch-Südwestafrika 1904–1907, Swakopmund 2013
Schulte-Varendorff, Uwe: Kolonialheld für Kaiser und Führer. General Lettow-Vorbeck. Mythos und Wirklichkeit, Berlin 2006
Schwabe, Kurd: Der Krieg in Deutsch-Südwestafrika 1904–1906, Berlin 1907
Sebald, Peter: Die deutsche Kolonie Togo 1884–1914. Auswirkungen einer Fremdherrschaft, Berlin 2013
Simtaro, Dadja Halla-Kawa: Le Togo »Musterkolonie«. Souvenirs de l'Allmagne dans la Société Togolaise, Aix-en-Provence 1982
Smith, Adam: Der Wohlstand der Nationen, München 1999
Soyinka, Wole: Die Last des Erinnerns. Was Europa Afrika schuldet – und was Afrika sich selbst schuldet, Düsseldorf 2001
Speitkamp, Winfried: Deutsche Kolonialgeschichte, Stuttgart 2005

Strizek, Helmut: Geschenkte Kolonien. Ruanda und Burundi unter deutscher Herrschaft, Berlin 2006

Timm, Uwe: Deutsche Kolonien, Köln 1986

Tetzlaff, Rainer: Koloniale Entwicklung und Ausbeutung: Wirtschafts- und Sozialgeschichte Deutsch-Ostafrikas 1885–1914, Berlin 1970

Ustorf, Werner: Mission als Vorhut des Kolonialismus? In: Nestvogel/Tetzlaff, Berlin 1987

Wallerstein, Immanuel: Die Barbarei der anderen – Europäischer Universalismus, Berlin 2010

Weber, Max: Wirtschaft und Gesellschaft, Leipzig 2005

Wehler, Hans-Ulrich: Bismarck und der Imperialismus, Köln 1969

Westphal, Wilfried: Geschichte der deutschen Kolonien, München 1984

Wienecke, Werner: Der Befreiungskrieg von 1904–1907 in der Überlieferung der Herero. Afrikanischer Heimatkalender, Windhoek 2004

Wienecke, Werner: Das Geschichtsverständnis der Herero. Vortrag am 24.11.2003 im Museum Swakopmund

Wilhelm II, Kaiser: Ereignisse und Gestalten 1878–1918, Leipzig 1922

Willis, Ian: Lae. Village and City, Melbourne 1974

Worsley, Peter: Die Posaune wird erschallen. Cargo-Kulte in Melanesien, Frankfurt/M. 1973

Yigbe, Gilbert Dotsé: Togo: Eine Dauer-Musterkolonie?, Revue du CAMES No 4, 2016

Zeller, Joachim: Kolonialdenkmäler und Geschichtsbewusstsein. Eine Untersuchung der Kolonialdeutschen Erinnnerungskultur, Frankfurt/M. 2000

Zimmerer, Jürgen/Zeller, Joachim (Hg.): Völkermord in Deutsch-Südwestafrika. Der Kolonialkrieg in Namibia und seine Folgen, Berlin 2003

Zimmerer, Jürgen: Von Windhuk nach Auschwitz? Beiträge zum Verhältnis von Kolonialismus und Holocaust, Münster 2011

Zimmerer, Jürgen (Hg.): Kein Platz an der Sonne. Erinnerungsorte der deutschen Kolonialgeschichte, Frankfurt/New York 2013
Zurstrassen, Bettina: »Ein Stück deutscher Erde schaffen«. Koloniale Beamte in Togo (1884 - 1914), Frankfurt/M. 2008

Weblinks

Commons: Deutscher Kolonialismus
https://commons.wikimedia.org/wiki/Category:Colonialism_of_Germany
Deutsches Historisches Museum: Statistische Angaben zu den deutschen Kolonien
www.dhm.de/lemo/kapitel/kaiserreich/aussenpolitik/kolonien2
Kolonialarchiv Dornseif: www.golf-dornseif.de
Onlineprojekt Gefallenendenkmäler: www.denkmalprojekt.org
Universitätsbibliothek Frankfurt/M.: Deutsches Koloniallexikon (1920) in digitalisierter Form
www.ub.bildarchiv-dkg.uni-frankfurt.de
Webportal »Quellen deutscher Kolonialgeschichte« (im Aufbau)
https://www.archivfuehrer-kolonialzeit.de
Wikidata »Wiki Project European Colonialism«
https://www.wikidata.org/wiki/wikidata:WikiProject_European_Colonialism
Wikisource »Die Kolonien«
https://wikisource.org/wiki/Die_Kolonien_(1914)

Register der Namen, Ethnien, Orte und Länder

A

Abercorn 56
Abessinien 196
Abuse, Nelson 248
Abushiri ibn Salim al-Harthi (Buschiri) 39 f.
Accra 271
Achebe, Chinua 258
Adjirab 237
Ahrndt, Wiebke 79 f.
Akwa 136
Akwa, King Dika 123 f., 136
Albers, Hans 38
Algerien 196
Alimassi 55
Amboin 224
Amboni Ltd. 40 f.
Amrira, Amdallah 55
Angola 28, 173, 270
Anzer, Johann Baptist 217, 222
Apia 227
Äquatoria 32
Arendt, Hannah 38, 199, 262 f.
Arkona (Qingdao) 213
Arusha 42
Astrolabe 232
Atakpamé 108–110, 116
Äthiopien 59
Aubrey, Lisa 120
Awuni 124
Ax, Emil 76

B

Baer, Martin 80
Bagamoyo 8, 29–33, 40, 48
Bagidá 91
Bai, Peter 249 f.
Baining 237
Bakoko 132
Bakweri 134
Bamum 129–131, 150, 268 f.
Bantu 37, 46, 69
Barker, Enno 79
Bass, Karen 120
Baster 166
Baumann, Ernst 95
Baumann, Oscar 36
Bäumler, Antonie 31

Bayer, Maximilian 166
Bayo, Valentine 49
Bebel, August 37, 68
Belgien, Leopold II. von 243
Bell, August Manga Ndumbe 149, 151
Bell, Eboumbou Douala Manga 128 f., 148–151
Bell, Manga 123 f., 129
Belloc, Hilaire 258
Bena 66
Benin 91–93, 95, 115, 120
Berghausen, Ernst 235
Berlin 9, 12, 26 f., 38, 56, 77, 80, 82–84, 87 f., 91, 108 f., 115 f., 125, 130, 135 f., 138, 155, 158, 166, 168, 178, 198, 206, 208, 231, 265, 267–270, 272
Bernsmann, Peter Friedrich 174
Betschuanaland 173 f.
Biafra 257
Bibundi 139
Biko, Steve 273
Bimbia 118–124, 147
Bismarck, Otto von 25 f., 33, 35, 42 f., 121 f., 124 f., 136, 144, 147, 162, 222 f., 228, 245
Bismarck-Archipel 226, 229
Biya, Paul 135
Blanco, Roberto 252
Bleichröder, Gerson von 25, 228
Böcking & Co. 209
Bodenhausen, Hans Bodo von 175
Bommarius, Christian 149
Bona Ngombe 121
Bonabéri 138
Bonanjo 148
Bophuthatswana 112
Botha, Louis 187
Botha, Pieter Willem 112
Botswana 176
Brandes, Hauptmann von 60
Buea 134–136, 143, 148
Buja 46
Bülow, Bernhard von 170 f., 208, 211
Bülow, Frieda von 264
Burton, Richard Francis 32
Burundi (Urundi) 35, 45 f.

C

Cabral, Amilcar 11, 273
Cameron, Verney Lovett 32
Cameroons *siehe* (Deutsch-)Kamerun
Canetti, Elias 138
Cap Debunja 147 f.
Cape Town 273
Cäsar 200
Céline, Louis-Ferdinand 151
Césaire, Aimé 12
Chigumadzi, Panashe 260
China 9, 28, 57, 164, 204–223, 232, 252, 255

Clark, Christopher 203
Clinton, Bill 254
Coetzee, John Maxwell 10
Conrad, Joseph 17, 38
Cortés, Hernán 110
Creutz, Ulrich 84 f.

D

Dagomba 92
Dahomey *siehe* Benin
Daressalam 47, 217
Debundja 139
Deimling, Berthold 169
Deng Xiaoping 222
Dernburg, Bernhard 28, 68, 143, 261
(Deutsch-)Kamerun 28, 38, 110, 118–152, 255, 257, 268
(Deutsch-)Neuguinea 224–250
(Deutsch-)Ostafrika 8, 28–50, 52 f., 56 f., 59, 62, 64, 67, 69, 71 f., 78, 81 f., 124, 131, 134, 147, 164, 217
Deutsch-Ostafrikanische Gesellschaft 35
Deutsch-Samoa 239
(Deutsch-)Südwestafrika 28, 38, 57, 78, 124 f., 131, 147, 153–177, 180, 182, 196, 198, 216 f., 247, 263
Dickens, Charles 210
Dido, Häuptling 123
Diederichs, Otto von 206
Din, Adolf Ngoso 148, 151
Dodoma 64, 88
Dominik, Hans 38, 133 f., 136 f.
Douala (Ort) 122, 126, 129, 138, 147–149, 151
Douala (Volksstamm) 129, 133, 136, 148, 150
Drechsler, Horst 159 f., 167, 171, 174 f.
Du Bois, William Edward Burghardt 260
Dunlop, John 139

E

Ebermayer, Hr. 130
Eckl, Andreas 197
Edwards Ltd. 146
Ehlers, Lt. 84
Eicker, Steffen 199
Elger, August 164
Elmina 120
Emmanuel, Father 144
Engelhardt, August 239 f.
Epukiro 167
Eritrea 28, 196
Erzberger, Matthias 109, 125, 211
Esser-Oechselhäuser 139
Esterházy de Gálantha, Mária 93
Estorff, Ludwig von 172 f.
Etzel, König 215
Ewe 90
Eyadéma, Gnassingbé 112–114

F

Fabri, Friedrich 24 f.
Fanon, Frantz 12 f., 262, 273 f.
Farell, Thomas 227
Fassmann, Robert 81
Faulkner, William 251
Fernando Póo 119
Finschhafen 230 f., 245
Firth, Stewart 232, 246
Fischer, Eugen 78
Fischer, Fritz 203
Fischer, Joschka 157
Flierl, Johannes 245 f.
Foehse, Ludwig 8, 39 f.
Forsayth, Emma *siehe* Kolbe, Emma Elisa
Foumban 130
Foya, Manase Marko 82 f., 89
Franke, Victor 168
Franzius, Georg 210
Französisch-Guyana 22
Frederiks, Joseph 162
Frenssen, Gustav 195
Freud, Sigmund 262
Friedrich M. Vietor Söhne 103 f.
Friedrich-Wilhelmshafen 231
Frobenius, Leo 269
Fugger, Fam. 21
Fuhrmann, Hr. 130
Fuhrmann, Kerstin 80
Fülleborn, Friedrich 237

G

Gauguin, Paul 263
Genscher, Hans-Dietrich 112
Gerhardt, Ludwig 70
Gerwarth, Robert 171, 197
Gesellschaft Süd-Kamerun 140
Gewald, Jan-Bart 163
Ghana 20–23, 91, 93, 120
Giordano, Ralph 11
Gisenyi 46
Gitaga 46
Godeffroy, Johan Cesar 227
Goethe, Johann Wolfgang von 17, 27, 149, 237
Goldhagen, Daniel 200
Goldküste *siehe* Ghana
Goodyear, Charles 139
Gorima 231 f.
Goroka 233, 244, 248 f.
Götzen, Gustav Adolf von 68 f.
Gravenreuth, Karl von 134
Greene, Graham 213
Grill, Bartholomäus (Großvater) 8 f., 29, 39, 58, 253
Grill, Max 211
Groeben, Otto Friedrich von der 22
Großfriedrichsburg 20, 23
Grosz, George 41
Groucza, Franz 31
Gründer, Horst 181, 198, 253
Gruner, Hans 108
Gruner, Luise 108

Grzimek, Bernhard 252
Guevara, Che 11
Gunzert, Theodor von (Bwana Mkali) 43–45
Gwassa, Gilbert 70

H
Habermas, Jürgen 252
Habermas, Rebekka 109 f.
Haenicke, Alex 34, 99 f.
Hahl, Albert 226–228, 232, 242, 247
Haifischinsel 172 f.
Hall, Stuart 13
Hamakari 165, 176
Hamisi 61
Hanau, Casimir von 22
Hansemann, Adolph von 228, 231 f.
Hassel, Kai-Uwe von 57
Hauptmann, Hr. 130
Hausa 60, 269
Hausa-Fulani 257
Hegel, G. W. F. 261
Heino 182
Hemprich, Paul 51
Hengelhaupt, Alexander 51
Henle, Richard 216
Herero 57, 125, 153–180, 184–186, 188, 194, 197 f., 263, 271
Hernsheim, Eduard 227
Herzog, Roman 157
Hesse-Wartegg, Ernst von 210
Heyde, Hermann von der 165, 167, 169
Hitler, Adolf 9, 38, 71, 147, 190
Ho Chi Minh 11, 220
Hochstetter, Emil 31
Hongkong 207
Hopfer, Hr. 65
Hübschle, Michaela 191, 193
Huli Wigmen 249
Humboldt, Alexander von 27
Humboldt, Wilhelm von 27
Hutu 46 f.

I
Iatmul 250
Idenau 145 f.
Igbo 257
Igulwa (Mariahilf) 32
Ile-Ife 269
Iliffe, John 86
Inhülsen, Otto 43
Iringa 51, 53, 77
Isubu 119

J
J. C. Godeffroy & Sohn 77, 227, 237
Jagodja 37
Jantzen & Thormälen 122, 138
Jiang Qing 220
Jinan 206
Johannes, Amely 83
Johannes, Kurt 81–83

Johannesburg 140
Jokinen, Hannimari 71
Jones, Quincy 120
Junge, Peter 80
Jünger, Ernst 215
Junk, Horst 64

K

Kabakon 239
Kaiser-Wilhelmsland 225, 229, 241, 244 f., 247
Kaiser-Wilhelmsland-Plantagengesellschaft 231
Kaiser-Wilhelm-Spitze *siehe* Kilimandscharo
Kalahari 173
Kalenga 87, 89
Kambarage 49
Kambazembi, David 175–178
Kambodscha 199 f.
Kambodscha, Sihanouk von 220
Kamina 115 f.
Kandt, Richard 45, 267
Kandukira, Tjatjitrani 178
Kant, Immanuel 27
Kaokoveld 173
Kapp, Wolfgang 57, 62
Kapstadt 201
Karatu 42
Karolinen 229
Kasanga (Bismarckburg) 32
Katjavivi, Peter 176
Katjipuka-Sitole, Uno 191, 193
Kaunda, Kenneth 259
Kavango 173
Kenia 17, 196
Kersting, Hermann 116
Ketteler, Clemens von 216
Khomasdal 192
Kiautschou 204–223
Kibata 65
Kibosho 73
Kidumbuyo 86
Kigali 45, 47
Kilimandscharo 8 f., 35, 41, 49, 72 f., 76 f., 81, 83–86, 89
Kind, Ludwig 231
Kingue, Victor 121
Kinjikitile 66, 69
Kipling, Rudyard 263
Kizarawe (Hoffnungshöh) 33
Klein-Popo 99, 101
Klouto 90, 116 f.
Knopp, Guido 253
Koch, Robert 48
Köhler, Horst 26, 192
Kojève, Alexandre 264
Kokopo (Herbertshöhe) 232, 243
Kolbe, Emma Elisa 228, 239
Kolmannskuppe 183 f.
Koltermann, Jan Philipp 197
Kommetjie 140
Kongo 26, 32, 62, 67, 196, 243, 257

Königsberg 22
Konkomba 92
Kößler, Reinhart 180
Kouma-Konda 114
Kpalimé 90, 93, 95, 103, 116
Krause, Tilmann 81
Kreienbaum, Jonas 197
Kribi 143
Kriegsschiffhafen 139
Kru 60
Krüger, Gesine 199
Krupp, Alfred 208
Kuba 196
Kurland, Jakob von 22

L

Lau, Brigitte 160 f., 168, 174, 197
Lauwo, Yohani Kinyala 42
Lazarowicz, Werner 219
Lee, Spike 120
Leist, Heinrich 132
Lekichawa, Lonyuki 42
Lenbach, Franz von 41
Lettow-Vorbeck, Paul von 7, 56 f., 60, 62 f.
Leutwein, Theodor 164
Liberia 17
Libyen 196
Liebermann, Max 220
Limbe 122, 143–145, 147
Limo, Edith 72–74
Lin Biao 220
Lock Preso, Häuptling 123 f.
Lomé 91, 105 f., 111, 113, 115
Louis, William Roger 160
Lu Yixu 219
Luanda 270
Lüderitz(bucht) 162, 172, 183
Lüderitz, Adolf 162
Lugalo 51 f.
Luschan, Felix von 267
Lushoto (Wilhelmstal) 41, 86
Luther, Martin 190
Lüttwitz, Walther von 57

M

Maas, Erich 89
Mabruk 37
Macron, Emmanuel 267 f.
Madagaskar 196
Madang 231 f., 235
Maharero, Samuel 163 f., 173, 186
Mahinland 143
Maitz, Péter 243
Makinda, William 40
Malandè 141
Malantuen 131
Malcolm X 273
Malimba 122
Malu 235
Mandara 84 f.
Mandela, Nelson 11, 17, 259 f.
Manfro 22
Manganya, Ndundule 68
Mangope, Lucas 112
Manjamai 233–236, 238, 240

Mann, Thomas 210
Mao Zedong 220
Mapotjomi 54
Marcus, Jürgen 181
Mareale, Chief 86
Marianen 229
Maro, Japhet J. 86
Maro, Josefu Merinyo 76, 85 f.
Marshall, Tony 181
Marshallinseln 229
Martin, Stéphane 267
Martini, Francesco 196
Marx, Karl 255
März, Josef 113
Maseru, Malonde 54–58, 60 f.
Massai 37, 43, 82 f.
Matumbi 65
Maugham, William Somerset 213
Mazrui, Ali 17
Mbai, Asser 177
Mbeki, Thabo 201
Mbembe, Achille 13, 140 f., 255
Mbimbi, Edimo 118–121
Mbunga 65
Meillassoux, Claude 46
Melanesien 235
Melber, Henning 180, 201
Meli, Isaria Anael 74–78, 85–87
Meli, Mangi 72–81, 83–89
Meli, Ndererio 76, 85
Meli, Salema 86
Meneses, Jorge de 227
Mengele, Josef 117
Mensah, Joseph 20, 22 f.
Merkel, Angela 15, 18 f., 146
Merker, Moritz 82
Merkl, Hans 77
Meyer, Hans 41 f., 77, 83–85
Meyer-Waldeck, Alfred 220
Michelin, André 139
Michelin, Édouard 139
Mikronesien 229
Mindimbit 224, 244, 249
Missahoé (Misahöhe) 90–93, 99, 105, 108
Mitterrand, François 114
Mkwawa, Is-Haka 87
Mkwawa, Sultan 52, 77–80, 86–89
Mlapa, König 91
Mlawa, Christopher 51
Mlelia 81
Moliwe 139
Moltke, Helmuth von 93
Money, Häuptling 121
Morlang, Thomas 59
Mosambik 11, 28
Moshi 72–74, 76, 82, 85 f., 89
Moskau 206
Movassat, Niema 159
Mozart, Wolfgang Amadeus 223
Mugabe, Robert 158, 190, 259
Müller, Joseph Khodo 106 f., 110 f.
Mwanza (Muansa) 43, 45

N

Nachtigal, Gustav 91, 99, 123
Nama 125, 159, 162, 172, 197 f., 263
Namibia 12, 112, 153–155, 157–159, 161, 177–203, 258, 271
Nandete 65
Nanjing 221
Napoleon, Kaiser 195
Natitingou 92
Nauru 229
Neuguinea-Compagnie 228 f., 231, 241
Neupommern 236 f., 242 f.
New York 140, 156
Nfouapon, Yaya 130, 269
Nganang, Patrice 129
Ngarambe 66
Ngavirue, Zedekia 176
Ngoni 65
Ngorongoro 42
Nielsen, Asta 212
Nies, Franz-Xaver 216
Nigeria 26, 138, 145, 160, 256, 269, 272
Nigmann, Ernst 53
Njoya, Al-Haji Mbombo 130 f.
Njoya, Ibrahim Mbombo 129–131, 150, 268 f.
Nolde, Emil 263
Nooke, Günter 18 f.
Nordbruch, Claus 190
Nso 130
Nubien 59
Nuhn, Walter 167
Nujoma, Sam 185
Nyakuda, Adjaro 109
Nyerere, Julius 11, 50, 259
Nzinga von Matamba 270

O

Obermair, Gustav 161 f.
Oermann, Nils Ole 180, 198
Oettinger, Günther 214
Okahandja 163, 185 f.
Okakahara 176–178
Okosongomingo 154
Olusoga, David 160
Omaheke 153, 155, 167, 169, 173 f., 176
Onguera 153
Osun 269
Otjiwarongo 185
Ouidah 120
Ovambo 163
Ovamboland 173
Özdemir, Cem 159

P

Paasche, Hans 45
Palau 229
Papua 233, 245, 248 f.
Papua-Neuguinea 81, 147, 217, 240 f., 247 f.
Paris 92, 267
Parzinger, Hermann 266–268

Peking 204, 206, 216
Perrot, Karl 41
Peters, Carl 32–39, 110, 251, 270
Piketty, Thomas 254
Pius IX., Papst 245
Pizarro, Francisco 110
Plakko, Häuptling 91
Poewe, Karla 197
Pogoro 65
Pokesu (Princes Town) 20
Portugiesisch-Ostafrika 56
Preuss, Paul 144 f.
Preußen, Albert Wilhelm Heinrich von 210
Preußen, Auguste Viktoria von 184, 213
Preußen, Friedrich Wilhelm von 20–24
Preußen, Heinrich von 217
Preußen, Irene von 210
Prince, Tom von 52, 77
Puttkamer, Jesko Albert Eugen von 93, 132–139, 143, 149
Pynchon, Thomas 256

Q
Qingdao 204–206, 210–213, 217–219, 222, 243

R
Rabaul (Simpsonhafen) 243
Rakete, Robert 184
Ramsay, Mr. 130
Ranke, Leopold von 202
Raven, Werner Alborus von 116 f.
Rehoboth 166, 192
Reichard, Paul 38
Reith, Wolfgang 157, 184
Rhodes, Cecil 273
Richthofen, Ferdinand von 211
Riet, Anna 192 f.
Rindi, Chief 73
Riruako, Kuaima 156–158, 177, 185
Ruanda 35, 45 f., 199 f., 267
Ruckteschell, Walter von 63, 70

S
Sachsen-Weimar-Eisenach, Augusta von 225
Safune 229
Said, Edward W. 13, 263
Saker, Alfred 143
Salema 86
Salomoninseln 229
Salzmann, Erich von 168
Samanga 65
Sambia 56
Samoa 149, 229
Sandrock, Hr. 130
Sandveld 173
Sansibar 8, 31 f., 38, 41
São Tomé e Príncipe 119
Sapi, Abdul Adam 87 f.
Sarkozy, Nicolas 261

Sarrazin, Thilo 15
Sattelberg 245, 247
Sauerbier, Ulrike 248
Savaii 229
Savoy, Bénèdicte 268
Schäfer, Winnie 148
Schantung *siehe* Shandong
Scharlach, Julius 140
Schelle, Max 31
Schiller, Friedrich 27, 149
Schilling, Claus 116 f.
Schinkel, Karl Friedrich 27
Schlosser, Katesa 174, 197
Schlüter, Ludwig 170
Schmidt, Eduard 122 f.
Schmidt, Ernst 94, 105
Schmidt, Georg 108 f.
Schneider, Otto 94
Schneider-Waterberg, Hinrich 154, 159, 161, 164, 168 f., 173–175, 179
Schnitzer, Eduard (Emin Pascha) 32
Schöller, Rudolph 41
Schopenhauer, Arthur 37
Schuller, Gretchen 31
Schulte-Varendorff, Uwe 57
Schumbageni 41
Schweden, Gustav Adolf von 200
Schweinitz, Hermann von 155
Scipio, Ferdinand 145
Seitz, Theodor 143
Serengeti 8, 42 f., 252
Shakespeare, William 17
Shandong 204 f.
Shonibare, Yinka 26
Siar 233
Siedentopf, Adolph 42 f.
Siedentopf, Friedrich Wilhelm 42
Sierra Leone 17, 67
Simbabwe 143, 158, 190, 260
Simtaro, Dadja Halla-Kaua 97
Sina, Chief 73
Smend, Julius 107
Smith, Adam 254
Sobukwe, Robert 273
Soden, Julius von 35
Solf, Wilhelm 115, 149
Somalia 28, 59
Soyinka, Wole 272
Speitkamp, Winfried 198
Speke, John Hanning 32
St. Lucia 143
Staden, Hans 21
Stalin, Josef 200
Stanley, Henry Morton 32, 264
Stephansort 231
Stoiber, Edmund 15
Strauß, Franz Josef 112–114, 182
Strauß, Marianne 113
Südafrika 10, 59, 112, 140, 143, 172, 174, 177, 187, 196 f., 201, 218, 260, 273
Sudan 32, 59, 196, 201, 257

Sudholt, Gert 190
Sumaye, Frederick 63
Svevo, Italo 210
Swakopmund 126, 161 f., 166, 172, 189 f., 194

T
Tabora (Waidmannsheil) 33, 38
Tamanairik 242
Tamé, Jane 53 f., 61
Tanga 40 f., 53–58
Tanganjika 77 f., 86
Tansania 12 f., 29, 31, 34 f., 42, 47, 50, 54, 58, 62–65, 70 f., 79, 81, 87
Tapatau 217
Thormälen, Johannes 140
Tieck, Ludwig 27
Timbunke 224, 237
Tirpitz, Alfred von 207
Tirumanywa, Father Cyprian 45
Togo(land) 28, 90–117, 125, 132, 247
Tolai 226, 236 f., 242 f.
Treitschke, Heinrich von 25
Trotha, Lothar von 37, 57, 63, 155, 164–171, 173, 176, 198, 216, 251
Tsingtau *siehe* Qingdao
Tsumeb 181, 186 f.
Tukuyu (Neu-Langenburg) 33
Tutsi 37, 46 f.
Twining, Edward 77–79, 86

U
Ujiji 32
Umlauff, J. F. G. 77
Usagara 34
Usino, Hija 173, 176

V
Vagira, To 242 f.
Verdi, Giuseppe 263
Vetter, Konrad 246
Victoria (Viktoria) *siehe* Limbe
Victoria, Queen 143
Vietnam 11
Vietor, Johann Karl 104, 140
Virchow, Rudolf von 77 f., 83 f.
Vunapope 243

W
Waarusha 42
Wachagga 72, 74, 76, 80, 85, 89
Wadsagga 35
Wagner, Hellmuth Otto 78
Wahehe 51–53, 77 f., 87
Wainaina, Binyavanga 17
Waldersee, Alfred von 215 f.
Wallerstein, Immanuel 254
Waterberg 153–155, 164–168, 175–179, 184, 186, 193
Watson, James D. 16
Waugh, Evelyn 213
Weber, Max 104
Weber, Theodor 227

Wecke & Voigts 191
Wehlan, Ernst 132
Wei Lixian 222
Welser, Fam. 22
Westafrika 22, 24, 60, 103, 119 f., 124 f., 138
Westafrikanische Pflanzungsgesellschaft Victoria 138 f.
Weule, J. F. 217
Whiteheas, Colson 255
Wieczorek-Zeul, Heidemarie 178, 180
Wienecke, Werner 177
Wilhelm I., Kaiser 35, 225
Wilhelm II., Kaiser 25, 35, 38, 42, 58, 60 f., 77, 89, 94, 121, 130, 136, 148, 160, 170, 184, 207, 211, 214, 216, 229, 268
Wilhelm, Richard 222
William, King 124
Windhoek (Windhuk) 156, 187 f., 191 f., 195, 217
Wissmann, Hermann von 39 f., 63
Witboois 166
Woermann, Adolph von 25, 122, 124–126, 134, 156, 231
Woermann, Carl 120, 122, 124
Woermann, Detlev 127 f.
Wolff, Hedwig 242
Wolff, Rudolf 242
Wolfrum, Wilhelm 76
Wonneberger, Reinhold 31

Y

Yalutindi 55
Yaoundé 136, 143
Yigbe, Gilbert Dotsé 111 f.
Yoruba 60, 257, 269
Yu Liping 206, 210, 221 f.

Z

Zahn, Franz Michael 102
Zahn, Otto 135
Zech, Julius von 100 f., 103, 108
Zelewski, Emil von 51 f., 63
Zeller, Joachim 194
Zeze, G. 176
Zimmerer, Eugen von 132
Zimmerer, Jürgen 155, 160, 167, 180, 195–197, 199, 202
Zintgraff, Eugen 138
Zitzewitz, Wilhelm von 51
Zululand 59 f.
Zürn, Ralf 163
Zurstrassen, Bettina 107

Hokkaido
RUSSLAND
MONGOLEI
Gobi
Japanisches Meer
DVR KOREA
Honschu
JAPAN
Beijing (Peking)
REP. KOREA
KIAUTSCHOU
Gelber Fluss
(Huang He)
Gelbes Meer
Kyuschu
Schanghai
Ost-chinesisches Meer
Yangtsekiang
Okinawa
CHINA
TAIWAN
Hongkong
PAZIFISCHER OZEAN
LAOS
Hainan
Luzón
Süd-chinesisches Meer
THAI-LAND
Mekong
PHILIPPINEN
VIETNAM
KAMBODSCHA
Palawan
Sulusee
Mindanao
Golf von Thailand
Süd-chinesisches Meer
BRUNEI
Celebessee
MALAYSIA
MALAYSIA
Seram
Sulawesi (Celebes)
Borneo
INDONESIEN
Sumatra
Bandasee